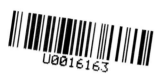

거울명상: 즉각적인 치유와 현실창조

鏡子靜心

打開心靈眼睛的立即療癒法，
風靡韓國，實證者絡繹不絕

金相云(김상운)／著

陳品芳／譯

目錄 ✦ CONTENTS

第1章 立即體驗到變化的鏡子靜心

第2章 開始做鏡子靜心之前

第3章

療癒身體的傷痛

第4章 療癒心靈的傷痛

第5章

療癒反覆不斷的傷痛

第6章

療癒人際關係的傷痛

第7章 療癒無力與貧困

第8章

鏡子靜心Q&A：第一部

第 1 章

立即體驗到變化的鏡子靜心

只是做了鏡子靜心

我剛才經歷了非常神奇的體驗，因而寫下這封信。因為不知道鏡子靜心該怎麼做，我只是用心觀察鏡中的自己。觀察觀察著，不知不覺間周圍的事物逐漸模糊，我的臉也跟著消失。接著鏡子開始震動、搖晃，更神奇的是，之後我鼻塞的症狀就消失了！

✦

昨晚第一次嘗試做鏡子靜心。開始前雖然有點害怕，但我告訴自己，「是喔，原來你很害怕，我會陪在你身邊，沒關係。」然後看著鏡中的自己，感到十分驚訝。因為那張臉不是我一直以來看見的臉，而是一下變成老奶奶，一下又變得像惡魔的表情。最後我的身體完全消失，只留下黃色的光芒。

我很害怕，開始感到莫名抱歉，一直說，「對不起，讓你這麼孤單，真的很對不起。」接著痛哭失聲。我做了一陣子後才入睡，覺得右手指尖有點麻、頭很痛，也有點想吐。可是那天卻比其他任何時候都要舒暢，睡得也更好。

✦

以前我是很壓抑的人，但開始做鏡子靜心之後，第一天我的肌肉就自行扭動了起來，臉也變得像川劇變臉，有了很多變化。我想，「啊，真可怕，好像真的會變成什麼。」以前我經常哭，無論怎麼看書充實自我、暗示自己要樂觀都沒有用，只是徒增家中的藏書量，幾乎沒有任何改變。但今天靜心時，我用身體領悟到，一直以來的傷口其實無法靠樂觀療癒，該說是過去的我選擇活活地埋葬這些傷口嗎？我終於了解到，過去自己一直用許多能量壓抑發狂的情緒。

✦

我從第二次做鏡子靜心開始看見光芒，現在那道光變得很亮、範圍很大。我的視線沒有模糊，只是想著「我就是神」，就會出現光。即使沒有科學依據，現在我也能感受到我的身體就是由光組成的。我改變之後，先生與孩子都變得更開心了，在外面也總是遇到親切的好人。

✦

做鏡子靜心的過程中，真的看見了自己好像惡鬼的樣子。被禁錮的怒火、怨恨與悲傷完全顯露。回想起被忽視的悲傷記憶，胸口彷彿被重壓般喘不過氣來。注視著那樣的情緒、深呼吸之後，便不再感到胸悶。悲傷的表情逐漸舒展，感覺到疙瘩時，就會再次變回陰鬱的表情。我想，「原來有這麼可怕的憤怒壓抑在我心裡……惡鬼不在別處，而是我累積的情緒成了惡鬼。」只做了兩次鏡子靜心，卻覺得身心都變得輕盈，也開始讀得下書了。

✦

我全身都癢！嚴重到甚至瘀青、破皮結痂，現在才終於得以緩解！幾天前的凌晨，我全身舒暢，甚至看見蝴蝶在眼前飛舞。當我們一家人得流感住院時，我抽血做過檢查，我的胰臟數值非常正常。現在，我的慢性胰臟炎也不藥而癒了。

✦

我從二十歲一直到三十多歲，長年深受青春痘所苦，這件事一直到最近還讓我感到很羞恥。但開始做鏡子靜心後，我的皮膚變得很有光澤。即使痘痘一顆顆冒出來，我也會用「我的羞恥正在獲得淨化」的角度看待這件事，面對人群時也顯得比較自在，甚至還抽中

iPad！活到現在，我還是第一次抽到這麼大的獎。

✦

我這輩子的願望就是獲得自由，現在正一天天實現中。從來不曾想像過的自由……感覺就像原本只想獲得十分，卻獲得一萬分一樣——不，其實我正在擁有這一切，這一切真是令人感到驚奇。

✦

我是有三個孩子的職業婦女，這段時間獨自帶小孩，感到非常痛苦。尤其是老三，每天晚上都要超過十二點才願意睡覺，而老公一回家就玩遊戲到凌晨兩點。開始做鏡子靜心後，我面對孩子與老公時，會不自覺感到抱歉，也會流出感謝的淚水。

那天晚上，老三第一次在晚上八點半上床睡覺，老公也頭一次把兩個孩子抱在膝上講述動畫內容，週末我還和老公上了市場，他甚至決定把遊戲賣掉！現在只要我抱抱老三，他就會早早上床睡覺。原來，所有的問題都在我心裡，只靠鏡子靜心就能產生這麼大的奇蹟，真是太感謝了！

✦

開始做鏡子靜心超過兩個月了，一天平均會做三小時。其實在透過 YouTube 接觸鏡子靜心之前，十五年來，我心裡偶爾會有一些小煩惱，卻沒有真正去感受自己的情緒。四十五歲之前，我總是將不快掩埋在心中。過去只要有時間就會找影片看、看留言寫留言、花三小時靜心，卻沒有經歷改變現實的巨大轉變，但這次卻有「這是真的！」的感覺。原來鏡子中難以理解的模樣，其實是我不斷壓抑的自我面貌，真是令人全身顫慄！

雖然過程並不簡單，但我十分確信，認為「這些是我這輩子不斷壓抑的負面情緒，當然需要更多時間處理」。這樣的想法其實源自我的焦急，不過鏡子靜心的淨化速度真的很快，就連我兩、三歲時，甚至是胎兒時期的事都逐漸獲得淨化。可以藉由身體反應推測出自己受過怎樣的傷，真的十分神奇！

✦

我有鼻炎，所以聞不太到味道。昨天在公園散步時聞到花香，我還有點懷疑自己的鼻子。開始做鏡子靜心之後，發生了很多令人感激無比的事。練習閉上眼，以觀察者的雙眼看待自己的身體與情緒，發現我的羞恥在左胸口，恐懼在肩、頸與腳尖，害怕在背上，優越感在脊椎，深深的悲傷與孤獨則在內心深處。

閉上眼去完整感受層層堆疊在該部位的情緒，它們便會消失。心漸漸變得輕鬆自在，現實也逐漸變得舒適。因為害怕忘記這種感覺，我仍持續靜心。我覺得鏡子靜心是最適合我的，我非常感謝這一切。

✦

我第一次做鏡子靜心成功了！以前總認為不會成功，所以只是重複看幾次影片而已。但某天，我突然想「睡覺之前做一下鏡子靜心」，於是開始看著自己的眼睛，持續跟自己說「我很害怕」。結果我突然覺得聲音變粗，臉變得像怪物一樣漸漸扭曲，胸口則有灼熱的恐懼湧現。其實我很害怕，鏡子裡的我彷彿不是我，而是另一種生物。總之，那是我第一次真實感受到自己的情緒，一方面覺得很舒暢，一方面又有點不安地想，「這真的有用嗎？」但我始終感謝鏡子靜心！

✦

我從今年一月開始做鏡子靜心，剛開始什麼都感覺不到，也曾經瘋狂哭泣，但現在只要面對自己的情緒，身體就會變得溫暖，每次都會打呵欠。接著我辭職了，對男人的想法也大幅改變，跟爸爸的關係變得很好。沒有活力的問題改善很多，開始有了邁向新挑戰的能量，以往真的無法想像……

✦

這段時間做鏡子靜心，看見數百張如怪物一樣的臉孔、頭頂散發出紫色的煙霧，也經歷過所有形體在白光之中閃爍，接著消失無蹤。我想著父母、弟妹與這段時間遇見的人，放下過去無法放下的一切，一再哭泣。

同時也開始感受到，我並不只局限在這具軀體中。我了解到，至今我之所以認為這具軀體是我，都是因為認為過去的情緒、記憶與想法就代表我。我已經將這一切人格化，而要一口氣回顧這些，絕對不是件容易的事，所以我每天都在玩捉迷藏。當我找到那個躲起來的孩子，便會抱抱他，送他離開。

✦

昨晚哄睡小孩之後，我坐到鏡子前，想著最近的煩惱，看著鏡中的我的眉間，接著看見自己的上半身突然消失，淚水潰堤。「原來都是一場夢，原來這麼生動的一切都是創造出來的幻象。現在即使感到害怕，我也可以接受。這是我人生的旅程……」謝謝，以後我會更加精進。

✦

開始做鏡子靜心後不到十天，晚上就能立刻入睡。真是太感謝了！希望其他部分也能越來越好。

✦

我以一顆無法好好控制情緒的心生活了五十年，現在開始做鏡子靜心，每天逐一釋放壓抑已久的情緒。神奇的是，身心都變得輕盈，也感到平靜。過去這段時間造成家人的困擾，我感到十分羞愧，壓抑著孤單與羞恥不斷尋找愛，終於在領悟到我自己就是愛之後，擺脫了所有痛苦與煩惱。

✦

開始做鏡子靜心一個月，跟著我一輩子的慢性疲勞消失了。過去即使我早睡也總是很累、很晚起，但最近早上七點就起床了。我一直想在七點起床展開新的一天，但無論如何努力都做不到，讓我很難過，沒想到現在竟然實現了！也感覺到家庭和人際關係有了改變。發生難過的事情時，我也能夠理解這是療癒壓抑情緒的機會。我會帶著「以愉快的心情接受吧」的想法，讓整件事過去。做著心靈成長功課的同時，過去胸臆累積的鬱悶，也逐漸變成滿滿的愛，更湧現許多喜悅。充滿奇蹟與祝福的生命，真是太令人感謝了。

✦

剛開始靜心時，會看見背後有綠色的光，臉也變成綠色，然後全身都變成綠色。有時會混雜紫色、黃色，接著會開始打呵欠、流鼻水、流眼淚好一陣子，然後發出紫光與金光。原本還在懷疑是不是昨晚吃的食物讓身體狀況不太好，看來是積在體內的氣透過呵欠排到體外了。

✦

早上透過做鏡子靜心送走恐懼的日子，跟沒這麼做的日子差距非常大。所以每天早上，我都會平心靜氣、坦承地面對恐懼。之前只會看見模糊透明的白光，今天則看見透明的紫光與黃光。

因為擔心不被愛而害怕的心，演變成對食物的執著，讓我累積了不少贅肉，現在已經斷食了好幾天。透過靜心告訴自己「我害怕飢餓、怕變胖、怕餓死、想吃很多」之後，便神奇地不再感到飢餓，也不害怕了。以前只要餓一天，就會因為飢餓、對食物的欲望痛苦不堪，現在不會再有這種感覺，也覺得身心似乎都變清爽了。

✦

最近我透過鏡子靜心，隨時將對人的憤怒、怨恨、擔心沒有錢而被家裡趕出去的恐懼、可能無法還清債務、必須一輩子窮愁潦倒的擔憂說出來，進而去感受。每當感到痛苦時，我會告訴自己「我已經把這個想法拿出來了，可以放它離開了」，並練習放開這些想法。

接著老公主動說要更換貸款銀行，向銀行詢問後發現，我們目前的狀況可以更換方案，利息也降低不少，還可以拿到政府的補助金，這樣就能繳清拖欠的公共事業費、手機通訊費，甚至支付昂貴的牙齒治療費。我也開始記錄未來想做的事，漸漸有了希望。這些事對我來說真的就像是奇蹟。持續做鏡子靜心，抒解了我的恐懼、憤怒與怨恨。

以上的文字，都是YouTube頻道「金相云的觀測」訂閱者寄來的電子郵件或留言內容。我們活在「身體就是我」的錯覺中，這個錯覺會衍生恐懼，使我們與根源之心、根源之愛分離。因此，每個人都將「我無法被愛」「我想被愛」的想法，壓抑在潛意識當中。想法是活的，會催生另一個想法，每個想法環環相扣。越是壓抑「我無法被愛」的想法，它便會越來越巨大，而「無法被愛的我」這個人格便會逐漸穩固。這個人格源自無法獲得他人的愛、無法獲得認同的恐懼，所以當我們感覺無法被他人所愛、無法獲得認同時，便會產生負面情緒。

我們會壓抑這些情緒，並關在潛意識中，因此潛藏了許多負面情緒，這都是因為被「身體就是我」的錯覺而壓抑的情緒。

「鏡子靜心」是利用鏡子，將自己的心從身體中解放。從身體獲得解放的心是無限的，沒有任何界線，而無限的心就是無限的愛。鏡子靜心會讓我們帶著身體，回到出生時便分離的根源之愛。在根源之愛面前，我們可以傾訴所有痛苦的情緒。

這樣一來便會立刻產生反應，像是臉孔扭曲，或是身體消失在光芒之中，而壓抑在潛意識中的情緒也隨之消失。因壓抑情緒而產生的痛苦，也自然而然獲得療癒，自己創造的負面現實也會立即改變。

鏡子靜心是藉由根源之愛回到「原本的自己」，立即療癒自我、家人與痛苦現實最快、最簡單、最強力的靜心法。

以為「身體就是我」的錯覺

一天，我在浴室刷完牙後，透過掛在牆上的鏡子仔細端詳自己的臉，發現我的眼皮不再緊繃，同時以輕鬆的心情注視鏡內與鏡外的空間。兩邊的眼睛一下合而為一，一下又分散為數個，我的臉也時而明亮、時而陰暗，還能在身體四周看見四散的白光或淡紫色光芒。

我近距離注視自己的眉間，注意到臉上的血管慢慢浮現！我更仔細地觀察自己，這次則看見滿是皺褶的大腦！隔天，我來到掛在客廳牆面上的大鏡子前，更深入地觀察自己，發現我的眼睛、鼻子、嘴巴都不見了，接著整張臉完全消失！

「原來我的身體是全像投影！」

因為我的身體是由光線和想法創造出來的全像投影，所以想法消失的同時，身體也會跟著消失，取而代之的是光線。而我發現，只要利用鏡子，人人都能親身體驗這個過程。

「許多人都能立即從『身體就是我』的錯覺中清醒過來！」

身體就是我的錯覺，其實是痛苦的根源。身體必須經歷生老病死，因為誤認「身體就是我」，所以人生在世遭遇痛苦的感受時，我們會下意識地壓抑這些情緒，並將情緒關在身體裡。不過，身體真的是我嗎？身體真的存在嗎？

✦

試著回想小學時，和朋友在遊樂場奔跑玩樂的模樣，你會在哪裡、想起什麼畫面？在我的「心裡」，一幅靜止的「景象」浮現。在那幅景象中有我的身體，也有朋友的身影，還有遊樂場、天空、樹木、街道與房屋，在當時都是生動的「現實」，現在回想起來，卻是無法以肉眼看見、無法以雙手實際觸摸的靜止圖像。

現在試著回想早上跟家人一起吃飯的場景，你會在哪裡、想起什麼畫面？在我「心裡」，一幅靜止的「景象」浮現，裡頭有我、有家人、有餐桌、有客廳，也有家具。我們可以知道，我的身體、家人的身體、其中的事物，都是無法分割的同一幅景象。

此刻我喝著茶，望著窗外的畫面，三、四十年後，甚至是明天回想時，會是在哪裡呢？仍然是在我「心裡」有一幅「景象」浮現吧。

那麼，在要離開這個世界之前，回顧整個人生時，你會在哪裡回想起自己的人生呢？一幅幅景象會在我心裡如全景照片般浮現。畫面會像光線一樣迅速出現，接著在我改變想法的剎那，又像光線那般消失無蹤。我發現，不光是我的身體，即使是我誤信為真實的現實，其實都不過是我心中由光線創造的圖像罷了。

身體只存在當下這一刻。我們能用眼睛看見、用手觸摸自己一小時前的身體嗎？一分鐘前、一秒鐘前的身體呢？〇．〇〇〇〇〇一秒前的身體呢？能用肉眼觀看或用手觸摸嗎？同樣只能是心裡的圖像而已。一小時後、一分鐘後、〇．〇〇〇〇〇一秒後的身體呢？能看到或摸到嗎？

身體只存在當下這一刻，仔細觀看只存在當下的身體吧！是有長度、寬度、高度的立體物，還是平面的圖像？

整個現實、宇宙也一樣，只存在當下這一刻。存在當下這一刻的，就是一張圖像，無論用相機記錄下多麼生動的現實，仍會化作一張靜止的圖像，只有按下快門那一刻的畫面留存下來。用MRI（核磁共振）拍人體時，體內的現實也只存在那一瞬間。現在這一刻有多厚？其實比不過一張薄薄的紙，只是光線微粒閃爍的瞬間而已。

因此，諾貝爾物理學獎得主傑拉德．特．胡夫特（Gerardus 't Hooft）、史丹佛大學理論物理學家李奧納特．色斯金（Leonard Susskind）等世界知名物理學家，都提出「薄如紙張的現實」理論（A Thin Sheet of Reality）。當然，他們的理論都能套用數學計算，不過只要仔細觀察，人人都能發現現實就是一張圖像。

我們總是以肉眼看所有事物的某一面，明明只看見事物的一面，卻深信事物是有長、寬、高的3D立體物件。因為我們只看見事物的一面，便產生了該事物也有背面的錯覺。

人類史上最傑出的天才科學家愛因斯坦說過，現實是「視錯覺」（optical illusion）。肉眼與大腦相連，而大腦總是在思考，也就是說肉眼看見的是「大腦想的東西」。換句話說，我們將大腦中的想法建構出的現實放大、增幅，再以肉眼觀看，並相信「那是立體的」。當圖像化作心中的想法，就只剩下光（light），但以肉眼觀看的瞬間，便會浮現物質化的顏色（color），看起來像生動無比的現實。

而我們可以透過鏡子靜心，客觀看待自己在3D空間中的身體，現實將會在那一瞬間浮現。3D空間不是立體的，而是由我心中的一張張圖像連續鋪排而成、看似鮮活生動的全像投影。

一旦意識到身體、整個現實，都是我心中由想法編織而成的全像投影，就不會再將身體與自己畫上等號。這樣一來，囚禁在體內的所有負面情緒也自然會煙消雲散，我們將輕易擺脫所有痛苦。

我開始在YouTube上介紹鏡子靜心之後，有許多訂閱者立即體驗到變化。長期壓抑在潛意識中的悲傷情緒立即釋放，那些情緒顯化而成的痼疾、深沉的傷痛等困擾他們終生的問題，也如奇蹟般消失了。

跳脫身體這個框架，空無一物的心靈有好幾個名字，例如：根源之心、根源之光、神、上帝、天主、真我、佛祖、觀察者……但真相只有一個：根源之心是超越時空、全知全能的存在，也就是意識（awareness）。

人們因困惑而思考，思考催生出想法，漸漸陷入思考的牢籠，作繭自縛。而那個牢籠，正是我們生活的3D空間。

鏡子靜心用非常簡單的方法，讓我們跳脫3D空間，與意識合而為一。之後，我們便能從潛意識不斷運作的想法所編織的痛苦幻影中醒來，接著奇蹟般的改變會立即發生。古今中外許多悟道者口中的「無為而化」（什麼也不做，便能實現任何事情）、「真空妙有」（清空內心，便會發生奧妙之事）等奇蹟，便會藉由我們自己的力量、在眼前發生。人們將藉此體驗到長久以來的傷痛獲得療癒的奇蹟。

現實是展現壓抑情緒的全像投影

再過幾年我就要三十歲了。從二十歲開始，在辦公室一接電話就會令我窒息。每當電話一響，我拿起話筒，便會因為喘不過氣而說不出話，暫時陷入彷彿要死掉的狀態。同事曾經在離開辦公室前跟我說「一個人在辦公室，可能會有壞人闖進來，要把門鎖好」，從那之後我就有這個問題了。

如果我是新進員工，沒辦法獨自處理好工作的話，該怎麼辦？接電話會緊張是非常自然的反應，適度的緊張能夠防止失誤；不過若下意識地喘不過氣，感覺像要死掉一樣呢？那就是有人悄悄躲在我的潛意識裡，令我感受到死亡般的恐懼。

那個「人」究竟是誰？我請這位投稿者問問她的母親，過去她是否有過面臨死亡恐懼的經驗，後來她回覆我：

我三歲時曾在半夜大哭，父母起床察看，發現屋內充滿瓦斯味。如果我沒哭，全家人就可能遭遇不測。高中時我曾經吃完感冒藥在房間睡覺，當時爸爸正在修暖爐，沒想到不小心釀成火災，蔓延到房間，黑色的煙霧與嗆鼻的氣味充斥房內，我甚至連房門都找不到。

這位投稿者三歲時因瓦斯外洩面臨死亡的恐懼，當時她無法接納那份恐懼，沒能對母親說「媽媽，我好害怕」，而母親也未能充分撫慰她。

所有的情緒都是能量的波動。當情緒湧現，若能承認並接納，便會過去；但投稿者無法接納當時的恐懼，反而選擇壓抑。膽戰心驚的孩子將恐懼烙印在潛意識中，而這個恐懼的孩子則驅使投稿者的身體與人生活到現在。

投稿者高中時，又再度因火災體驗窒息般的死亡恐懼。當時也未能好好療癒那個孩子的情緒，並再次壓抑。於是受壓抑的情緒便以不同的面貌一再出現，不斷向自己發送「拜託放我走」的訊息。

持續忽視這個訊息的結果，便是如今在接電話時再次感受到窒息般的恐懼。訊息被包裝成「讓自己不得不接納死亡恐懼」的情況，並不斷在現實中上演。

現實就是被壓抑在潛意識中未能療癒的情緒，一再重複顯現的全像投影。直到接納並療癒這份傷痛之前，它將反覆出現在眼前。若最終仍無法獲得療癒，傷痛便會傳給孩子。這位投稿者對死亡的恐懼，會不會也傳承自他的母親呢？

媽媽說外婆以前每隔半個月到一個月，就要出門做生意，所以她小時候晚上有時得一個人睡，那真的讓她很害怕。她也曾在半夜看見鄉下的牛棚失火，嚇得直發抖，還看過養蠶盒起火而嚇了一大跳。到了二十多歲，也經歷過辦公室發生火災，導致一名同事不幸喪命的悲劇，而她也因為身上著火在地上打滾滅火，當時她覺得自己離死亡很近。

母親的潛意識裡也壓抑著彷彿要窒息的死亡恐懼，卻並未療癒這份恐懼，而是抱著它生活並生下了女兒。如今母親與女兒共享這份對死亡的恐懼，瓦斯意外也可能是母女共享的恐懼出現在共享現實中的案例。

這類未能療癒且壓抑在潛意識中的傷痛，會一直如全像投影般出現在眼前，直到自己接納為止。我將這個案例拍成影片上傳到 YouTube 後，收到以下這則留言：

我的小孩從小就有偷竊問題，他會去別人家偷東西，也經常拿我的皮夾。我打過他，也一直訓斥他，但都沒有用，他甚至會在街上撿食物來吃。這孩子身上到底藏著什麼樣的情緒？

所有未處理的情緒，都被壓抑在潛意識中。潛意識的世界一定是有去有回，你付出一百，就會回收一百；你若被搶走一百，就會想搶回一百。潛意識的世界並非實際存在，而是壓抑的情緒編造的空間。情緒也是一種能量，正（＋）與負（－）的能量加總後必須是零（0）。既然是心裡發生的事，就不能讓它實際存在這個世界。

由於孩子無法獲得潛意識中向母親索求的愛，才會以物質填補那份缺失，也因此會去偷竊他人的物品、撿拾他人吃剩的食物，意圖補償自己。

父母與孩子共享現實，所以這孩子心中缺乏關愛的感受，事實上是源自母親的匱乏感。那麼母親的匱乏感傳承自誰呢？答案在另一則留言裡。

我想再問一個問題。我媽媽經常撿二手的東西，把房子裡裡外外都堆滿了，真的很討厭。這是我媽媽潛意識的匱乏，也是我的匱乏吧？

這位女性的母親為何經常撿拾不需要的物品呢？若小時候過得很貧窮，就會產生「我被世界遺棄」的感覺。身體害怕生存不下去、會被拋棄，若不想感受這種恐懼，就必須緊抓其他事物補償自己，所以會非常執著，且堅持不賣掉二手物品。他們相信堆積這些物品就能讓自己不被拋棄、得以繼續生存，這樣一來就不會感到恐懼。母親的匱乏感傳承給子女，子女的匱乏感再傳承給子女。

人生是療癒潛意識中壓抑情緒的旅程，若不療癒自己壓抑的情緒，將會傳承給子孫。若子孫也不療癒，將會再傳承給下一代子孫，因為每個孩子都是出生在父母的能量場中。

我的能量場中，有眾多未能療癒的情緒能量受到壓抑，這些情緒都是有生命的人格，是「人心中的人」。若我們壓抑情緒，它將逐漸變大、變得凶殘。潛意識壓抑的情緒會成為被禁錮在自我能量場中的人格，該人格將會不斷產生負面想法，編造出負面的現實。

人生在世會被多少負面想法糾纏？**療癒壓抑情緒的旅程，會化作「現實」這部全像投影電影在我眼前上演，直到我徹底療癒傷痛、回歸根源之愛前，同樣的狀況只會以不同的人物和狀況一再出現。越是忽視這些傷痛，就會傷得越深；越能接納自己的傷痛，就能越快療癒。**

以身體症狀顯現的壓抑情緒

跟前男友分手後，因為太想念對方，跟他聯絡過幾次，卻遭到拒絕，不過實在很難壓抑想見他的心情。這陣子我的臉頰長出痤瘡，最近還被男人性騷擾，這些也是我的想法造成的嗎？

現實會像鏡子一樣，反映出你在潛意識中壓抑了哪些令你受傷的情緒。被男友拋棄後，你產生了哪些情緒？感覺到被最依賴的人拋棄的恐懼、被異性拒絕的羞恥。這些情緒是你想要的，還是與自己的意志無關，來自潛意識呢？答案是來自**潛意識**。也就是說，潛意識壓抑的情緒藉由被男友拋棄的經驗為契機，浮現到表意識中。

那麼，這些情緒是從何時開始被壓抑在潛意識裡？可能是小時候曾經感覺被父母拋棄的痛苦，而那樣的痛苦並未獲得療癒，直到現在被男友拋棄才再度浮現。那恐懼並不是源自男友，**他只是反映壓抑情緒的鏡子而已**。

男友的身體是隨著時間移動、流逝的光線投影，整個現實都是如此。如果你並沒有將恐懼壓抑在潛意識中呢？那麼即使男友離開自己，你也不會感到害怕。你可能會想「人與人就是會相遇、分開」，也可能會欣然認為「這是我人生重新出發的契機」。

一般來說，即使小時候感覺到被父母拋棄，也很難將這樣的痛苦說出口。因為人們都很害怕，要是說出「媽媽，我覺得自己好像被拋棄了，真的很難過」這種話，會讓現實真的變成那個樣子。即使長大後也無法向他人傾訴，因為我們認為在別人面前展現不如意的一面，是一件很羞恥的事，所以才會繼續壓抑這些情緒。

情緒是具有生命的能量波動，若將它壓抑在心中使之無法流動，便會停滯並逐漸洶湧，接著逐漸顯化，也就是以身體這個物質形式呈現。尤其遭到異性拋棄時，會在性方面產生強烈的羞恥。**羞恥是想要躲藏的情緒，也是最容易讓身體萎縮的情緒**。

當身體萎縮，皮膚就會承受壓力，進而產生痤瘡（俗稱青春痘），長痤瘡其實是羞恥想傳達「請接納我」的訊息。若仍繼續壓抑、不接納呢？羞恥會以更強烈的形式出現，不僅會在身體表面出現，甚至會在自己與他人的身體之間移動、顯現。

當情緒能量的頻率對上後，便會產生共鳴，彼此吸引，也就是說壓抑羞恥的人之間會互相吸引、來往，並做出讓彼此感到性羞恥的行為，這也是性騷擾發生的原因，是羞恥在吶喊：「這樣你還不願意接納我嗎？」大腦的表面意識彼此分離，所以我們無法認知到這個事實，不過在潛意識中的人格化情緒會透過共鳴彼此吸引。

面皰也是壓抑的情緒出現在臉上的一種表徵，以下是另一位 YouTube 訂閱者寄來的訊息：

我這輩子都沒長過面皰，更沒有雀斑。我沒滿二十五歲就結婚，遭到家裡反對，最後在三十多歲時離婚收場。離婚後的我好一陣子沒有回娘家，直到四十歲遇見好男人，才回家一趟。沒想到我爸爸在電話中說不想見到我，要我立刻離開。我哭著回到住處，當時在車裡聽見「啵！」的聲音，覺得臉又紅又癢，接著便不斷冒出面皰。我簡直變成了豆花臉，這個情況整整持續了一年，真的太丟臉了，好想挖個地洞躲起來。

潛意識中壓抑了恐懼、羞恥、憂鬱、悲傷等所有負面情緒，它們已經人格化，也稱為自己（self）、子人格（subpersonality）、內在小孩（inner child）、自我（ego）等。

我長大後平均體重一直在七十公斤左右，但懷孕後胖到八十公斤。為了健康，我一直忍耐並告訴自己「不要吃」，但忍耐到極限就會暴飲暴食，照顧孩子時也會一直想吃。我會看書或 YouTube 影片，找一些減肥方法來嘗試，但體重還是原地踏步。

身體是我說「變胖」就會變胖，說「變瘦」就會變瘦的嗎？大腦的表面意識無法改變體重，改變體重的是潛意識。無法處理的情緒壓抑在潛意識中，顯化成體重後，在現實中展現。

內在小孩會在感受到身體面臨生存危機時，也就是感覺「我不被愛」「我被拋棄」時出現。這位女性有一對雙薪父母，將小孩交給祖父母照料，早早出門上班且很晚下班，令孩子產生「我被拋棄了」「爸媽不要我」的感受。

對五歲前的小孩來說，父母——尤其是母親——就是全世界。他們自然會認為「世界拋棄了我」，感覺生存陷入危機。不過他們會壓抑這份情緒，而壓抑的情緒人格化後便成為因恐懼而顫抖的內在小孩。這個小孩認為「不能坐以待斃，要做點什麼！」，於是判斷「必須讓自己長大，才能保護自己」。

身體是依照潛意識行動的全像投影，會依照潛意識中內在小孩的想法而變胖，以下是另一個案例：

我是三十歲出頭的未婚女性，腹部有點贅肉所以去運動，但沒有改善，只瘦到大腿、手臂跟胸部而已。腹部贅肉讓我每次出門時，都會穿較寬鬆的衣服，還會刻意縮小腹。站在鏡子前看見自己突出的肚子，讓我相當失望和難過。小時候，投資股票失利的爸爸整天都關在房間裡不出來，媽媽則每天出門工作，過著早出晚歸的生活。父母之間沒有任何交談，家裡總是一片漆黑且安靜，我也不能期待媽媽對我付出任何關愛。

這位女性的內在小孩也跟前面的例子一樣，認為自己面臨生存危機。內在小孩感覺「我被父母拋棄了」，被拋棄就會死，而為了不要死掉並繼續生存下去，她便認為「不能將養分排出身體之外」。這個內在小孩身處潛意識之中，所以長大成人後，仍不會將吃進去的東西排出體外，而是會盡量儲存在腹部，使得身體其他部位雖然瘦下來，但腹部的贅肉仍然沒有減少。

許多非洲小孩餓得只剩皮包骨，腹部卻如啤酒肚般隆起。當然我們可以從營養學等角度進行分析，但從潛意識的層面來看，這也是身體面對生存危機的一種因應方式。

我深受各式各樣的腸炎所苦。高三時曾在九月全國模擬考的前一天罹患腸炎住院，當時邊打點滴邊考試。面試當天清晨，我因為前一天吃的章魚導致腸胃發炎，吃了一顆止瀉藥後，硬逼自己去考試，考完立刻住院四天。成為教師後，也曾因食物中毒、細菌性腸胃炎而住院超過十天。近來又罹患阿米巴原蟲引起的特殊腸炎，一天拉肚子超過十次。所以每次吃東西時，我都會因為不知道吃了會不會又得腸炎而緊張擔憂。

這時，試著回想自己生病的樣子吧！你會在哪裡想起這件事呢？答案是會在心裡想起自己生病的身體。如果在三十年後，你會是在哪裡回想起因罹患腸炎而受苦的此刻？同樣會是在自己心裡。

現在，自己的身體也在自己的心裡，就能知道**身體其實是內心的表徵**。這令人痛苦萬分的慢性腸炎，也來自自己的內心，是心中壓抑的情緒引起的症狀。而這位投稿者究竟壓抑了什麼樣的情緒呢？

我有個哥哥，媽媽曾說當時家境不好，原本只想養一個孩子，卻意外懷了我，原本還打算去醫院把我拿掉。小時候，爸爸曾對我說「原本沒有想要生你，卻意外生下了」，最近我拿這件事去問媽媽，她一邊哭一邊跟我道歉，希望我能原諒她。令人驚訝的是，從那時起我的腸炎症狀就消失了。

長期持續的症狀，會瞬間消失嗎？幾週後，這位投稿者再度來信：

之前提到的腸炎真的好轉了，最近我可以不受拘束地吃，代謝也很順暢，過著非常平靜的生活。謝謝您。

如果母親說懷你的時候，曾經為了把你拿掉而去醫院，你的心情會如何？會感受到面臨死亡的恐懼，會有「我是不受歡迎的存在、我是可以消失的無價值存在」等想法，而這會激起極大的羞恥與自卑。當你壓抑這些情緒而活，就會因為極小的刺激而動不動就拉肚子。

就讀大學一年級的兒子完全不喝酒、不抽菸，體型也偏瘦，卻已經有高血壓和眼壓過高的問題。他個性很沉穩、安靜，只是很在意成績，而且容易過度擔心，相對也非常認真讀書。他為什麼會有這種健康問題呢？

血壓與眼壓為何會飆高？是因為血管變窄的緣故。為什麼會變窄？是因為變胖或是血管老化的緣故。可是這位來信者的兒子身材既不胖，年紀也不算大，卻還有高血壓與高眼壓的問題，為什麼？**答案不在身體，而在心裡**。

身體是內心的延伸，所以當內心的空間變狹窄，能量場也會跟著縮小。能量場若縮小，身體也會跟著變小，身體縮小的同時，血管自然會變窄。為什麼身體的空間會變小呢？這是因為某些想法與情緒，被牢牢關在身體裡的緣故。

這位兒子牢牢抓著「我一定要讀書才能生存下去」的想法，而這想法是從何時開始，又為何讓他如此不願放手？

我們是雙薪家庭，所以孩子小時候交給奶奶帶，我會在週末去看他。他五歲時開始跟我一起生活，不久我又因為娘家的爸爸高血壓倒下，把孩子帶回娘家生活。

當然，奶奶肯定是用愛來撫養孩子，但這孩子的情緒遺傳自誰呢？孩子出生於母親的能量場中，所以母親的情緒能量會遺傳給孩子。孩子認為自己與母親是一體的，相信自己若要生存，就不能與母親分開，兩者必須如磁鐵般緊緊相依。

如果這時母親離開了孩子呢？孩子會覺得「我被媽媽拋棄了」「我的生存面臨威脅」，進而被巨大的恐懼席捲。直接面對那樣的恐懼實在太痛苦、太可怕了，於是孩子便認為，「為了生存下去，必須緊抓住什麼才行！」也因此執著於讀書。

執著於讀書，便不必直接面對痛苦與恐懼，但那些情緒並沒有因此消失，而是牢牢壓抑在心中，成為讓身體萎縮的問題。

這位母親為何會被工作所困？她的潛意識中，也有認為自己為了生存，必須執著於工作的內在小孩。

我小時候家裡非常窮，我跟父母、弟妹一家五口住在一個套房裡。雖然後來跟有錢人結了婚，但我老公的謀生能力並不強，也使我必須肩負起生計。我辭去了從事超過二十五年的工作，現在已經年過五十，但仍不時會擔心家庭生計，經常不安地覺得自己必須做點什麼才對。

我們什麼時候最能感受到被愛？當世上所有事情都依自己的想法運轉時。沒有錢的時候呢？能依照自己想法掌控的事就會減少，所以會覺得不被愛。而誰會覺得不被愛？內在小孩。沒有錢的時候，內在小孩就會覺得「我不被愛、我被拋棄了」。

母親不願正視被拋棄的恐懼，便執著於工作。兒子執著於課業、母親執著於工作，都是他們想要遠離被拋棄的恐懼。兒子像鏡子一樣，如實反映了母親的樣貌。

而當妻子執著於工作時，先生會怎麼想呢？會認為「我很無能，太太不會愛無能的老公，我被太太拋棄了」。**若感覺被他人拋棄，那麼自己也會拋棄他人**。所以先生會在心裡拋棄太太，而太太也會在心裡拋棄先生，這樣一來就成了雖然住在同一個屋簷下，但在心裡把彼此當成陌生人的情況。被拋棄的先生像一面鏡子，映照出太太被拋棄的模樣，兩人像鏡子一樣反映彼此。

壓抑未能療癒的傷痛，會令人十分難過，並不斷想起那份痛楚，它會不斷傳遞「請感受我、請療癒我」的訊息。

以不當習慣顯現的壓抑情緒

我邊上班邊為了實現夢想而努力，卻總在最後關頭以失敗告終。好幾次我都以為真的要成功了，最後仍遭到挫敗，現在處於放棄狀態。其他事也沒有持續到最後過，好比即使努力做某項運動，卻一直停留在新手階段。我的人生完全沒有「成果」。回想起來，像是有什麼強大的力量在阻止我。究竟是哪裡出了問題？順帶一提，我是四女一男中的老四，家中的老么是男生，我出生時，家中盼望男丁的長輩都對我感到失望與憤怒。

如果在母親肚子裡的你是女兒，父母卻期待你是男生，會怎麼樣呢？這會讓你認為「我是不受歡迎的存在」「我是被世界拋棄的存在」。被父母拋棄時，強烈的恐懼便會烙印在潛意識中，並同時對自己的存在感到羞恥。

當「被拋棄的自己」「丟臉的自己」烙印在潛意識中，內在小孩便會反過來操控身體、過你的人生。而你會有怎樣的人生呢？會過著被拋棄的人生、感覺羞恥的人生。**為了掩飾被拋棄的恐懼與羞恥，你會不斷重複「執著於一件事，最後再放棄那件事」的行為。**

這樣一來，自然什麼事都不會依照你的想像發展，也不會獲得任何成就，欲望自然會消失。你會對每件事感到厭煩，漸漸對過著這種人生的自己感到更加羞恥，覺得世界越來越可怕，無力感越來越強烈，令你總是空虛不已。

我目前是約聘護理師，轉成正職雖然有很多好處，但每當有人來挖角，我總會在做出決定前陷入嚴重的衝突與混亂，因此錯失很多機會，一直以約聘身分工作了許多年。我二十多歲首次投入職場時，曾經壓力大到罹患大腸激躁症（腸躁症），也許是這原因造成了我的創傷。我發現不知從什麼時候開始，只要面臨選擇的時刻，我就會有嚴重的選擇障礙，甚至無法決定該去哪間補習班，覺得自己根本就像小孩子。最近又收到轉正職的機會，但這樣什麼都做不了、只會焦躁不安的自己，真的讓我感到很丟臉。

為什麼會有選擇障礙？想到小時候被父母「拋棄了」的瞬間，就會產生巨大的恐懼，這份恐懼被壓抑在潛意識中，人格化後成為內在小孩，擔心著「或許會再度被拋棄」，並操控著你的身體。

「選了這個卻被拋棄，該怎麼辦？」「選了那個卻被拋棄，該怎麼辦？」「如果放棄這個卻又錯過那個，該怎麼辦？」「放棄了那個卻錯過這個，該怎麼辦？」……因為這些恐懼，讓你無法做出選擇，也無法放棄任何選項。

停留在五歲的內在小孩，來自我們誤以為身體就是自己的錯覺，進而相信「只要被拋棄，身體就會死掉」。所以每當要做決定時，便會令你感到坐立難安、恐懼不已、痛苦萬分。這位投稿者小時候究竟經歷過什麼，才使被拋棄的恐懼烙印在潛意識中？

母親在我很小的時候（推測為四到六歲），帶著我離家到鄉下暫住，因為經常動粗的爸爸有嚴重的疑妻症。媽媽總是早出晚歸，我一個人整天待在小套房裡，至今依然記得當時那種痛苦到彷彿要死掉的淒涼感。沒有任何東西能轉移我的注意力，沒有電視、沒有手機，令人痛苦到要瘋掉。我甚至不願與母親分享這些事，只是忙著逃避、掩埋這些回憶。

被留在小套房裡的小孩，害怕出門去找媽媽。為了生存，孩子必須緊緊依附某個對象，卻沒有人能夠依賴。外人非常可怕，而整天獨自關在家也很可怕。出去可怕，獨處也很可怕，什麼都不能做，只能在恐懼的籠罩下顫抖，無法做出任何選擇。這位投稿者將如此恐懼的孩子壓抑在潛意識裡，所以成為大人之後，才會繼續面臨這種進退兩難的不安。

我原本就內向又膽小，有將近十年都在帶孩子，後來才發現自己完全喪失了自信，甚至必須拜託父母幫我帶孩子去幼兒園。我幾乎不外出，整天窩在家裡，老大的學校舉辦親師座談時我有去，當時校門口有幾位家長負責登記名單、提供指引。當下我突然感到很害怕，呼吸急促且心跳加速，手臂的血管變得僵硬，整個人非常不舒服，手抖個不停。我好不容易才寫下自己的名字，進入教室找位置坐下。

發生這件事之後，我在醫院填寫病歷、去銀行在別人面前寫字時，都會很有壓力。我覺得自己現在好像什麼都做不了。沒辦法參加孩子學校的參觀教學，連帶媽媽去醫院、衛生所、社區中心和銀行都不行，只能拜託忙碌的先生幫忙解決，但這樣的情況讓我越來越感到抱歉。順帶一提，我獨處時就沒有這個問題。

不久前我去申請護照，打聽了幾個代辦處，好不容易找到表格填寫處有隔板的窗口申請。小時候媽媽就常說我寫字不好看，我覺得這有可能是原因，真是不知道該怎麼辦才好。

這位投稿者為何害怕在別人面前寫字？看到登記名單、提供指引的家長時，是不是瞬間想起什麼畫面？她想起了指責她「為什麼字都寫不漂亮」的母親。她在這群家長面前，重新展現在母親面前動彈不得的自己。

「不被媽媽愛，我就會死，不被媽媽認同，我就無法生存。為了獲得媽媽的愛與認同，一定要把字寫漂亮。」投稿者將小時候從媽媽身上感受到、或許會被拋棄的極度恐懼，投射在其他人身上。受了傷的內在小孩，無論身體、年齡如何增長，都不會跟著成長，**唯有在自己的存在被接納時，受了傷的內在小孩才會離開**。

我年過三十五，有個七歲的小孩。我小時候整天都在讀書、聽廣播，現在則手機成癮，不玩就會想起難過的事，所以會一直看手機。老公跟小孩讓我覺得很煩，我很害怕面對現實，所以雙眼總是充血，健康狀況也不好。小時候我家是雙薪家庭，我沒有可以傾訴煩惱或依靠的對象。我爸爸現在也非常沉迷閱讀，每天都在看書，媽媽則在外面到處跑。他們兩個健康狀況都不好，對靜心也抱持莫名的恐懼。

這位女性生長在雙薪家庭，從小父母對育兒沒有興趣。現在父親也是書蟲，整天只會讀書，母親則成天往外跑。這位女性從小便在沒有父母的愛或理解的環境下長大，能夠隨心所欲的只有讀書或聽廣播。她感覺「沒有人關心我，我被這個世界拋棄了」。由於「我被這個世界拋棄」的感覺太過可怕，於是她選擇壓抑，那份感受便被困在潛意識中，人格化成為「被拋棄的孩子」。

心中的孩子透過身體表達自己，並操控著這具軀體。那孩子因為不想感受到被拋棄的恐懼，轉而執著某些事物。手機很聽我的話、會依照我的想法動作，唯有在那一刻才會感受到「我的存在獲得認同、我被愛」。我可以拋棄手機，但手機不會拋棄我。

擔心被拋棄的恐懼，覆蓋了內心想被愛、被認同的需求。因為自己在成長過程中沒有獲得認同，所以也不會認同自己的孩子。孩子在身邊就嫌煩，更覺得老公令人煩躁。被拋棄的恐懼緊緊壓抑在心中，內心非常難受，卻也害怕將這些感受全盤托出。因為若現在才正視壓抑了一輩子的情緒，痛苦會大到無法掌控。心裡難受，身體自然也會難受，所以才會感覺全身都痛。

我兒子從國小三年級就有抽搐症。可能是因為自卑，他對學校課業沒什麼興趣，重考後便去當兵。退伍後他到處求職，嘗試做點什麼，卻始終不如意，現在打工維生。這段期間，他跟我們夫婦有過小爭吵，之後超過一年都自己一個人吃飯，整天關在房間裡。

你有沒有因為太過害怕、恐懼而全身發抖的經驗？抽搐症的原因就是壓抑的恐懼。那麼投稿者的兒子，究竟是因為害怕什麼而全身發抖？應該是在五歲以前，情緒容易烙印在潛意識中的那段時期，經歷過什麼極為可怕的事。究竟發生了什麼事？投稿者這麼回答：

兒子還在我肚子裡時，我的親哥哥因為癌症去世，讓我耗費許多心力。兒子五歲時，我跟當時住在一起的小姑有過嚴重爭吵，兒子目睹這一切。之後，我便回娘家住了一個月。

孩子在母親肚子裡的時候，因為母親的哥哥死亡，進而感受到對死亡的恐懼。若母親沒有安撫自己的恐懼，而將情緒壓抑在潛意識中，那麼腹中的胎兒自然也會感受到。帶著壓抑的恐懼出生的孩子，到了五歲時再度目睹可怕的場景。母親跟其他人爭吵後，便拋下自己離開一個月，使得孩子再度經歷被拋棄的痛苦。

孩子會怎麼看這個世界？他會認為「這個世界是個可怕的地方」。恐懼人格化之後，成為內在小孩，操控著孩子的身體與生活，面對外在的微小刺激，也會產生極度的恐懼，抽搐症便是恐懼的化身。

當恐懼平息，抽搐症會暫時緩和；若再度面臨外界的刺激，恐懼便會再次湧現。於是孩子大門不出，二門不邁，成天關在房裡，在情緒獲得療癒之前，很難有明顯的改變。

一再引發相同痛苦的壓抑情緒

我在二十多年前離婚，帶著兩個兒子一起生活。近來因即將退休，便在幾年前與一直喜歡我的一位男性再婚。令我驚訝的是，他跟我的前夫很像，對外人都很好，但回到家就變得挑剔且很愛指責人——甚至連長相也越來越相像。家人也很驚訝，問我怎麼又跟與前夫這麼像的人交往。我是因為討厭前夫才選擇分開，為什麼會再跟一個個性、外貌都非常相似的男人結婚呢？

這位女性的潛意識中，壓抑著對先生的強烈怨恨。雖然過了二十年，仍沒有清算那份怨恨，在這樣的情況下遇見了新的對象，而這樣的她會吸引怎樣的男性呢？怨恨會與怨恨共鳴，自然而然吸引潛意識中同樣壓抑著怨恨的男性，成為新的對象。想必這位女性的前夫，也是潛意識中壓抑著怨恨的男性。那麼，她為什麼會遇見這樣的前夫？是因為她未能清算對父親的怨恨。而她為什麼會怨恨父親呢？

我爸爸很愛喝酒，對外人很好，對家庭卻很不忠誠。除了喝酒的問題，這三個男人都很像。我父母經常爭吵，每次看到他們這樣，我都想還不如離婚比較能保護子女。我遇見與爸爸相似的前夫，又遇見與前夫相似的現任老公……難道不能斬斷這個循環嗎？我覺得好難過。

想要斬斷循環，卻又總是不斷有牽扯，到底是什麼原因呢？是源自潛意識中的壓抑情緒。我們都誤以為情緒就在身體裡，但其實是**我們的身體在情緒裡**。情緒會透過身體來表達，因此若想斬斷遇見像爸爸的前夫、像前夫的現任丈夫這個循環，就必須釋放壓抑的情緒。

如果潛意識中壓抑了對某位男性的怨恨，就會再度遇見與那份怨恨有共鳴的男性。**在清算那份怨恨之前，讓你感受到怨恨的現實，便會在你眼前一再重演**。

為何會感到怨恨？恨與愛是一體兩面的情緒，你不會去恨一個不愛的人。原本期待能夠永遠相愛，但期待落空，自然會感到怨恨。同時接納這一體兩面的情緒，自然就能化整為零，心也會清空。當自己與淨空的根源之愛合而為一，就能夠擺脫俗世間變化無常、起伏不斷的愛與恨。

我老公整天都在玩電腦遊戲，一下班就玩遊戲玩到睡前。如果兩個兒子要求他陪玩，就會對孩子大小聲，也不幫忙做家事。我要是唸他，他就會惡言相向，甚至還會打我。該怎麼做才能改變老公的心呢？

先生為什麼會無視家人、沉迷遊戲？為何會惡言相向、動手動腳？一個人若覺得「我被忽視了」，也會忽視別人。被忽視的情緒越是強烈地烙印在潛意識中，就越會因為他人的一些小動作而覺得「我被忽視了」。這是一種極度的自卑，自卑感越強就越會認為自己必須贏過對方，因為唯有獲勝，才不會感受到自卑帶來的痛苦。

這位投稿者的先生，小時候究竟是被誰如此嚴重地忽視？以下是投稿者的第二封來信：

我老公六歲時，父母離婚，他是祖父母帶大的。爺爺動不動就對他大呼小叫，奶奶個性也很衝動。

先生覺得「我被父母拋棄了」「我完全被父母忽視了」，更糟的是祖父母也忽視他，使他心中形成強烈的自卑，一旦感覺太太看不起自己，就會立刻暴跳如雷。

一想到整個世界都忽視自己，就必須緊抓著一個絕不會忽視自己的東西，那就是電腦遊戲。遊戲可以在自己想玩的時候玩，想玩多久就玩多久；電腦很聽我的話，絕對不會忽視我，所以才會沉迷於電腦遊戲。

這位投稿的太太為何會遇見這樣的先生？如果彼此的情緒沒有共鳴，就不可能會結婚。為了確認是否真是如此，我又請她回信：

我是五姊弟中的老四，雖然爸爸把我照顧得無微不至，但他說原本是想要兒子。

她在母親肚子裡時，就是個澈底被忽視的存在。父親想要兒子，而在肚子裡的我卻是個女兒，我的存在本身就被忽視了。還是胎兒的時候便遭到忽視，懷抱著自卑感出生，也因為潛意識中壓抑著自卑，所以會吸引同樣壓抑著自卑的男性。

人會透過情緒的共鳴相遇、分離，於是每當先生的自卑被觸碰到時就會暴怒，太太也會從先生身上看見自己的自卑，覺得「真令人失望」，並在心裡瞧不起先生。先生反映了太太的自卑，而那副情景實在令人難受。

我是個剛過三十歲的上班族，在職場上總是遇到討厭我的上司。一下子因為我一直跟他說話而罵我，幾個月後又因為我不跟他說話而生氣。有時我覺得，他應該就是想要討厭我所以才討厭我。

上司底下有好幾名員工，但為何上司唯獨討厭我呢？我眼前的現實，就像鏡子一樣映照出我潛意識中壓抑的情緒。上司討厭我，就表示我潛意識中壓抑著怨恨，而上司的怨恨與我的怨恨產生共鳴。

如果潛意識中並沒有怨恨，就不可能產生共鳴，也不會吸引討厭自己的上司來到眼前。

那麼，這位投稿者究竟是從何時開始壓抑怨恨的？

我從小就在討人厭的父母撫養下長大。父親暴力且無能，母親很愛抱怨卻也沒有能力。我出生時，父母就因為我是女生而討厭我，照顧孩子讓他們很痛苦。在我兩歲以前，他們總是強調我身為長女的義務，而不是用愛呵護我。我有個小我一歲的弟弟，父母總是要我照顧、禮讓弟弟。如果我說我也想被愛，他們就會罵我身為姊姊竟然嫉妒弟弟。

媽媽總是指責我「你書讀不好，讓我很丟臉，讓我的婚姻很不幸」，不時對我惡言相向。而我是個成績很好、很聽話的女兒，反而是弟弟不會讀書又抽菸，學生時期過得自由奔放、不受拘束。即使如此，父母仍然很討厭我。我現在也在職場上遇到跟父母一樣的上司。

這位女性從小就被父母厭惡，雖然比弟弟更聽話、更會讀書，仍然被父母討厭。小時候父母就是孩子的全部、就是全世界，她自然會下意識地認為「無論我怎麼做都會被討厭」「這個世界討厭我，活在世上就是會被討厭」。

這種感覺人格化之後便成為受了傷的內在小孩，反過來操控身體，過著承受厭惡、討厭他人的生活。情緒是雙向的，這個世界討厭我，而我也變得討厭世界。活在這樣的世界中讓人痛苦，直到這份痛苦獲得療癒前，它將一再以不同的狀況在眼前上演。

我是年過二十五的研究所學生，高中時因為好奇去算命，算命師說，「你考試總是第一次落榜，第二次才會考上。」後來我真的重考才考上大學，考證照時也是第一次落榜，第二次才考上。明年我要參加公務員考試，心裡卻一直有個聲音在說「你第一次考試會落榜」，讓我非常不安。該怎麼做才能趕走這個想法？

「一定要落榜一次才會考上」的想法，為何會烙印在投稿者的心裡？想起「錄取」這件事時，成對的「落榜」便隨之而來。如果在這時聯想到「第一次考試會考上嗎」，事情會怎麼發展？會不自覺將「第一次考試落榜怎麼辦」的想法壓抑在潛意識中，隨之而來「第一次考試會考上嗎」的想法，自然也會跟著被壓下去。大腦在潛意識中不斷與這兩個想法對抗，自然就會聽到這樣的聲音。

把身體與自己畫上等號的我們，會將對生存有利的「第一次考試會考上嗎」判斷為「好的」想法，並拚命留住，那麼引起「第一次考試要是落榜怎麼辦」這個想法的恐懼，就會以同等的力道反撲。也就是說，**越執著，恐懼就越強烈**。

考取或落榜的機率是五十對五十，但如果算命師出現，並且加強「你第一次考試會落榜」的想法呢？那麼「落榜怎麼辦」的想法就會變得更強大，進而使你真的落榜。因為力量比較強大的想法，會變成現實出現在你面前。

第二次考試也一樣。「第二次考試會考上嗎」與「第二次考試落榜怎麼辦」的想法，實現的機率是五十對五十，如果算命師出現，加強「第二次考試會考上」的想法，那麼「會考上嗎」的想法就會變強，進而使你考上。

接受並整合所有的想法之後，就會回歸於無。想到「考取」的瞬間，一定也會想起成對的「落榜」。只要接受所有的想法，就一定會回歸到零。

淨空的平靜心靈就是根源之愛，在根源之愛中會誕生怎樣的新想法？會誕生令你感到恐懼的想法，還是催生讓你感覺被愛的想法？會催生讓你感覺被愛的想法，自然而然發展出覺得被愛，也就是會考上的現實情況。

直到女兒三歲前，我先生都會在週末跟我們一起出遊。到了女兒四歲左右，先生便開始討厭出門，變成只有我帶女兒外出。不過每次帶女兒外出時，我都會非常擔心遇到熟人，心裡也覺得有點孤單，更覺得女兒可憐。為什麼我會產生這麼大的恐懼？

自己和女兒兩個人外出，可以帶著輕鬆愉快的心情，但這位女性心裡卻產生極大的恐懼。她究竟在害怕什麼？她的第二封信是這樣寫的：

我小時候幾乎不曾跟父母一起三人出遊。他們經常爭吵，我也非常討厭父母來學校。雖然住在寬敞的公寓裡，但只要待在家我就覺得很悶、喘不過氣，反而去住在套房的朋友家，才感覺呼吸順暢，心情輕鬆。

父母經常吵架的話，孩子的心會有什麼感覺？在這裡，最重要的是要認知到孩子的「身體」並不是孩子，只有「心」才是孩子。孩子的潛意識會開放到幼兒期，而這段時間目睹父母經常爭吵的模樣，會完整烙印在孩子的潛意識中。那會是怎樣的感受？會讓孩子覺得「整個世界充滿了爭吵，這是個沒有人保護我、沒有人愛我的地方，是個互相攻擊的可怕場域」。

再加上女孩子這輩子第一個遇到的女人就是母親，她們會將母親與自己畫上等號，完整繼承母親的情緒。若看著不被父親愛的母親長大，那麼「不受男人喜愛的女孩」形象便會烙印在潛意識中，而那個女孩會活在這樣的世界裡，未來長大成人、結婚生子後，先生便成了恐懼的對象。

在這充斥相互攻擊、爭吵的世界上，她害怕自己總有一天會像媽媽一樣被先生討厭、拋棄。一旦過了新婚期，進入倦怠期，壓抑在潛意識中的恐懼便會漸漸抬頭。看著先生討厭外出的模樣，內在小孩壓抑在潛意識中的恐懼便會浮現，擔心自己不知何時會被拋棄。

一想到「就像過去我爸爸拋棄媽媽一樣，我也終於被先生拋棄了」，就會在和女兒單獨外出時感到極大的恐懼。也會覺得別人總以「為何只有媽媽帶女兒兩個人出來，是被老公拋棄了吧？」的想法看自己，更對此感到羞愧。投稿者必須放下這樣的恐懼與羞愧，到真正放下之前，悲傷的情緒都會跟著自己，令自己苦不堪言。

我是個年約二十五的女性，從事需要在人前說話、跟外國人直接溝通的工作。不過真的身處需要與人說話的情境時，我就會心跳加速，非常不安，話卡在喉嚨裡，全身緊張到不行。我也很害怕在街上與別人對視，精神科診斷我是「社交恐懼症」。我持續服藥，但效果只是暫時的。心悸、緊張帶來的疲勞、鬱悶、不安，讓我錯失很多機會。無論再怎麼努力還是原地踏步，讓我感到很無力，也很埋怨自己為什麼生成這樣。

在別人面前發表或說話時，人人都會感到某種程度上的緊張。而緊張也是生存必要的情緒之一，因為必須感受到適度的緊張，才能好好準備，發表時也才能夠專注。

不過這位女性緊張的程度太嚴重，幾乎已經與緊張感合而為一，這表示在潛意識開放的幼年時期，她在非常緊張的狀態下成長。我回信詢問她，而她給了我以下的回覆：

媽媽從我八歲到高中畢業，持續對我施加心理與生理暴力。以「成績不好、不聽媽媽的話」為由，對我惡言相向。如果我不求饒，就會打我，或是拿刀威脅要先殺了我再自殺。所以從國小五年級開始，我就經常覺得想死。

這位女性的潛意識中，住著對「說錯話就會被母親拋棄」「說錯話就可能失去生命」感到恐懼的內在小孩。如果說從八歲起就被母親施以心理和生理暴力，那在這之前的情況呢？

在母親肚子裡時，有感受到愛嗎？

母親潛意識中也有個受虐的孩子，那是個因恐懼而顫抖的孩子。在沒有療癒那個孩子的情況下生下女兒，這種情緒就會遺傳給女兒。當自己療癒那個孩子，母親也會獲得療癒，自己也能夠從在他人面前因過度緊張的痛苦中解放。

我是個五十多歲的上班族，有兩個兒子。婚後，老公立刻提議各自管理薪水，但他投資股市屢次失敗，最後失去了金錢、工作跟健康。後來還因為操控股價被檢方調查，開始對我暴力相向。我送他去精神病院治療了一段時間，出院後他到處遊蕩、惹是生非，把我賺來的錢都花光，還用暴力威脅我，所以我又再次送他去住院。其實只要離婚就沒事了，我卻還在等他恢復正常，我到底是怎麼想的？

真的是這樣，其實只要離婚就好，為何非得讓先生去住精神病院，等他恢復呢？這是因為離婚後她就不能再從先生那裡搶走任何東西。等著先生回來，要搶走先生的東西，究竟是怎麼回事？一起來看看她的成長過程。

我是五姊弟中的老么，四哥的成績很好，總是獨占父母的稱讚。我為了獲得父母的稱讚努力讀書，後來成了很會賺錢的藥師。

這位女性的潛意識中，住著感覺父母的愛都被哥哥搶走的小孩。因為有一個感覺東西被搶奪的內在小孩，所以婚後錢才會被先生全部搶走，因為她將先生與哥哥視為同樣的存在。被搶奪時，她會感覺到自卑與羞恥，而自卑會讓人痛苦，為了不感覺到痛苦就必須克服。於是只要被搶奪，她就會想搶回來，搶奪能讓她產生優越感與快感。

於是這位女性想藉著讓先生澈底屈服，來擺脫年幼時從哥哥身上感覺到的自卑與羞恥，以及這兩種情緒帶來的痛苦，進而體會到優越感與快感。若想這麼做，先生就必須從精神病院正常地回到她身邊，她想讓先生在正常的狀態下屈服。若不能療癒這種在被搶奪時產生的痛苦，就會不斷重複搶奪與被搶的惡性循環。以下是另一個案例：

我是一個貧窮家庭的四女兒，夾在弟弟與姊姊之間的我，本就是特別不被媽媽疼愛的孩子。剛滿三十歲時，我在父親的強迫下結婚，幾年後揹著一身債務離婚了。之後我擔任補習班講師，賺了很多錢，卻因為姊姊跟我借錢不還，導致所有積蓄都沒了。我感到很無力，就把住了幾年的房子託付給弟弟，到靈修團體去修行了幾年，回來發現房子也沒了。之後我跟一個年紀比我小的男人一起生活，資助他讀書，幾年後發現他背叛我，離開前還留下一大筆債務。於是我又咬牙認真工作，好不容易買下原本租的公寓，卻又在登記轉讓的過程中被詐騙，再度陷入負債的窘境。一想到五十多歲的我，可能要變成信用不良的露宿者，就覺得委屈又無力。

這位女性小時候覺得父母的愛都被姊姊和弟弟搶走，那樣的感覺壓抑在潛意識中，人格化成為「被搶奪的小孩」，這個被搶奪的內在小孩，便操控著她的身體生活。無獨有偶，長大後她的錢又被姊姊以借用的名義搶走，她把錢賺回來，卻又被弟弟搶走，然後是被有如弟弟般的年輕男性搶走。後來她雖然再度把錢賺回來，卻又被詐騙。

如果像她這樣，把「被搶奪」的想法與自己畫上等號，並將想法壓抑在潛意識中，與被搶奪成對的「想要搶奪」，就會反映在他人身上。簡單來說，一旦自己有了「被搶奪」的想法，擁有「想要搶奪」這個想法的人，就會不斷出現在自己眼前。因為成對的想法無法分割，直到潛意識中壓抑的「被搶奪的孩子」獲得療癒之前，搶奪與被搶奪會不斷重複在自己眼前上演。

我是個六十多歲的男性，從二十多歲到現在，我每隔十年就會破產一次。每次經歷失敗我都會再站起來，卻一直被身邊的人背叛。經歷第二次失敗時，我感覺到有看不見的力量，操控事情走向這個結果，便開始靈修，卻沒什麼效果。我被相信的人背叛，更總是非自願地危害到那些相信我的人，究竟該怎麼打破這個惡性循環？

這位男性認為自己每隔十年就破產一次的原因是什麼？他認為是：總被相信的人背叛。如果我被別人背叛，那表示我也背叛了別人，所以他總是非自願地背叛幫助自己的人。

當然，大腦會有意識地認為：「我是受害者，當然也只能無奈地去害別人不是嗎？」不過潛意識會非常準確地一再上演「有來有往」這件事。也就是說，若自己承受一百的損失，那麼自己也會給人一百的損失，因為唯有這樣合起來才會是零。這位男性的潛意識當中，壓抑著「怕被別人背叛的孩子」，這個孩子究竟是從什麼時候產生，又是為什麼產生的呢？

小時候我父親的事業不斷失敗，母親為了生計四處奔走。我爺爺也是生意人，卻遭到兄弟背叛而坐牢。我剛開始學說話的時候，父親外遇，現在都還清楚記得母親帶我到很遠的旅館，抱著我哭的事。母親的生存能力很強，卻經常生氣，也非常暴力。我是一九五八年生的，曾經在一九七八年、一九八八年、二〇〇八年、二〇一八年……約莫每十年就會生一次大病，到鬼門關前走一遭。

這位男性的母親遭到先生背叛，遭到背叛的母親的恐懼，烙印在他的潛意識當中，受壓抑的這份恐懼人格化後成為內在小孩。父親的事業失敗，遭到世界的背叛，爺爺也被兄弟背叛而坐牢。婚後可能會被配偶背叛、經營事業可能被信賴的人背叛的恐懼，從家族的長輩遺傳到他身上。

不接納這代代相傳的恐懼，只是將它壓抑下來，潛意識中壓抑的恐懼便會透過子孫的人生一再重複出現，直到能療癒這些恐懼的人出現，它都會不斷流傳下去。

我是個三十多歲的公務員，去年結婚後一度懷孕，後來流產了。即使過了一年也沒有再懷孕，讓我感到非常害怕，總是在想，「如果又流產怎麼辦？如果因為之前吃躁鬱症的藥而生出畸形兒怎麼辦？要是把身體搞壞，被老公拋棄怎麼辦？」我邊想邊開車，結果發生擦撞意外，後來連開車都讓我感到害怕。我晚上睡不著、沒有胃口，還瘦了一大圈。小時候我爸有段時間去嫖妓，之後父母的關係就一直不太好。

這位投稿者潛意識中有怎樣的情緒？是擔心被拋棄的極度恐懼。感覺自己與恐懼合而為一，自然會陷入害怕被拋棄的惡性循環。懷孕流產便感覺被胎兒拋棄、如果生出畸形兒就感覺被那個孩子拋棄、要是變胖便感覺被身體拋棄，同時也極度恐懼被先生拋棄……這都是源自她目睹了母親過去因為父親嫖妓而被拋棄的模樣。

這位女性的恐懼，遺傳自被拋棄的母親。母親未能療癒的恐懼遺傳給身為女兒的她，也使得她總是被恐懼籠罩。

我畢業於人類學研究所，是年約三十五歲的女性。幾年來都在準備考試，身體非常不好，原本想說考個外縣市的研究所，可以讀得輕鬆一點，沒想到某個看到我學經歷的男同學，竟在課程相關的群組裡說我「沒教養」「白活到這個年紀」，講話沒大沒小，對我口出惡言。他雖然道歉了，但還是覺得聽比自己小兩歲的男生說這種話很不舒服，害我一整天手抖個不停，我覺得他是因為自卑才這樣。以前也有其他人罵過我「沒教養」，我該怎麼因應才好？

這位女性在自我介紹時第一句就提到「人類學研究所」，最後則說「覺得對方是因為自卑才這樣」，表示她很努力想讓自己有優越感，我們也能感覺到她的優越感是來自學歷。

當人試著將自己與優越感畫上等號時，就表示潛意識中壓抑了自卑感，因為一定要有優越感，才不會感受到自卑的痛苦。優越與自卑是成對的情緒，若沒有前者，自然也不會有後者；若沒有後者，必不會有前者。那麼，這位女性的自卑究竟源自何處？

從小我父母經常爭吵，都不管我，常常讓我感到不安。

父母爭吵時，孩子夾在中間會有什麼感覺？要是跟著媽媽，就會被爸爸拋棄，若是跟著爸爸，就是被媽媽拋棄，孩子只能束手無策困在被拋棄的恐懼中。父母充滿憤怒與怨恨的臉孔，對孩子來說就是恐懼的對象，會讓孩子覺得「這世界是個充斥爭吵的地方，沒有任何人愛我」。

在投稿者的潛意識中，壓抑著害怕被父母拋棄的孩子。被父母拋棄的孩子會感到自卑，認為「是我不好才被拋棄」，因為被拋棄而感到自卑的孩子，會認為生存受到威脅，並為了生存而緊抓住某些東西。

投稿者的情況便是抓住學業。不過她的心一直很空虛，即使很會讀書、畢業於知名大學，仍無法填補心靈。她心中充斥著什麼？充斥著為了感到優越而對學業的執著，以及壓抑其中的自卑。這些令她疲憊不堪、痛苦不已的情緒，不是「真正的自己」，這些痛苦的情緒人格化成為鬱結在潛意識中的內在小孩。

內在小孩操控著我的身體，偽裝成我過我的人生，而「我」消失到哪去了？過著「我」失蹤的人生，內心會感到空虛。為了壓抑負面情緒，必須消耗大量的能量，身體變得總是疲倦、生病。年紀比自己小的男同學罵自己「沒教養」「白活了」，沒大沒小且惡言相向時，自己過去刻意忽視、壓抑的巨大自卑感便蜂擁而上。

而我會遇見那位男學生，真的只是偶然嗎？情緒是能量的波動，振動頻率不一致的情緒不會相遇，唯有彼此的自卑共鳴時，兩人才會湊在一起。男同學的自卑是一面鏡子，反映自己壓抑的自卑。投稿者過去也被別人說過「沒教養」，這是自卑感被刺激時說出的話，當時那個人也是一面映照自卑感的鏡子。

會刺激到我心中自卑感的人，都反映出我壓抑在潛意識中的自卑，他們其實是天使，來提醒我要療癒內心的痛苦。在我的痛苦澈底獲得療癒、回歸根源之愛以前，痛苦會化為不同樣貌的天使，不斷出現在我眼前，刺激著我。當我們不再在人生這部漫長戲劇中演出，便會在根源之愛中再次以最原始的姿態遇見天使。

我是一位六十多歲的女性，在日本當了三十五年的教授。因為退休後想回韓國生活，早在二十多年前就在首爾近郊買了房子。五年前我把房子賣掉，到釜山買了一間店面。我原本想買公寓，但因為時機不對，才改買店面。不過現在那裡什麼都沒有，令我時不時覺得心痛，也感到不安。我該怎麼安撫自己的心？

看著空蕩蕩的店舖，這位女性的心裡在想什麼呢？心中浮現了被拋棄的痛苦、不安、恐懼、悲傷、孤單、寂寞。若壓抑這些情緒，內心便會感到空虛。為何會空虛？因為情緒不是「我」。這些非「我」的情緒占據了我的心，假裝成「我」在生活。

而「我」失蹤到哪去了？「原本的我」是淨空、無限的心，無限的心即是無限的愛。當心中充滿無限的愛、當我們以「原本的我」而活，就能時常感到被愛、和平與自由。那顆心是全知全能的意識，我們會明白該做什麼、如何做、怎麼活，完全不會感到匱乏。我們身處在宇宙整體的意識中，想法會依照我們的意念化為現實，那些知曉將帶領我。

這位投稿者為了撫慰心靈的空虛而買下房子，但買下房子的是誰？是想被愛卻感覺無法被愛、感覺被拋棄的自己。被拋棄會令人感到孤單、寂寞、空虛、害怕，覺得應該緊抓住什麼，於是抓住了房子。

但物質要如何填補無限的心呢？無論如何拼湊，物質都無法填補心中缺乏的愛。「感覺不被愛而空虛的我、被拋棄的我」買下這棟房子之後，房子會成為什麼？會成為感到空虛、不會有人到訪、被拋棄的空蕩蕩房子。後來，我收到她的第二封信：

我做夢也沒想到自己內心非常空虛，所以回想了一下，發現真的是這樣。我總是獨自一個人在哭，現在也在哭。

她以外國人的身分獨自在異國生活了一輩子，不斷掩埋內心的空虛。在遺失「原本的我」的狀態下，讓潛意識中的「被拋棄的我」人格化，操控自己的生活。以下是她的第三封信：

今天早上起來，我感覺到來自身體深處的空虛，瞬間意識到「原來我真的不感謝任何事」。一直以來，我都刻意要求自己必須感謝所有事，現在我終於了解自己，也終於能夠回頭看看，總把「謝謝」這句話當咒語一樣掛在嘴邊的自己。

一個月後，她寄來第四封信：

開始做鏡子靜心之後，我覺得自己的心變平靜了。過去只要一點小事就會令我感到不安、丟臉，現在我都能靜靜地看著這些情緒。

靜靜看著自己心中痛苦情緒的人是誰？就是擁有根源之愛的「原本的我」。直到人生將步入黃昏的時刻，她才終於找到「原本的我」。

在美國讀完博士課程後，我以約聘研究員的身分留在那裡工作，今天終於獲聘為美國一所大學的正式教授，我花了十二年才終於達成這個目標。今天是我當上正式教授的第一天，卻感到空虛無比，無法控制地大哭了一場。我一邊回顧過去的人生，一邊思考「我為什麼會哭」，過程中莫名地不斷抽泣。一直以來，我都為了得到別人的愛而努力，吃了四十年的苦後，這一切彷彿看到終點，現在我終於能鬆一口氣了。我聽到自己像孩子一樣哭喊著「我現在可以休息了嗎」，但同時又忍不住說出「這不是我想要的人生」！痛哭一場之後，我仍感到無法平息的空虛。我想過著與他人相愛的生活，這是我微小的夢想，但那些夢想現在都去哪了？我為了獲得愛而掙扎，忍耐著一切，而過去這樣在情緒上虐待自己的我，實在令我感到羞恥。

當我們出生、獲得身體之後，便會感到與無條件、絕對的根源之愛分離，因為我們誤以為身體就是自己。擁有身體這件事本身，可以視為我們並沒有從「身體就是自己」的錯覺中清醒過來。若已經從那份錯覺中清醒，便不可能獲得身體出生。（譯注：只要意識到「身體並不等於自己」，就不會被困在身體之中，也不會擁有或獲得身體。）

被根源之愛拋棄是非常可怕的事。為了不被拋棄，我們必須抓住什麼，於是不斷努力嘗試抓住地位、權力、名譽、金錢。誤以為抓到的東西越多，就越能從他人那裡獲得愛與認同，於是我們總是汲汲營營抓住某些東西。

不過，執著一件事，便會被其他事拋棄。這位投稿者也是執著於教授的職位，最後終於成為正式教授，但同時也放棄了自由，活在不斷鞭策自我的疲憊人生中。若在執著之下獲得一樣事物，肯定會有因為放棄而產生的失去。

想用物質填補缺乏的愛，這樣的人生總會令人感到空虛，因為空虛，便想抓住更多物質。而這樣無止境地抓住物質的人是誰？是潛意識當中，那個誤以為身體就是自我的人格。這個人格為何想抓住這些物質？因為他誤以為物質是實際存在的。

這個人格是「真正的我」嗎？不，他是將「我不被愛」這個情緒壓抑之後產生的人格。這個人格操控著我的身體，過著我的人生，於是我總感覺不被愛與空虛。為了填補這份空虛，我不斷鞭策自己前進，因為前進就能遺忘空虛感，卻總是感到疲憊不堪，全身疼痛不已。拖著傷痕累累的身體獨自面對這蒼涼的世界，就是我的一切。

物質是過了當下這一刻便會立即消失的幻影。一個小時前的物質、一分鐘前的物質、一秒前的物質，能用手摸到、用眼睛看見嗎？唯有回歸根源之愛，才能使內心滿足。

我們自根源之愛中誕生、在根源之愛中生活，最後將回歸根源之愛，只是如今的我們都忘了這件事。當領悟自己便是根源之愛時，就能找到自己最愛的事。因為在做自己最愛的事而感到愉快，因為愉快而不需要費心也能做得很好，因為可以做得很好，所以能獲得世界的愛。當我成為根源之愛後，便會發現我的身體、我在做的事情、整個世界，其實都在其中運轉。

第 2 章

開始做鏡子靜心之前

此時此刻真的是 3D 空間嗎？

我現在在哪裡做什麼？在家打掃？在市場購物？在辦公室工作？無論我在哪做什麼，我的身體總是無法跳脫「此時此刻」這個空間。

「此時此刻」（here & now）是自己五感認知的空間，是以肉眼觀看、以雙耳聆聽、以皮膚感受、以鼻子嗅聞的空間。當我們憑藉身體而活，就是困在肉眼所見的影像、雙耳所聽的聲音、皮膚產生的觸感等建構的五感當中。

如果我在家中打掃，進入我視野的房間、窗外的風景，都是「此時此刻」這個空間；如果我在人聲雜沓的市場購物，進入我視野的人群、商店、天空等，就是「此時此刻」這個空間；若我在辦公室裡工作，進入我視野的辦公室裝潢、窗外的風景，就是「此時此刻」這個空間。

我們有一種錯覺，深深相信「此時此刻」這個空間是3D空間，相信空間裡皆是有長、寬、高的立體事物，但果真如此嗎？

看看你的身體吧，一般人雙眼所及的視野，只能看見身體的其中一面。試著轉頭看看身體背面，雙眼所及的範圍內，仍只能看見身體的其中一面。即使我們只能看見身體的其中一面，卻仍相信「身體是立體的」，也因為相信身體是立體的，才會認為所有事物都像身體一樣是彼此分離的立體物。

這些事物是否真實存在，或根本只是用肉眼觀看時才存在的幻影？若意識到一切都是幻影，自然不會耗費心力去抓住任何事物，更不會為了抓住什麼而產生負面情緒，而壓抑的負面情緒也會瞬間消失。

當我們去旅遊，在景點用相機拍下「此時此刻」這個空間後，就會留下一張照片。身體、朋友、景點都只會展現正面的模樣，但會有其他事物不以正面出現，而是以其他面出現嗎？那幅景象只存在我們心中。例如：我們用眼睛從正面看見自己手裡拿著手機，將手機轉過來便是手機的背面；但當我們看見手機背面的瞬間，手機的正面就消失了，當下存在的，只有肉眼看見的那一面。看見背面時，前一刻看見正面的時間便已經過去，手機從正面轉到背面花了多久，我們就老了多少。

手機也是由光線的波動與振動形成，所以每個瞬間都不一樣。手機只存在當下這一刻，進入我們視線範圍的現實都是如此。肉眼沒有看見的裡面（背面）實際上並不存在，只潛藏在內心的想法之中，只有在進入視線範圍時，才會以「正面」的形式突然登場。現實其實是只能看到正面的、由光線振動形成的全像投影。

✦

假設現在有個男人拿著鐵鏟，想在平地上堆起山丘。為了堆起山丘，他必須挖土，挖土的同時便會產生一個洞，山丘越高大，洞就越大。山丘原本並不存在，所以出現時便形成正（＋）能量，而洞是原本存在的東西消失，所以是負（－）能量。

若只看到山丘，便會認為「那是山丘」；只看到洞，便會認為「那是洞」。認為是山丘的能量，也就是所謂的正（＋）能量，其實是借用我們認為是洞的能量，也就是由負（－）能量堆疊而成，兩種想法的能量合在一起，便會歸零（0）。當想法消失，那麼山丘和洞都會消失。我們藉助想法創造想法，想法再創造出全像投影。

實際上並沒有任何東西存在。那麼，我的身體存在嗎？身體有七〇％是水，剩餘三〇％是由吃進去的食物形成的肉、骨頭、肌肉等。若將水從身體中抽走呢？我的身體便會消失七〇％；若將肉、骨頭、肌肉從身體中抽走，剩餘的三〇％便會消失。我深信的所謂「身體」究竟在哪裡？那其實只是空蕩蕩的幻象、印象、幻影、全像投影而已。

一百年前，在我的身體進入媽媽的肚子裡之前，它其實並不存在。不存在的東西誕生，就是正（＋）能量，但正能量產生的瞬間，內在同時也會產生相應的負（－）能量。正能量是從空無一物的空間產生的陽能量（positive energy），產生負能量的則是陰能量（negative energy），也就是重力。陰與陽兩種能量結合便成為零（0），也因此身體誕生的瞬間便朝著死亡邁進。

我的身體是陽能量，但它實際存在嗎？不。因為相應的陰能量（也就是重力）總是存於內在，陰陽能量相合變化為零，所以身體是實際上並不存在的全像投影。

同理，地球和宇宙也一樣，因此知名物理學家霍金博士才會說，「宇宙中所有物質都是陽（positive），宇宙中所有非物質皆是陰（negative），宇宙能量的總和是零。」紐約市立大學物理學家加來道雄也說過：「宇宙誕生自完美的空，宇宙就是天上掉下來的午餐。」

我的身體、地球、太陽、整個宇宙都不是實際的存在，而是藉助成對的想法產生的全像投影。無論這幅全像投影是來自我的意識或潛意識，都會因我的想法而生、因我的想法而動。所以全像投影的現實，會如鏡子般反映我的想法。

我們誤以為是物質而深信不已的現實世界，其實是內心的想法投射出的全像影像，也因此現實中所有行為都並非實際發生，只是依照我的想法運動的光線而已。就像從夢中醒來，意識到：「啊，原來是一場夢！」

例如：產生「去」這個想法的瞬間，內在便會同時產生「來」的想法，所以「去」這個行為發生時，接著便會有「來」這個行為。想到「上去」的瞬間，內在便會同時產生「下來」的想法，所以「上去」的行為發生時，「下來」這個行為便隨之而生。同樣的道理，「吃進食物」這個行為的內在隱藏著「排出食物」的行為、「見面」當中隱藏著「分開」、「誕生」當中隱藏著「死亡」。

其實並不是身體做出行為，而是潛意識中成對的想法浮現，讓我的眼睛看見依我的想法動作的光線投影。量子物理學也透過實驗證實，成對的微粒子（也就是光的粒子）無論離得再遠，都能做出完全相反的運動。一邊的光粒子往左旋轉，另一邊成對的光粒子就會朝右旋轉；一邊的光粒子上升，另一邊的光粒子就會下降。將兩邊的動作合起來看，也就是當時間與距離等因素消失後，光粒子便不會往左或往右旋轉，也不會上升或下降。當觀察者產生「喔，在上升耶」的想法，便會看見上升的樣子；產生「喔，在下降耶」的想法時，便會看見下降的樣子。當想法產生，時間與距離就會隨之而生。

那麼情緒呢？情緒也是想法，是感覺引起的，也就是身體反應引發的想法。所以情緒同樣也是正（+）負（–）能量的運動，必定成對，且總和為零，實際上並不存在。

愛是由恨而生，喜悅是由悲傷而生，幸福是由不幸而生。因為實際上並不存在，必須藉助相反的能量，才能如實際存在般短暫出現，兩者結合後便會消失，所以接受所有情緒之後，心便能淨空。

✦

如果現在我眼前有鬼火一秒「閃現」，那麼鬼火實際存在嗎？還是只是幻影？

「當然只是幻影！」

不論是誰肯定都會這麼說。那麼，若這鬼火「閃閃爍爍」、忽明忽滅持續了十秒，它是否真的存在？

「那當然也是幻影！」

各位仍然會這麼說。那麼，若這鬼火的閃爍持續一年、十年、一百年呢？它是否實際存在？人們肯定會歪著頭陷入沉思。

所有會動的東西，總有一天都會靜止。現在生龍活虎的身體，未來也總有一天會倒下，之後便會消失。而這些動作從何而來？從空無一物的空間中而來。會消失去哪？消失到空無一物的空間之中。若事物在空無一物的空間中，在有限的時間下運動，最後消失在空無一物的空間裡，那麼該事物究竟是實際存在，抑或只是幻影？

我有睜開眼靜心的習慣。靜心時若想法消失，眼前的事物便會變得透明並閃現白光，接著不留痕跡地消失。當我驚訝地注視那項物品時，透明的光會再次出現，那項物品也會再度現身。光以極快的速度明滅，同時將想法輸入我的大腦，進而產生幻影，當想法消失，幻影也會跟著消失。在做鏡子靜心的過程中，各位也會親眼見證自己的臉孔或身體消失。

鬼火與事物有什麼不同？只是光線明滅的時間長度、振動頻率不同，所以才讓我們感覺不同。存在世界上的所有事物都會出現、消失，想法、情緒、身體、動植物都會出現再消失，甚至地球、太陽、宇宙同樣會經歷這個過程，所有會動的一切皆是如此。

現身一段時間再消失的究竟是不是幻影？是。看看你的身邊，有什麼不是幻影？我的身體在一百年前不存在，一百年後便會消失，其他人也一樣。房子呢？車子呢？樹木呢？都有各自存在的期限，整個空間充滿了存在一段時間後便會消失的事物。我的身體是幻影，圍繞著我身體的事物也是幻影。我的身體是進入幻影的世界裡生活一段時間後便會消失的幻影，所以若用電子顯微鏡觀察萬物，不斷放大、放大到最後，直到再也無法放大為止，便會看見空無一物的空間。

有什麼是不會消失的？就是無限的背景，也就是淨空的空間、淨空的心。會動的一切，都是淨空內心的幻影。當幻影消失，３Ｄ空間便也消失。

✦

鄉下的悠閒大草原中央有一條道路，走在那條路上，我突然想：

「如果沒有那些電線桿，空間仍會存在嗎？」

沒有電線桿，空間仍然存在。

「如果沒有這條路，空間仍然存在嗎？」

沒有這條路，空間仍然存在。

「如果沒有那座山，空間仍然存在嗎？」

沒有那座山，空間仍然存在。

「如果沒有天空，空間仍然存在嗎？」

沒有天空，空間仍然存在。

「如果沒有地球、沒有我的身體、沒有空氣，就連宇宙都不存在呢？」

即使沒有地球、沒有我的身體、沒有空氣，甚至連宇宙都不存在，空間也仍然存在。即使空間當中的所有事物消失，空間仍然存在。事物全部消失之後，就只剩下空蕩蕩的空間。

淨空的空間是 3D 空間嗎？不是。當所有事物消失，距離與時間也會消失。要有名為 A 與名為 B 的事物存在才會產生距離，也才會產生從 A 走到 B 所花費的時間。當事物完全消失，3D 的空間也會澈底消失。3D 的空間是唯有我們認定為事物的幻影存在時，才會產生的虛幻空間。

若 3D 空間是虛幻空間，其中的一切是否真實存在？不，虛幻空間內的一切也是幻影。身體只是漂浮在虛幻空間中的幻影之一，而我們為這個幻影貼上「我」這個想法的標籤，貼上標籤的瞬間，我便陷入由想法編織的世界中。

在想法的世界裡，身體是活著且會動作的，因為想法本身就活著且會動作，於是只要貼上想法的標籤，一切便會活起來。當約一百年的契約到期，我的想法完全停下，「我」方能離開想法的世界。這樣一來，隨想法起舞的一切也會跟著停下，我的身體便一併消失。

回顧過往的歲月，便會明白人生本就是我心中的想法，實際上空無一物。肉眼不能、手也無法掌握任何事物。我們會發現，我一直活在由情緒投射出的想法所編織的形象當中。

未來的人生也將會這樣走向終點。我們將會明白，我們沒有留住任何東西，也沒有壓抑任何東西，明白**「原本的我」「真正的我」其實是不受任何限制、擁有一顆無限之心的創造者**。

鏡子靜心的進行方式

如同前面提到的，無論我在哪裡、做什麼，總是身處「此時此刻」這個空間，即使站在鏡子前靜心也一樣。我、鏡子、放著鏡子的房間，都在「此時此刻」的空間中。「此時此刻」是我肉眼視線所及的空間，是透過五感感知的３Ｄ空間。當我的身體跳脫五感空間，空間會化為幻影消失，因為五感是透過身上的眼、耳、鼻、皮膚等器官感受到的。

五感的空間之外有什麼？肉眼所見的形象之外有什麼？什麼也看不見。耳朵聽見的聲音之外有什麼？什麼也聽不見。五感的空間之外什麼也沒有，是空無一物的「空」。

五感的空間只存在當下這一剎那，若奪去只存在這一剎那的事物會如何？那便什麼也不存在。五感的空間是只存在這一剎那的幻影，是閃爍明滅的光線匯集的幻影。

是在哪浮現的幻影？是淨空心靈的幻影。身體、家人、住家、地球、太陽、無數的星辰，都是淨空心靈的幻影。我下意識不斷朝大腦輸入的想法，編織出這些幻影，並透過我的肉眼看見它們。也就是說，我看見的是壓抑在潛意識中的人格的想法編織出的幻影。

想法沒有長、寬、高，不是立體的，那麼想法建構出的名為「事物」的幻影，是立體的嗎？由於想法不是立體的，所以想法建構的事物也不是立體的。事物是閃爍的光之幻影，所以我們只能透過肉眼看見事物的正面（其中一側）。

不過，我們並不容易接受這件事。有什麼更簡單的方法，能讓我們親自確認事物只是幻影？肉眼只能看見面前的空間，如果利用鏡子去看肉眼看不見、位於我們身後的空間呢？這樣一來就能夠開啟心眼，進而用心眼看見整個五感空間。

我的身體真的是立體的嗎？房裡的事物真的是立體的嗎？「此時此刻」的五感空間，真的是充滿立體物的 3D 空間嗎？

如果我親眼見證身體並非立體而只是幻影，一切將會如何？一直以來誤以為身體實際存在，投射在身體、無數壓抑的情緒，都會像泡沫般破裂，我們將立即獲得療癒，現實也將馬上改變。情況是否真是如此？

鏡子靜心的完整步驟

① 完全除去肉眼的力量，不要對焦任何事物（眼神放空，想像肉眼只是玻璃窗），靜靜望著視線所及、位於自己面前的空間。若以肉眼對焦，就會看見在大腦中運作的想法

編織的幻影（事物）。

②靜靜看著以肉眼無法看到、位於身體後方的空間（身後的牆壁或事物等）。

③肉眼雖只能看見面前的空間，卻能透過鏡子同時看見身前與身後的空間，這一刻心眼就會開啟。這樣一來，我們就能脫離身體，以客觀角度觀察整個「此時此刻」的3D空間。

④困在「此時此刻」之中的我，認知到身體與事物是彼此分離的，也就是認為我們都是有長、寬、高的立體存在。然而脫離了身體，客觀地觀察「此時此刻」，會發生什麼事？身前與身後的牆壁之間是否還存在距離？不存在。兩面牆並不是彼此分離，而是緊緊相連。兩道牆之間的所有事物也像張照片，是緊鄰彼此的一幅圖像。我們將會明白，「此時此刻」是由明滅的光振動產生，是存在我心中的一幅圖像。（當你深深進入鏡子靜心的狀態，可以試著稍稍左右移動身體，便能親眼看見鏡中的牆壁、事物都像一張紙，跟著身體一起左右搖擺。）

⑤越意識到身體是「此時此刻」當中的一幅圖像，心便會逐漸淨空。這樣一來，我將會逐漸與淨空的心（真空、純粹意識、根源之光、根源之愛、「原本的我」）合而為一，感受到真實存在的，其實只有淨空的心。

⑥發現「此時此刻」是我心中的幻影後，誤以為身體實際存在、而緊緊依附在身上的眾多情緒人格將會如何？會漂浮在淨空的心靈中，接著只要我們接納那些人格，它們

便會立即消失。也就是說，當我回歸淨空的心靈，反映在身上的所有情緒將無處可去，進而消失在淨空的心靈中，因為那本就是從淨空心靈中誕生的幻影。

⑦脫離身體，與淨空心靈合而為一的我，不會以觀察者的雙眼評價、判斷、審判一切，而是觀察淨空的心靈中浮現了怎樣的想法或情緒。維持觀察者的內心狀態，感受過去壓抑的情緒並嘗試以言語表達，例如：複述「我非常害怕死亡」，人格化的恐懼將會漸漸浮到意識表層。當情緒人格感覺自己沒有被評價，只是原原本本被接納、被理解時，就會顯露自己的存在。恐懼浮現時，自己在鏡中的臉也會變得如魔鬼般黑暗。情緒人格感受到的眾多加害者、被害者的臉孔，都會投射在自己的臉上。

情緒人格會像這樣透過身體表現自我，我們可藉此得知身體也是心的一部分。當自己與根源之心合而為一，身體周圍就會出現美麗且透明的光波，也就是看見所謂的光環——藍色是正直與智慧、綠色是安定與休息、粉紅色是溫暖的愛、紫色或白色是療癒、黑色是等待療癒的心等。情緒能量透過身體流出時，身體就會產生反應；身體產生反應時，請自覺我是靜靜觀察一切反應、並接納這一切的觀察者，便能得到完整的療癒。

⑧如果身體沒有什麼反應呢？那就表示我尚未完全脫離身體，也就是仍未擺脫情緒人格的支配。這時請配合第五點的說明，反覆用平靜的心，看待身體這個淨空心靈中的幻影。或不斷地將身體空間擴大成房間的大小↓建築物的大小↓地球的大小↓宇宙的

大小↓無限大，同時靜靜檢視在空間中浮現怎樣的想法與情緒。這樣一來，當想法與情緒消失時，我們也會漸漸脫離身體，成為淨空的心靈。

⑨透過鏡子靜心讓想法與情緒消失，肉眼能看見的顏色就會逐漸消失，只剩下光。臉孔與身體看起來像褪色的圖片，就像原本在看彩色電視，瞬間跳成黑白畫面一樣。透過與大腦相連的肉眼去看想法編織出的幻影時，能看見鮮明的色彩，但擺脫大腦透過心眼觀看時，便會變成有如黑白照片。這也是為什麼用心眼回顧已經過去的一切時，看見的不是色彩繽紛的圖片，而是褪色的模樣。臉孔或身體完全消失，擺脫身體進入淨空心靈的觀察者能夠看見一切、存在每個地方，成為了解一切的意識，是根源之光，也是根源之愛。試著以觀察者之眼凝視鏡中的自己，並與他說話吧。「人生很累吧？揹負的擔子又多又重吧？很孤單吧？想盡情哭泣吧？我是根源之愛，希望你能傾訴所有的悲痛。害怕？憤怒？委屈？怨恨？羞恥？」像這樣一一點出壓抑的情緒，情緒的人格會跟著浮現，使你的臉色變黑，同時身體周圍也會出現白色和淡紫色的療癒之光，你便能獲得療癒。

⑩潛意識中的情緒人格，是透過「現實」這部生動的人生電影來表達情緒，所以在做鏡子靜心時，若感受並順應特定人格的情緒，該人格就會超越時空，讓首次受到相應傷害的人生電影場景生動地在眼前上演。例如：在嬰幼兒時期受傷的經驗，有時是數百年前的祖先（或前世）受傷的經驗，會像電影一樣在眼前浮現。不要害怕，就以淨空

心靈的觀察者注視、感受並理解那些情緒即可。

熟悉鏡子靜心的步驟到一定程度後，就能將靜心過程簡化如下：

簡化後的鏡子靜心3步驟

①利用鏡子，讓自己同時看見身前與身後的完整空間↓開啟心眼。

②觀察淨空心靈中的所有動作（想法、情緒、身體反應），不做任何評價、判斷與審判。

③感受並接納浮現的情緒，或用語言表達，這樣一來情緒便會消失。

多花時間透過鏡子靜心淨化潛意識，之後漸漸就能不用鏡子，也能覺察「此時此刻」只是自己心中的幻影。

透過鏡子靜心，回到根源之愛

第一次做鏡子靜心時，我無法專注，也沒有浮現任何情緒，因此多次放棄，直到最近才有淚流不止、臉孔改變的經驗。於是我持續練習，後來開始覺得胸口很悶，便一直拍打胸口，卻始終找不出原因。當我說出「我被拋棄、不想活了、好想死」這些話，看見自己的臉孔開始改變，不斷哭泣……之後胸口還是很悶，整個人變得有氣無力。我是家裡的老么，出生時全家都盼望能有個兒子，身為女兒的我無法獲得疼愛。我接納了這一點，卻還是淚流不止，胸口很悶，完全無法抒解。

做鏡子靜心時若覺得胸口很悶，代表潛意識中的情緒，反映到我們能意識、感受到的身體上，卻未能完全脫離所致，我稱之為「情緒未能完全脫離身體造成的現象」。那麼該怎麼做，才能讓情緒完全脫離身體？必須成為淨空心靈的觀察者。幾天後，投稿者又寄信來了：

我想不通為什麼胸口感覺像被什麼壓住一樣鬱悶，於是繼續做鏡子靜心。在鏡子前，我先敘述自己鬱悶的情緒，說，「好鬱悶、我有好多不滿、好難過、好想哭，好想知道為什麼這麼鬱悶。」神奇的是，說著說著，令我不適的原因開始在心中浮現。

①幾天後我必須在群眾前發表演說，雖然基於工作需要，已經做過很多次，還是很有壓力。我覺得，這是因為我「自認不夠專業、沒有實力，如果被發現不夠好怎麼辦」。

②我覺得自己現在的處境很可憐，明明理智上知道有很多事值得感謝，卻莫名覺得這一切仍然不夠。

於是我盡情地哭了一場，再看了看鏡中自己的臉。發現我的嘴支離破碎、下巴也支離破碎，整個頭一再消失又出現。我靜靜看著這一切，感覺到「原來一切真的是全像投影」。我就這樣看著自己的頭不斷消失、出現，接著閉上眼開始靜心，再重新睜開眼看著鏡子。我心想，「我愛自己，毫無條件地愛，無論感覺到什麼情緒都沒關係，我愛你。從以前就很愛你，未來也會永遠愛著你。」接著我用嘴說出這些話，然後又盡情哭了起來。

對他人與世界的不滿，到頭來都是因為不被愛、不被認同的匱乏。我感覺到在鏡中脫離身體的心，其實就是無限的愛。最令我驚訝的是，我透過鏡子靜心多次看到自己的下巴變得支離破碎，之後它也真的漸漸變尖了。我並沒有去做削骨手術，竟然會發生這種事，真的讓我感到很神奇！

由來信可知，這位投稿者心中有未完全被接納的不安與匱乏，所以才會覺得胸口很悶。

接納這些情緒後，便能感受到無限的愛。無限的愛就是根源之光，包括情緒在內，存在宇宙中的一切，都是由根源之光創造而成。這也是為什麼做鏡子靜心時，壓抑在潛意識中的情緒會浮現，同時也能看見原本肉眼看不見的黃、綠、黑、白、淡紫等多種不同光芒。

當我成為根源之光，由根源之光創造的一切便會自然進入根源之光。在鏡子靜心的過程中若感到胸口鬱悶，就再次看看鏡中的身體，問自己，「我的身體現在在哪裡？」我的身體在空間中，空間中的身體是我嗎？還是觀看這個空間的淨空心靈才是我？這顆空無一物、沒有任何動作的心才是我。

身體與身體所在的空間，是淨空心靈中的幻影，試著注視它們如何改變。身體並非與空間分離，而是空間的一部分，越是認為 3D 空間就是心中的幻影，心就會漸漸與空間的靜謐對上頻率，逐漸變得平靜。在這平靜的空間中，問問自己，「我還有尚未接納的情緒嗎？」「我還因為恐懼或羞恥而壓抑著其他情緒嗎？」心越是淨空，就越能立即獲得強力的療癒。

我對靈性與心理相關議題產生興趣，是因為長期罹患憂鬱症、有自殺衝動的緣故。我是一名精神科醫師，經常幫助患者，卻無法好好照顧自己的心。我認真接受精神分析治療，也曾認為已經擁抱內在小孩，後來才知道理性與感性的認知天差地遠。

第一次坐在鏡子前，我不知道該說什麼，也不知道該看哪裡。最近我母親生了場大病，令我非常痛苦，所以我又鼓起勇氣坐到鏡子前，這次便感受到許多情緒浮現。父母的爭吵總是令我害怕、因為不被愛而感到孤單、被拋棄、害怕貧窮的自己、擔心因為沒錢而被忽視的自己、把「優秀的自己」與自己畫上等號、將「不好的自己」投射在先生身上、恨到想殺死他們的家人、悲傷絕望到甚至想危害自己、心中充滿憤怒等痛苦一一浮現，我也放聲大哭。

順帶一提，我母親因為家裡很窮，小學畢業就得出來工作。因為厭惡貧窮嫁入有錢人家，卻因為家暴而離婚並再婚。我父親不重視家庭，經常對母親拳腳相向、口出惡言。晚上我入睡後，他會把我叫醒，對我發酒瘋，把我趕出家門或打我。我跟母親一樣早婚，也像她一樣厭惡這種家庭。當我以觀察者的角度觀看鏡中的自己，終於發現過去因為害怕而被我忽視的自己。我向她道歉，並且真心地擁抱她。

我從自己鏡中的模樣，感受到無限且真誠的愛，下意識地說出「孩子，謝謝你撐過來了，很抱歉現在才注意到你」，並且流了很多眼淚。以觀察者的角度看待自己，發現自己的臉孔變化成許多不同的形態，一下是年老的模樣、一下是妹妹的長相、一下是年幼時的自己……雖然有點可怕，我仍以接受這一切的心態繼續觀察。眼睛、鼻子、整張臉，乃至身體完全消失，甚至能在身邊看見白光。房間裡的家具也開始發出白光，接著整間房間都變得越來越模糊。

「啊，原來一切真的都是全像投影！」因為孤單與害怕，被這些並不實際存在的事物糾纏，我了解到要填補自己的匱乏，必須靠我的心，而不是大腦。

我說，「我對你的愛是無限的，你就是愛，現在不需要努力向別人證明自己了。」接著我想，「你等我看你，不知道等了多久？究竟是等了多久，才在我一注意到你的時候，就這樣現身表達呢？」

我一直稱鏡中的自己為「孩子」，雖然未來的人生還會有痛苦、難受的事，但我想我現在應該能夠用不同的觀點來接納這些事了。

有件事情我很好奇。我經常在想，生養小孩究竟代表什麼？我有個讀國中的女兒，將她生下，讓她進入困難重重的地球學校，真的讓我感到很抱歉。

鏡子靜心能讓人透過自己的力量脫離身體，回歸根源之光、根源之愛。人們會發現鏡中映照的自己，其實是自我內心的全像投影。存在這世界的一切，都是個人想法的投射。實際上沒有任何東西存在，有的只是根源之愛而已。

若有人令我痛苦，那個人不是別人，而是自己的想法，是我將情緒投射在想法編織出的全像現實當中。我生孩子也是為了反映未能解決的情緒，若能生出一個孩子代表那些讓我感覺良好、想留在身邊的情緒，也就能生出一個孩子代表令我厭惡、想壓抑的負面情緒。孩子會用自己的方式，透過我看見他們的樣子。

若我的潛意識澈底被淨化，便不會再做全像投影的夢，因為我們不需要再透過全像投影的身體，出生在全像投影的世界。當然，我們或許會為了成為照耀世界的光芒而出生，但那是個人的選擇。

每當這部全像電影在我心中播映，便會不斷浮現連我也不知道的痛苦情緒。那不光是我自己的痛苦，還有父母、祖先和人類的痛苦，超越時空匯集於此。所以在做鏡子靜心時，會有許多黑暗扭曲的臉孔在我臉上浮現。當我脫離身體與根源之愛合而為一時，一切的痛苦就會消失在根源之愛中。

這位投稿者也透過鏡子靜心回歸根源之愛，將壓抑在潛意識中的自我視為「孩子」。的確就是如此，我們在根源之愛面前都是孩子。唯有拋開我的想法、我的意志、我的情緒、我的面子、我的面具並成為真正的孩子，才能與根源之愛合而為一。在根源之愛面前，我們必須讓過去壓抑的傷感、恐懼、憤怒、委屈、怨恨、悲傷、羞恥、自卑、絕望等，像孩子一樣盡情顯現、盡情流淚。

不要隱藏傷痛，如此根源之愛才會現身，療癒所有的痛苦。

第 3 章

療癒身體的傷痛

食欲不再過度旺盛

從小我為了擺脫肥胖，嘗試過各種運動和減肥方法，不過一旦瘦下十八公斤，很快就會再胖二十公斤回來。

開始做鏡子靜心後，我全身上下都能感覺到羞恥，也回想起國小一年級時買了兩支冰淇淋想跟朋友一起吃的往事。當時朋友拒絕我，說他不吃，我覺得很丟臉，又不能把冰丟掉，就自己在上學路上把兩支冰吃完，還哭得非常淒慘。

我安慰那個被拒絕的孩子，跟她說了一些充滿愛的話，吃飯時也會問她：「味道怎麼樣？很飽嗎？細嚼慢嚥，吃得真香！」用這樣的方式，來接納我的內在小孩。持續一個月之後，竟驚人地發現三十年來難以控制的食欲，慢慢平息下來了。

早上上學時拿冰淇淋給朋友，是為了什麼？是

「我想獲得你的愛」的表現，而朋友拒絕則代表「我不想給你我的愛」。我想得到愛，於是送你冰淇淋，卻遭到拒絕，便會認為「我被無視了」，並覺得自卑且羞恥。

如果我不是想獲得愛，而是以內心充滿愛的狀態拿冰淇淋給對方呢？那麼即使朋友拒絕自己，也會用充滿愛的心態想，「這麼早的確有可能不想吃。」**既然會產生自卑與羞恥的感覺，就表示自己的潛意識本來就壓抑著這些情緒，因為朋友拒絕而受到刺激，進而使情緒浮現。**

這位女性在做鏡子靜心的同時，也領悟到「原來我心中有個缺乏愛的孩子」，並且接納她的存在，被接納後便會感覺被愛，大吃大喝反而無法滿足愛的匱乏。

這位女性是從什麼時候開始覺得嚴重缺愛呢？是為了填補這份匱乏，才會吃個不停嗎？她說自己還是胎兒時，就有不被接納的感受。她究竟是怎麼經歷了這樣的體驗？

剛才我問了媽媽，媽媽說她其實不想生我。她很討厭爸爸，想逃離這個家，雖然有了我，但並沒有特別愛我，也不覺得喜悅。

或許這位女性在母親肚子裡時，就已經感受到可能會被母親拋棄而死的恐懼。以這樣的姿態出生到這個世界上，是令她感到害怕、不如人且羞恥的事。她試著將這些想要表現出來卻無法表達的情緒，透過鏡子用嘴巴說出口。

我站在鏡子前，哭著說，「媽媽，請不要殺死我，我好怕死，也好怕被拋棄，我也想被愛！」接著我的臉開始扭曲，眼睛周圍也變黑、變得噁心，然後我感覺到喉嚨產生類似痰的東西，慌張地將那東西吐到地上。我真的像個胎兒一樣，一句話也說不出來，只是不斷哭喊。我手腳冰冷，感覺自己因恐懼而顫抖、四處閃躲。

接著我哭累了，就在即將睡著前，感覺自己在一片大草原上奔跑並飛了起來，身體變得自由且不受拘束。睡醒後，我再看了看鏡子，發現原本腫脹的臉孔似乎發出淨白的光芒。神奇的是，我的手腳不僅很溫暖，甚至還熱燙無比。這時我才了解，原來手腳冰冷的原因，是源自我對死亡的恐懼，現在似乎終於被療癒了。

在母親肚子裡壓抑了對死亡的恐懼、可能會被拋棄的害怕、自卑、羞恥獲得釋放，這位女性也開始變得自由，不過她的問題尚未完全解決。

幾天後，這位女性在做完鏡子靜心後感到嚴重的頭痛，像屍體般沉睡了一整天。到了晚上，她感到頭暈且伴隨嘔吐，令她越來越不安。躺在床上的她再次陷入不安，告訴自己「想要被愛」。那瞬間，她這輩子經歷過令她害怕且羞恥的場景，像幻燈片一樣在眼前閃過。被朋友拒絕、因他人說的話而受傷、國中被朋友背叛、媽媽離家、被喜歡的男性拒絕……

她仍然沒有力氣且雙唇浮腫，母親卻一早就用心準備了早餐，開始表達對她的愛，她看見母親的臉上也開始發光。總是為了找工作而在外奔波的母親，竟然說「今天能休息真是太好了」，令她感到十分驚訝！於是她繼續做鏡子靜心。

我每天至少會聽兩次您YouTube頻道上的「遇見根源的我靜心法」。今晚睡前，我也拖著疲憊的身軀開始靜心，快要結束時，我感覺身體浮了起來，接著凶殘怪異的惡魔形體穿過了我。我想「這也是壓抑在我潛意識中的形象」，並接受了這一切。接著強烈的光芒漸漸從身體下方升起，我感覺到額頭產生巨大的能量，自己彷彿成了仙女，像被絲綢包覆著。

結束靜心後，我看了看鏡子，那張我討厭了一輩子的臉竟變得漂亮又可愛。不對稱的雙眼也很可愛，髮量看起來很多，鬈鬈的頭髮散發出光澤，看起來十分美麗。我躺上床準備睡覺，感覺到腳底傳來強烈的震動，一直向上來到額頭，再往下回到腳底，就這麼重複了許久。

過去三十年來，這位女性都活在因為缺乏愛而造成的恐懼、自卑與羞恥當中。過去她嘗試用吃來填補愛的匱乏，如今透過靜心排出黑暗能量，並讓愛環繞自己。一旦了解「身體不是我，愛才是我」，現實就會從根本改變。幾天後，這位女性又寄來一封信：

之後我每天持續做鏡子靜心，感覺空間全都整合在一起。靜心時，家人也出現在我眼前，當我想坐到他們身邊時，他們卻像海市蜃樓一般消失。靜心結束後，一想到家人其實是不存在的全像投影，就令我感到傷心，卻也覺得要對他們更好。之後我跟朋友見面，發現真的有種好像置身夢境的感覺。我感覺自己眼前的一切都如此可愛、珍貴，心情也十分平靜，也想在大家難過時提供協助，成為大家的光芒。

試著想像自己的身體，你會在哪裡想起身體呢？會在心裡，我的身體就在我的心裡。而你又會在哪裡想起身體所在的五感空間？同樣也是在心裡。之所以拒絕自己的身體，是因為潛意識裡壓抑了拒絕的情緒。這樣一來，自然會拒絕潛意識創造的一切，而讓「懷著拒絕情緒」的人不斷出現在眼前，現實生活自然會越來越憂鬱。

當完整接納自己的身體時，便能帶來真正的改變。當心靈變得平靜，身體也會變得平靜，以下的故事是很好的例子：

我不管怎麼運動都瘦不下來，真的很痛苦。後來花了一星期做鏡子靜心，也在過程中痛哭。接著我發現自己不再那麼執著，每當心中浮現痛苦的情緒，就會適時做鏡子靜心排解。雖然我的體重沒有戲劇性地下降，但現在我已能過著對身材感到滿意的幸福生活。接受身體原本的樣子之後，新的運動課程也持續兩個月未間斷，以前我可是非常討厭運動的。

雖然我的體重增加了一、兩公斤，現在維持在六十公斤左右，但開始有肌肉，身材明顯變結實，我對此感到滿意，覺得未來會更好，而漸漸有了自信。現在也不會刻意忍著不吃，而是享受吃飯這件事，覺得飽了就會停下來。心中的煩惱解決了，我也不再執著減肥，生活變得更有趣。對我來說，這就是巨大的成功。

皮膚變好了

我從國小開始就飽受皮膚問題所苦，經常因為雀斑被笑，國三時臉上長了很多青春痘，臉部肌膚也很鬆弛，害我經常被捉弄。大一時因為青春痘太嚴重，我還直接辦休學，好幾個月不出門。如果有人來拜訪我，我就會把房間的燈關掉，假裝不在家，偶爾搭地鐵也會擔心別人一直看我。可能是因為這樣，我到現在都不曾跟別人建立親密的友誼。

感到羞恥時，每個人都會臉頰發燙或泛紅。若覺得很羞恥時，會發生什麼狀況？會使皮膚產生更大的反應。羞恥這種情緒，會透過皮膚來表達。這位女性的潛意識裡，為什麼會壓抑這麼強烈的羞恥？

我問了媽媽，她說外婆一輩子的遺憾就是沒生兒子，似乎也因此被婆婆欺負。如果我媽媽是男生，應該就不會有小舅舅了，而媽媽也因為不像伯母和嬸嬸一樣有生兒子，一直遭受差別待遇，後來才生下跟我差十歲的弟弟。

在腹中的胎兒，潛意識都很清楚母親的情緒。胎兒是個女兒，要是知道母親想要的是兒子，會有什麼樣的感受呢？會因為覺得「我不受歡迎，我讓人很丟臉」而感到嚴重的恥辱，臉上的青春痘就是那些情緒的表徵。所以這位女性決定站在鏡子前，讓自己回到過去，以胎兒的立場說出這樣的羞恥感：

我很害怕被媽媽拋棄，很害怕她發現我的存在。媽媽，拜託愛我，我也想被愛啊，這樣活著真的太丟臉了！

她的身體並沒有產生太大的反應，也只流了幾滴眼淚，這表示壓抑的羞恥並沒有完整浮現，不過她還是持續嘗試。

我看著鏡子繼續嘗試。第一天雖然不覺得我化身成那個年幼的孩子，但還是流了幾滴眼淚。第二天看了老師的其他影片，對自己說一些胎兒希望聽到母親說的話，又說了希望爸爸對我說的話。我爸爸曾經是個可怕且非常暴力的人，後來個性澈底改變，至今已十年，但我跟他仍然很有距離感。我告訴自己，「爸爸很愛你，但當時他還很年輕，才會對你造成傷害，對不起。」並請求自己的原諒。我本來以為自己並不討厭爸爸，覺得沒什麼，沒想到那天竟痛哭失聲。幾天後，我的皮膚變得光滑許多。我平時有嚴重的鼻炎問題，會定期吃抗生素，但現在狀況十分穩定，就像連續吃了一週抗生素那樣。

利用鏡子脫離身體，以客觀角度看待3D空間時，我就會化身為以觀察者角度看待世界的根源之愛。根源之愛會完整接受所有情緒，負面情緒便會消失，而愛會填補那份空缺。

當我上傳這個案例的影片後，一位頻道訂閱者在影片下方留言：

真的很感謝這位投稿者，看了她的故事，我今天早上也做了鏡子靜心，試著對自己說想聽父母對我說的話。以父母的立場呼喚自己的名字、說出想聽的話時，我不禁哽咽了起來。之後我繼續坐在鏡子前，體驗到身體發出紫色與淡綠色的光芒，以及整張臉只剩下輪廓、五官都消失的神奇感受。

之前做鏡子靜心時，我總是傾訴完情緒，便以輕鬆愉快的心情立刻離開鏡子。直到這次，我才真正體會到，一切都是愛的光芒創造出來的，也終於明白發生在我身上的所有痛苦，都源自於愛。

視力變好了

我從小就有高度近視和嚴重的散光，一直活在不知何時會失明的恐懼與絕望中。紅綠燈在我眼中會分散成好幾個影子，人臉也十分模糊，看書時文字糊成一團，若字形太過相似，甚至會無法分辨，這一切都令我覺得快活不下去。我飽受憂鬱症、頭痛與慢性疲勞所苦，抱著放手一搏的心情，決定嘗試鏡子靜心。

我開始做鏡子靜心時，絕望已與我合而為一，眼前的鏡子對我來說就只是一面鏡子。我滿腦子只有「我的臉怎麼這麼胖？該減肥了。皮膚好粗糙，該去看皮膚科」等雜亂的想法。不過因為我還想繼續嘗試，所以無論有沒有效，我每天回家仍會在睡前花三十分鐘到一小時，站在鏡子前看著鏡中的自己。

某天，我發現自己鏡中的臉孔看起來格外悲傷。準確地說，是某個被悲傷困住的人在鏡子裡看著我，那個人肯定不是站在鏡子前的我，我這輩子第一次有這種感覺。一方面感到很驚訝，同時直覺也告訴我不能錯過這個機會，便沉住氣繼續看鏡子。接著我問鏡子裡的人，「你的臉看起來好悲傷，你很難過吧？」

我感覺到心臟附近產生劇烈的顫抖，開始掉眼淚。我哭了超過一個小時，覺得獲得某人真心的安慰而激動不已，同時也感覺過去壓抑的委屈終於甦醒並爆發。

淚水平息後，我看見身體四周圍繞著白光，接著有個想法閃過我的腦袋，有如一道來自宇宙的微風。我想，「果然不該只用肉眼去看這個世界，肉眼看不見的世界，要用心眼才能看見。」這個想法出現的瞬間，我感覺肉眼的視力雖沒有改變，內心的視野卻變得更加清晰。滿是希望的莫名能量充滿我的身體，原本讓我煩悶的模糊視野似乎再也無法阻擋我。

之後看書時，我會更用心去閱讀，試著傾聽作者的想法，而不是只靠眼睛辨識文字的形體。週末到戶外吹風散心時，也會專注在自然給我的感受，用心去交流，而不是費力去看清楚風景。雖然山岳與天空的界線仍舊十分模糊，但無論是山還是天空，都只是偉大自然的一部分，我能更清楚地感受到「唯一的自然」帶給我的驚奇，而那是別人感受不到的。對過去執著於獲得好視力而忽視其他感受的我來說，這真的是相當新鮮的體驗。

我就這麼過著每一天，開始相信即使視力不好，也能活得很愉快。之後我嘗試放下執著與努力，像個享受遊戲的人，利用空閒時間蒐集提升視力的資訊，但不是出於想擁有好視力，只是因為想去做我認為最有趣的事。

結果，我眼睛的狀態好轉許多，眼鏡度數也調降了三個等級，現在能清楚看見事物的形體，閱讀公務員考試教材也沒有任何問題，我活在這輩子第一次清楚看見這個世界的喜悅中。過去我以為視力就是一切，現在我擺脫了那段過去，接受自己視力不好，也很感謝能夠獲得療癒。

這位男性寄來上述這段文字的十個月前，我收到以下來信，並在 YouTube 上播出：

我二十多歲，正在準備公務員考試，先天有高度近視和嚴重的散光，父親也因視力問題免役，據說我的情況無法靠眼鏡或雷射手術等現代醫療矯正。開始準備公務員考試時，我因為眼睛看不太清楚，相同的內容要花比別人更多的時間學習，在考場也無法快速閱讀考題，時間總是不夠用，但我的殘障等級也沒有高到能夠申請特殊考試，等於處在比其他考生更不利的狀況，真的讓我很煩惱。

如果天生就同時有高度近視與嚴重散光，那我會有什麼反應？會有兩種反應。第一種是無法接受自己現在的身體，忿忿不平地想，「為什麼我的身體天生就是這樣？」更會不斷回想已經發生的情況，累積大量的負面情緒。第二種是接受自己的樣子，認為身體與個人意志無關，是在自己不知道的情況下長成這樣的。遺傳自父親的高度近視也並非能掌控的事，已經發生的事也不會因為自己不願承認而扭轉。

選擇哪一種反應，會對自己比較有幫助呢？美國眼科醫師羅柏－麥可．卡普蘭（Robert-Michael Kaplan）透過數十年以數千名患者為對象進行的臨床實驗，發現一項驚人的事實：若不斷回想、提起過去發生的事，負面情緒累積得越多，近視就會越嚴重；越是重複擔心未來即將發生的事，遠視就會越嚴重。他也發現，心越是停留在當下這一刻，視力就會越好。

為了讓心停留在當下，我們必須接受當下此刻的自己。想法會不斷在大腦中運轉，其中有超過九五％和過去與未來有關。若我們透過鏡子客觀看待身體，就能夠擺脫它，成為一顆自由的心，如此大腦中的想法便不再運轉，而自己也能成為淨空的根源之心。

持續做鏡子靜心，就能自某一刻起，像這位投稿者一樣擺脫遺傳自父母且令人痛苦的疾病。更會了解到，遺傳疾病其實也是壓抑的想法不斷累積而衍生的。

便秘與鼻塞消失了

我便秘很嚴重，每隔四到五天才會大號，小腹總是硬邦邦的。最近我只要邊看著A4大小的鏡子邊蹲廁所，就會暢通到連宿便都能排乾淨。我也曾在家人生病時做過鏡子靜心，藉由這個方式感受到家人的痛苦後，病痛就跟著療癒的經驗。

原本我很容易鼻塞，某天在做鏡子靜心時突然打了個大噴嚏，之後鼻塞的問題就減少了。開始做鏡子靜心後，我的鼻子變得非常暢通。而我最近才發現，做鏡子靜心時我的臉總會變得很可怕，但越是靠近那樣的恐懼，我的身體反而越暢快。

今晚我也關上燈，躺在床邊播放十五分鐘的鏡子靜心 YouTube 影片。手機螢幕的光映照在我臉上，鏡子反射出那張臉，雖然覺得很可怕，但也感覺身體很暢快，肩膀的疼痛也消失了。

身體處在自然狀態，也就是我們不去管它、放任它時，會運作得最順暢。心臟、呼吸、消化器官……只要不去干涉，就能正常運轉。傷口也是，不要去碰，就會在睡眠時快速修復。為什麼呢？因為身體本來就不是依照想法或情緒運轉的，只要回歸淨空的根源之心就好。**不摻雜想法與情緒時，身體就能發揮最好的功能**。

身體之所以會不舒服，也是因為我們壓抑了恐懼等眾多情緒，並將這些情緒與自己畫上等號所致。因此當鏡子照出自己變得猙獰的臉孔，壓抑的恐懼便會浮現，進而消失，身體也會感到暢快。

擺脫疑病症

我住在大邱（譯注：二〇二〇年二月，韓國大邱新天地教會爆發新冠肺炎群聚感染，造成韓國境內第一波新冠肺炎疫情），開始做鏡子靜心後出現發燒、全身痠痛等症狀，我擔心自己得了新冠肺炎而陷入恐懼。因為我可能會被隔離，也不敢一個人去醫院，即使住院治療，也很怕獨自待在病房。可是只要一咳嗽、發燒，我就很想要接受治療，這樣的心情與恐懼交替出現，真不知道該怎麼辦才好。

在新冠肺炎疫情期間做鏡子靜心，卻全身痠痛，會是什麼情況？有三種可能。第一，壓抑在潛意識中對死亡的恐懼，在做鏡子靜心時浮現並出現身體反應；第二，很可能只是得了一般的熱感冒；第三，也可能是真的得了新冠肺炎並出現症狀。

以開放的心態接受這三種可能，再繼續做鏡子靜心，很快就會知道症狀源自哪裡。也就是說，只要在鏡子面前持續對自己說「我真的很怕會死，我很怕痠痛嚴重到讓自己死掉，我真的很怕得新冠肺炎死掉」就好。

繼續做鏡子靜心後，我發現自己一下發燒、一下全身痠痛，但又感到頭腦非常舒暢。我的手腳原本非常乾燥，此時卻不斷出汗，同時也覺得很舒爽。痠痛與舒爽感就像在冷泉與熱泉間交替般，不斷來來去去。

持續做鏡子靜心，身體與頭腦就感到越暢快，代表對死亡的恐懼能量已經排出。當這些恐懼徹底排出後，感到恐懼的現實便不會出現在眼前。因為現實是潛意識中壓抑的情緒投射的全像投影，換句話說，恐怖的現實其實是壓抑在潛意識中的恐懼造成的結果，並不是恐懼的原因。

從潛意識中的恐懼解放後，假使感染新冠肺炎，也很有可能像打了流感疫苗一樣，並不致引發重症，而只是輕症，接著快速痊癒。在對死亡的恐懼顯化之前，你已經在心裡接受這些恐懼，所以恐懼顯化後的樣貌便不會在身體上引起太大的反應。如同我所說，幾天後投稿者又寄來一封信：

客觀看著鏡子中映現的自己，接受並承認自己對新冠肺炎的恐懼，症狀竟神奇地消失了。熱度漸漸下降，今天我的體溫在睽違三個星期後再度降回三十六度，也不再咳嗽。我不再覺得害怕，心情也平靜許多，謝謝。

對死亡的恐懼這種極端的情緒，究竟是從何時開始壓抑在這位投稿者的潛意識中？恐懼的根源是什麼呢？

做鏡子靜心時，我了解到我的恐懼究竟是什麼。當時我正對自己說，「好害怕，很怕一個人睡，很害怕晚上！」卻突然改口，「晚上不管怎麼等，媽媽都不會來！」「好怕媽媽不來，好害怕！」「媽媽，別丟下我們！」我就像野獸吼叫一樣放聲大哭。

小學一年級時，我幾乎每天都要照顧小四歲的妹妹，一邊等著直到深夜仍不回家的母親，一邊怕得發抖。為了讓媽媽認為我是好孩子，我總裝作若無其事，我覺得那樣的自己很可憐。後來才知道，爸媽經常吵架，媽媽總是以工作為藉口刻意晚歸。而我無論做什麼都追求完美的個性，似乎也是為了不被媽媽拋棄的生存手段。這段時間，我真的花了很多力氣想了解自己的心，我想答案就是感受我心中的情緒。

就像這樣，身體會隨著情緒狀態隨時改變，這種不斷發生的改變，真的是「我」嗎？下一位投稿者也透過鏡子靜心有了深刻的體會。

幾年前恐慌症發作後，我就開始有疑病症，非常擔心自己生病，甚至嚴重影響到生活。我對生病這件事感到非常不安，甚至電視上只要提到癌症，我就會立刻轉台。這樣的不安也投射在家人身上，我總是在想「媽媽要是生病怎麼辦」，只要聽見家中傳出巨大聲響，就會擔心「媽媽是不是摔倒了」。

於是我看著鏡子，對自己說「我害怕疾病」，沒想到我的臉竟然變成牙齒掉光的病人，那是張又老又病的臉，但我的內心十分平靜。我想「變成這麼多不同病患的模樣，這顯然不是我」，因為我覺得內心比平時還平靜許多，我的心情自始至終沒有改變。我想我已經領悟到「即使生病，那也不是我」這個道理。

歪掉的脊椎變直了

我是三十多歲的女性，國中入學前診斷出脊椎側彎。醫生說我的脊椎向前傾超過三十度，且向側面彎曲。因為脊椎側彎，肩膀、骨盆、腿的長度都不一樣，臉也不對稱。扭曲的身體讓我很自卑，所以都穿又大又寬鬆的衣服。我想，我會變成這樣，會不會跟我對自己、父母、父母的職業、家庭狀況、家裡的事及人際關係等周遭環境感到羞恥有關？我持續在做鏡子靜心，要是承認我的羞恥，脊椎就會重新伸直嗎？

透過鏡子靜心，有辦法矯正脊椎，讓肩膀、骨盆、腿的長度都找回平衡嗎？正好在收到這封來信的前幾天，YouTube 頻道上有一位訂閱者留言，他平時便非常認真地做鏡子靜心。

不久前，我在做鏡子靜心時，獲得非常神祕的體驗。我看著鏡子告訴自己，我的人生就是在我心中播放的一部電影。接著我的上半身突然以前所未見的方式晃動，像是用胸口畫圈、前後搖晃，甚至像跳機械舞一樣擺動，身體彷彿受驚般抖個不停。

就這樣持續了十五分鐘，我從座位上起身，把脊椎打直。我原本有輕微的脊椎側彎，靠瑜伽等肌力運動也沒辦法矯正。這次卻只花了十分鐘，脊椎就回到原位，真是令我大吃一驚！過去我靜心時，雖然感覺內心舒暢，卻不曾體會過身體上的變化，現在我開始能療癒自己的身體了，真是讓我非常驚訝！

我靜心時並沒有想「如果脊椎能變直該多好」，卻覺得有某種力量主動而緩慢地讓我的身體變得更完整。那天，我的身體感受到來自根源的療癒力，我想跟各位訂閱者分享這驚奇的體驗。

做鏡子靜心時，心會脫離身體而恢復淨空的狀態，因此壓抑的負面情緒會消失，而負面情緒打造出的扭曲身體便會跟著重獲新生。以上這段留言，也讓這位因脊椎側彎而感到痛苦、並寄信來分享個人狀況的投稿者，獲得窺探內心的契機。

以下是投稿者寄來的第二封信：

我很渴望被認同，總是很在乎身邊的人的看法。昨天我做鏡子靜心時，告訴自己「我想被愛」，沒想到竟突然哽咽，並看見額頭四周圍繞著藍色的光環。

缺愛而造成的負面情緒壓抑在潛意識中，為了阻止這樣的負面情緒流入身體，體內的骨頭才會失去平衡。當我站在鏡子前回歸根源之愛，傾訴這些壓抑的情緒，根源之愛便會解決一切。

不再胸悶

我家兄弟姊妹很多，我是老么，據說在我之前，還有個被人工流產拿掉的孩子。我一直有在做看話禪的修行，每次都發現自己胸悶、呼吸不順，而且這些症狀始終沒有消失。我也去其他團體嘗試感受情緒的練習，感覺症狀似乎得到舒緩，效果卻不持續。即使做了鏡子靜心，也只是覺得臉頰脹紅、睡不好，覺得日常生活中每件事都糾結不清，覺得自己沒辦法再繼續下去。跟我一起做鏡子靜心的姊姊也飽受雙頰脹紅的困擾，便不再做了。別人做鏡子靜心都越來越平靜，只有我逐漸感到煩悶，越來越痛苦，為什麼會這樣？

如果用人工流產的方式拿掉孩子，胎兒自然會感受到死亡的恐懼。腹中的胎兒有辦法接受、清理、捨棄死亡的恐懼嗎？無法被清理的恐懼能量會留在哪裡？會留在母親的能量場裡。當下一個胎兒在這樣的能量場中誕生，便會遺傳到母親的恐懼能量，或是以共鳴的方式，將恐懼能量轉給之前出生的孩子。

若恐懼能量被接納，它便會消失；若無法被接納，則會一直留到被接納為止。做鏡子靜心時為何會覺得胸口煩悶？是因為壓抑的恐懼能量無法順利排出。為何無法順利排出？是因為仍然以「認為身體就是自己的狀態」進行靜心。

是誰認為身體就是自己？是人格化的自我，恐懼能量也是這些自我之一。以自己還停留在身體中的狀態做鏡子靜心，恐懼能量便無法排出。利用鏡子觀看自己身體前後的整個空間，心眼就能豁然開朗，我也能成為擺脫身體的觀察者。

明確理解觀察者的概念後，再去看鏡子裡的空間，發現臉不再脹紅，我覺得自己似乎到這時才真正理解觀看的意義。我不斷感受觀看鏡子時湧現的情緒，試著跟自己說話，在情緒來到最高點時，看見自己的臉孔變得像惡魔，雙脣發紫，開始哭喊，並感覺一直有氣從胸口湧出。隨著靜心次數增加，這種現象也逐漸減少，而這樣的感覺是源自對死亡的恐懼、羞恥、想被愛、想活下去的心情、怕被拋棄、害怕自己的狀態被他人發現的恐懼……是源自各種不同情緒的反應。

以脫離身體進入觀察者的狀態來做鏡子靜心，身體便會出現明確的反應。我們利用鏡子從客觀的角度觀察「此時此刻」的空間，是為了幫助自己脫離身體。我在 YouTube 頻道上傳這個案例後，有人留下這樣的訊息：

哇，今天的影片好神奇！我今天在做鏡子靜心時，也跟自己說「這個身體不是我，這顆心也不是我，我是觀察一切的觀察者」，然後發現上半身越來越暗，最後消失，並看見紅色、淡綠色、紫色的光芒交替圍繞著我的身體。

對身高不再自卑

我從小就很會讀書，但因為個子太矮，始終很自卑。我自尊心強又很敏感，總認為身高就像無形的身分條件，覺得自己的人生就毀在長得太矮。我二十多歲時相當絕望，住在租來的套房裡，感覺卻像被關在監獄。當時受的傷，到現在五十多歲仍然沒有痊癒，即使想接受新的挑戰，也很容易就喪失興趣並冷卻。我該怎麼克服才好？

上面這位投稿者，一輩子都深受身高太矮造成的自卑所苦。不過以下這位投稿者，反而因為身高太高而自卑。

我身高一七六公分，比一般女性的平均身高還要高很多，這始終是我的心靈創傷。小學時有個男生戲稱我是「巨人」，從那時開始，我的自尊便經常受到打擊。剛滿二十歲時，只要別人問我的身高，我都會非常敏感，也經常因此受傷。每次因為身高產生負面情緒時，我總會刻意安慰自己「沒有啦，我喜歡我的身高，我沒事」，試圖用樂觀的態度壓抑自卑。

開始做鏡子靜心後，我發現內心最根深柢固的情緒是「怕被男生拒絕的恐懼」。我在鏡子前親口說出「我怕被男生拒絕」「哪有男生會跟這麼高的女生交往？肯定會壓力太大而逃得遠遠的」「我覺得自己的身體很丟臉」之類的話，神奇的是，心情竟沒有變差！因為那些情緒已不再是我了。

今晚我邊繞著運動場邊靜心，因為內心深處的負面情緒又有一堆話想說，我便接納並聆聽。接著突然感到內心一陣舒暢，感覺那些人格化的情緒在對我微笑，同時也覺得內心變得淨空，還看見了許多不同顏色的光芒。我感覺那些光芒溫暖地圍繞著我，也感到安定且幸福。我真的覺得非常舒暢。

為什麼會對身高感到自卑？因為認為身體就等同於自己。誤以為身體就是自己，於是當身高比別人高或矮，自然會感到「我很糟」「我低人一等」「我不會被愛」等情緒。若認為這些情緒很丟臉，刻意壓抑，情緒就會人格化進而支配我們的人生，操控著身體過生活。

透過鏡子靜心脫離身體，以客觀的角度看待身體，會如何？會意識到身體並非實際存在，而是內心的全像投影。全像投影投射出「我就是我的身體」這個想法，並讓我們一輩子都過著這樣的生活。身體是由流動的光線組成，在人生結束之後，我們必須讓這些光線獲得釋放。自卑與羞恥等情緒，投射在這個沒有實體的全像投影中，讓身體與情緒糾纏在一起，進而折磨我們的心。了解身體並非自我時，投射在身體上的情緒也會漸漸分離並消失。

我的發炎不只屬於我

我正在準備公務員考試，可是仔細想想，我好像沒有當公務員的資格。公務員必須清廉，但每當我看見電視媒體報導某些公務員的過去，讓這些人顏面盡失時，都很害怕自己會不會也碰上這種事。其實我國中時為了不被霸凌，曾經和朋友一起去偷東西，我很怕那個朋友把這件事說出來。還有七歲時，我也偷過朋友的唇膏。

這位女性想要隱瞞小時候曾偷竊小東西的行為。與「偷竊」這個行為成對的是「遭竊」，也就是說潛意識中有遭竊、遭搶的經驗。究竟是什麼被搶了？幾天後，她又寄來一封信：

我高三時罹患小陰脣長膿包的病，聽說我姑姑跟奶奶都有。去醫院檢查，醫生說一定要動手術；後來又問了好幾間醫院，卻說就算動手術也不保證會好轉，所以不建議。找不出病因，吃藥跟抗生素都沒用，也試過靜脈注射，但全都沒效。不過幾天前我站在鏡子前，對自己說「我澈底被拋棄了，我真是個可恥的人，我好爛」之後，感覺患部似乎受到刺激，變得像以前那樣非常疼痛，膿甚至還更多。我究竟該怎麼辦才好？

小陰脣是女性的性徵，這個部位會疼痛，代表對女性美感到羞恥、不願意接納，這樣的羞恥顯化後變成了膿包：家中的女性代代都被男性忽視，身為女性的存在感受到剝奪，對自己是女性這件事深深感到羞恥。

於是這位女性站在鏡子前，對自己說，「我覺得身為女性真的很羞恥，因為身為女性而被忽視真的好委屈，身為女性真的讓人好害怕、好孤單、好悲傷，男人太可怕了！」幾天後，她又寄來一封信：

第一天我覺得全身都飄散著膿的臭味！患部在右側，感覺從我右側腳底到右大腿、右骨盆都十分緊繃，好像哪裡卡住一樣。據說母親懷我時有段時間很不穩定，差點就要流產，後來分娩時又陣痛了三十六個小時。

做鏡子靜心時，我曾經突然感到非常悶，感覺自己就像在母親肚子裡。母親的骨盆很窄，卻堅持要自然產。生下我後，她又流產了一次，才生下弟弟，然後再度流產，總共流產過兩次。

前幾天，我想起從弟弟身上感受到的恐懼，就跑去照鏡子，那時我凝視了額頭好久。隔天，母親告訴我她全身的皮膚痛到不行，整個人動彈不得。另外，每次我一想到在母親肚子裡體驗的死亡恐懼，就會覺得小陰脣患部末梢處刺痛不已。還有，我睡覺睡到一半時，偶爾會感覺子宮裡似乎有什麼東西流出來，不過不會痛。

右側小陰脣、右腳、右大腿、右骨盆……為什麼疼痛會集中在右邊？右側象徵男性，也是在訴說著「痛恨讓女性感到羞恥的男性，恨到想要殺死他們」，是充滿攻擊性的情緒；也因為沒有接納這份憎恨與攻擊性，情緒才會轉而攻擊身體的右側。幾天後，這位女性再次寄信來：

昨天寄信給老師後，我就繼續在鏡子前告訴自己，我接受「認為女性美很羞恥」的感受。接著，我在鏡中看見有著黑色嘴脣、宛如骸骨的女性臉孔。另外，我睡覺時覺得外陰部非常癢，很像一般女性身上常見的陰道炎症狀。我繼續做鏡子靜心，症狀會好轉嗎？

我照著老師說的去做，沒想到腫脹多年的患部竟變得十分平坦，雖然還是會流膿（只會流一、兩滴）。做鏡子靜心時，我經常感覺會陰處像有電流流過，也覺得彷彿有人用棒針在戳刺那個部位。原本只從上半部流出的膿，現在也會從下半部排出。

這位女性的患部尚未完全痊癒，不過我們可以發現她逐漸接納壓抑的情緒，而這些情緒也正透過身體慢慢排出。

了解牙齦痛源自何處

最近一週我開始專注做鏡子靜心，排解掉不少情緒。每次靜心時，我差不多都在二十分鐘左右開始尖叫，哭喊著，「不想死，媽媽別丟下我！殺死你們，我要殺了所有人！」同時還伴隨嘔吐與痰。為了擦掉流出的眼淚、口水和鼻涕，我甚至要用掉半包衛生紙。我覺得，這種現象代表「我有很多東西要傾吐」。

從幾天前開始，只要站在鏡子前十幾分鐘，我就會看見黃光包覆自己的身體，三十分鐘後，便會看見各式各樣的臉孔反覆出現、消失，接著又看見自己整張臉變得一片漆黑，五官也跟著消失。

韓戰時，母親娘家的親人幾乎都在智異山喪命，所以母親獨自一人過得非常孤單，逃過一劫的阿姨們也全都因癌症早早去世。或許是這樣，我心中也有對死亡的恐懼，同時感到相當孤單。有次我看著鏡中眾多不斷出現又消失的臉孔，領悟到「原來一切真的只是影像，都是剎那的幻影」，接著全身顫抖不已。

最近我開始覺得「沒有人愛我」，這是幾個月前出現的聲音，來自被拋棄的內在小孩。我連續好幾天放任「沒有人愛我」「我沒有人可以依靠」「我被這個世界拋棄」的想法不管，但它們始終不肯離開我的腦袋，日常生活也一直聽到這些聲音。

困擾我兩年的牙齒與牙齦痛或許也源自於此。原以為做了鏡子靜心而獲得療癒，但沒多久又再度復發，但獲得淨化後疼痛就會再度平息。可是現在痛的地方不只是臼齒，而是整個牙齦，真的讓我痛苦不堪。我去世的母親在六十多歲時，因為沒有接受正確的牙科治療，飽受神經痛所苦長達十年之久。當時我對此感到很不耐煩，現在卻換我因為牙齒與牙齦疼痛而無法咀嚼。我想母親當時或許也覺得「沒有人傾聽我的痛苦，沒有人愛我」，真是令我心痛。我也覺得，似乎是母親的疼痛依附在我身上。

前幾天我做鏡子靜心時，心中傳出埋怨、辱罵孩子的聲音。「你們這些壞孩子，我這麼痛苦，你們怎麼還這樣對我？我好痛，痛得快要死了！」

過去我一直無視、假裝不知道內心感到孤單、被拋棄、低人一等、疼痛、痛苦、受到踐踏的內在小孩，但現在我懂得告訴自己「我沒事、我做得很好、我很棒」，也知道那些壓抑在我心中的孩子，正透過劇烈的哭喊、嘔吐、淚水與鼻水離開我的身體。

娘家的親人全遭到殺害，逃過一劫的阿姨們也都因癌症早早去世，這表示投稿者的潛意識當中，壓抑著對死亡的龐大恐懼。家人全數遇難這種事，也會讓人產生巨大的憤怒。做鏡子靜心時，被困在黑暗潛意識之中的情緒會浮現，暴露在明亮的光線之下，於是臉孔會跟著變黑。由於壓抑在潛意識中的情緒，都來自一些令人咬牙切齒的事，才會傷害到牙齒跟牙齦。身體的反應如此激烈，表示湧現的情緒相當強烈。

繼續讓自己與根源之愛合而為一，放開壓抑近七十年的情緒，就能感受到自己彷彿回歸最初的愛。

第 4 章

療癒心靈的傷痛

自殺衝動停止了

我對自己生下的孩子有著令人髮指的強烈憤恨，甚至有想要傷害她的衝動。我有深深的無力感、憂鬱，也有強烈的自殺衝動。我的孩子很晚才會說話，看起來好像哪裡不太正常，那個樣子就好像是我，讓我每天都很痛苦。我在想，是不是只要我消失躲到某個地方，痛苦就會結束。

最近我對孩子大發脾氣，狠狠打了她的屁股，又向她道歉並哄她，當下心裡浮現許多情緒。除了覺得「我真是個垃圾，我是壞媽媽，我真討厭自己」，也覺得被侮辱、很羞恥。這些情緒十分強烈，我真的很不想感受，接著又像以前一樣，覺得「好想死」。

因此，我在鏡子前一直對自己說，「我很怕自己會突然衝動自殺，真的很怕再這樣下去，我會突然控制不住。」說完，我非常非常害怕，哭了出來。接著我感受到對母親的怨恨，脫口說，「我好恨媽媽，到底為什麼要拋下我們離開？我恨媽媽，明明說是為了我們而活，但為什麼……我真的好恨媽媽，我恨她！」那天跟隔天，我真的無時無刻不在哭泣。

在我小的時候，媽媽就有失眠與憂鬱症的問題。我奶奶對她非常苛刻，她幾乎快活不下去；而我爸爸只要喝酒就會扔東西、大吼大叫。媽媽會去教堂尋求精神慰藉，也持續服藥，但有時還是會因為症狀太嚴重，住進精神病院。

媽媽心地善良，即使過得這麼辛苦，還是邊工作邊撫養六個孩子。爸爸平時人真的很好，但偶爾跟媽媽意見不合時便會大聲斥責，喝了酒則像怪物一樣吼叫。

我當上老師後，某天媽媽便離家了。錢跟她的個人物品都沒有不見，只有她整個人消失而已。經過一番搜索，警察在離家很遠的農家找到她，當時她喝了毒性非常強的農藥。媽媽只是一直跟我們道歉，除此之外什麼都沒說。我無法對媽媽說我愛她，只能呆呆地撫摸她的腳並目送她離開。之後我一直很害怕自己會像她一樣自殺，便參加自殺者遺族諮商聚會，也接受免費的心理諮商，卻從來未能觸碰真正令我感到害怕的核心問題。在緣分的驅使下，我開始接觸鏡子靜心，終於接納了那份恐懼與對媽媽的憤怒。

前幾天晚上，我躺在床上哄孩子睡覺，想起了媽媽。我下意識在心裡對她說，「媽，你也不是故意的，對吧？你也是撐到最後才做出這種選擇吧？但至少我很感激能夠遇到像你這樣的好媽媽。」然後默默哭了起來。接著我看見媽媽，而她身邊發出類似光芒的東西。或許是受到我的情緒影響，躺在我身邊的女兒把手放在我的胸口並試著抱住我，就像是我在抱自己一樣。那份愛的感受讓我十分感動，最後我哭著哭著就睡著了。

之後我感覺內心變得舒暢、輕鬆，自殺的想法也消失了。擔心像媽媽一樣自殺的擔憂、怕自己衝動尋死的恐懼、對丟下我離開的媽媽感到的埋怨與憤怒……我在鏡子前承認並接受這些情緒，才能讓心有更多空間，找回深藏其中的愛。若不是鏡子靜心，我可能就要在自己、在孩子身上留下無法挽回的創傷！真的非常感謝您！

這位女性繼承了母親未能療癒的傷痛。而她母親心中究竟埋藏著怎樣的痛楚？母親必須壓抑一輩子不被先生愛、被忽視的憤怒、自卑、羞恥等情緒，以善良女人的身分生活。她對男性的憤怒到了頂點。

若壓抑這些憤怒，人格化的憤怒便會擁有自我，而這個自我會有什麼想法？它會讓人的內心同時產生「我想攻擊別人」「我想殺人」兩種想法。這樣一來，我會攻擊誰、殺死誰？殺害別人實在太恐怖了，所以便選擇**殺害自己**。投稿者的母親就是這樣結束生命的。

母親的憤怒遺傳給女兒，她的潛意識同樣壓抑著身為女性被忽視的憤怒。潛意識裡的自我感到自己是被忽視的被害者，即使面對只求被愛的孩子也會產生被害意識，會覺得「就連我生下的孩子也想要害我」，所以才會衝動地想傷害自己的小孩。

想傷害自己的小孩，其實就是想傷害自己，因為一個母親會把小孩當成是自己。不過，當我們透過鏡子了解身體並不是自己之後，就能夠釋放投射在身體上的壓抑情緒。

恐慌症跟著眼淚一起離開

我是剛踏入四字頭的男性，無論面對家庭還是工作都盡心盡力，在公司獲得認可，晉升速度也非常快。不過，我三年前在公司犯了錯，加上投資失誤，造成金錢損失，讓我相當恐懼，身體也痛苦不已。我陷入全身無力、感覺像要死掉的不安之中，全身上下沒有一處不痛。雖然到醫院做了檢查，醫生卻說我的身體沒有問題，診斷我罹患了恐慌症。

是因為三年前發生的不幸，產生了新的恐懼情緒？還是潛意識裡原本就壓抑著的恐懼，化身成不幸的事件在眼前上演？

現實並非實際存在，而是壓抑在潛意識中的想法編織出的全像電影。這是受恐懼所苦的內在小孩在說「拜託你接納我吧！」的恐懼，究竟是從何時開始烙印在潛意識中？來看看投稿者的第二封信。

母親懷我時，經歷過一段不穩定的時期，為了安胎服用了安胎藥。我小時候備受寵愛，父母的感情也很和睦，真的完全沒想到恐懼的根源是來自流產，實在是太神奇了。

胎兒在母親肚子裡經歷了流產危機，雖然胎兒的表意識並沒有注意到，但潛意識卻看著這一切，並感受到極度的恐懼。這位男性站在鏡子前，一邊喊著「媽媽，我好害怕，請別殺死我，我想活下去……」一邊感受著恐懼，接著他的身體很快有了反應。

我試著做鏡子靜心，開始哭個不停，頭痛欲裂，手腳不停冒汗。平時我只要恐慌症發作，就完全無法做事，變得像個廢人，昨晚卻覺得心裡很舒暢。因為實在太舒暢了，反而睡不著。我想應該是因為脹痛的腦袋變得非常清楚，反而睡意全消。

潛意識中壓抑的死亡恐懼，透過頭與手腳排出體外的同時，身體也出現劇烈反應。壓抑在潛意識中的情緒，就會像這位投稿者的情況，不斷出現在現實中。只要在鏡子前承認這些情緒，並透過言語表達出來，情緒就會感覺到自己完全被接納，並消失在無限的心中。以下是另一個例子：

我在二十五歲左右罹患了恐慌症，這個問題持續困擾我超過十年。只要獨處，我就會陷入極度的恐懼，必須立刻叫媽媽、老公或朋友來陪伴，才能冷靜下來，因為這樣，雖然我很想要有小孩，卻不敢輕易懷孕。起初我很害怕全身鏡，所以選擇面對小小的鏡子，邊哭邊接受心中恐懼、悲傷、孤單的情緒。等稍微舒坦後，我開始有了想做的事，也漸漸有了自信。不過從那時起，我就全身痠痛、發軟無力、發燒，連續好幾天只能躺在床上。

接著我莫名地想要面對心中的恐懼，便站到全身鏡前對自己說，「好害怕，活著好累，累得快要死了，卻沒有人陪在我身邊。」接著漸漸感覺鼻子、額頭、耳朵變紅，用有如怪物的表情無法克制地放聲大哭。我的表情變得像精神病患跟殺人魔，甚至辱罵起曾經折磨媽媽的爸爸。

做完鏡子靜心，我原本呆坐著，這時爸爸突然買了蘋果過來，這是他這輩子第一次買東西給我，我覺得很尷尬。隔天早上朋友也突然聯絡我，我覺得很神奇，不知道是不是他聽見我哭喊「沒有人陪在我身邊」的聲音。

湧現特定的情緒波動時，只要不壓抑並試著感受，就會在完成任務後在淨空的心靈中散開、消失。若壓抑情緒，情緒就會被關在潛意識中無法散開，並逐漸凝滯，接著附著在身體這個物質上。

只要承認附著在身體上的情緒，就能經由身體排出，因此會感到全身痠痛、發燒。能透過這種方式排出情緒已經是非常幸運了，如果繼續壓抑，就會逐漸聚集，顯化成為癌症等病症，為自己帶來不幸。

從小就很容易受驚，現在沒事了

我從小就很容易被聲音嚇到，也很膽小，經常哭。我在剛滿十歲時，似乎有過類似恐慌症的症狀。我原本開朗又樂觀，跟人相處都沒有問題，但懷第一胎跟第二胎都流產，得了嚴重的憂鬱症，接著又演變成恐慌症，必須定期服藥控制。搭公車時，只要突然擔心起「如果出車禍怎麼辦」，我的心臟就會瘋狂跳個不停，走在路上要是聽見音樂聲太大或透過喇叭播放的聲音，只要〇．一秒，我的心跳就會自動加速，更會整個人陷入恐懼。

這位女性為何對吵鬧的聲音感到如此害怕、飽受驚嚇呢？顯然她在胎兒或幼年時期，曾因吵雜的聲音感受到死亡的威脅。那份恐懼仍壓抑在潛意識中，所以每當受到外界刺激時，恐懼便會湧現，而她是在什麼情況下經歷這種恐懼呢？

我家中有五個兄弟姊妹，我排行老四。母親多次跟我說，懷我時曾擔心可能不是兒子，去過幾次醫院，考慮把我墮掉，但每次都因為覺得害怕，直接折返。母親生下我後，立刻又懷了弟弟，因此我幾乎沒喝過母奶，當時是由大我三、四歲的姊姊照顧我。雖然不管我，我也不會吵鬧，但我身體不好，經常流鼻血，胃口也很差，而且非常膽小，總是莫名心悸。

我看著鏡中的自己，反覆說「我害怕死亡，想活下去，也想被愛」，接著我的臉突然變黑，只剩下一雙眼睛，然後便看見自己因為父親為難母親、兄弟姊妹爭吵而害怕的模樣。從好幾天前開始，我只要照鏡子，就會看見自己的臉不停發出白色的煙霧。

奇怪的是，雖然做完鏡子靜心之後，肌肉疼痛跟心悸變得更嚴重，我反而覺得輕鬆許多，也有很多好事發生，生活變得相當穩定，真令我感到諷刺！

若母親曾多次為了墮掉自己而去醫院，在腹中的孩子會有什麼感受？會反覆感受到「我就要死了」帶來的死亡威脅，以及「我又活下來了」的安心感；同時也會深刻感受到「這世界真是令人害怕、不安的地方！我只要稍微讓人不滿意，就隨時可能會死！」帶來的不安。

因此，投稿者便成為在意母親的臉色且非常自律的孩子。聽見左右個人生存的父母或兄弟姊妹爭吵的聲音，便會感受到極度的恐懼。因為如果偏向這方，就會被那方拋棄而死，偏向那邊則會被這邊拋棄而死，也因此長大成人後，只要聽見吵雜的聲音就會受到驚嚇。

她為什麼會壓抑這些情緒呢？是因為她誤以為身體就是自己。鏡子靜心就是能將我們從這種錯覺中喚醒的方法，這樣一來，這些情緒就能澈底離開。

兒子再也不受噩夢所苦

我兒子從五、六年前開始飽受噩夢之苦，說夢到地球滅亡，聽見地獄裡的惡魔呼喚他的聲音。他跟我面對面說話時，也覺得自己漸漸向後退，感受到死亡的恐懼向他襲來。我懷孕時在婆家調養身體並生下兒子，當時跟婆婆嚴重爭吵，承受很大的壓力。三個月後，我將兒子交給婆家，回到美國工作，七個月後再把孩子帶到美國。後來又因為兒子有嚴重的咳嗽問題，再次交由婆家撫養，兒子直到三歲才跟我們一起生活。

小時候人人都做過噩夢，不過多年持續受嚴重的噩夢所苦，會是什麼情況？這代表幼年期曾經歷如噩夢般可怕的事件。

在深信與自己一體同心的母親離開時，兒子覺得自己被拋棄了。母親雖然一度回到身邊，但後來又離開，這個情況重複幾次下來，對死亡的恐懼自然也會逐漸加深，而那樣的恐懼在十年後仍無法擺脫。兒子的恐懼就是母親的恐懼，母親未能處理的恐懼傳承給兒子，並在母親面前展現出來。母親若能站在兒子的立場理解他經歷的痛苦，孩子的痛苦便會消失。

我站在鏡子前，試著對自己說，「我害怕死亡，這世界好可怕，媽媽，請不要丟下我！」一想到兒子的痛苦，我就淚流不止。我對兒子感到抱歉，看著鏡子說「兒子啊，媽媽對不起你」，接著痛哭失聲。

我痛得心如刀割，不自覺說出「媽媽，我想被愛，多愛我一點」。我記得出發去美國留學前一天，我跑去跟媽媽一起睡。我們躺在床上，她環抱我的肩膀，但奇怪的是，我對媽媽的手十分厭惡，還覺得她實在很可惡。接著我痛哭了一場，之後覺得心裡舒暢許多。

出發留學前一天，母親用手環抱自己的肩膀，但為什麼會感到厭惡呢？大腦的表面意識或許會假裝很喜歡這種行為，但潛意識中的情緒卻不會上當。如果愛母親，就不可能會厭惡那雙手。因為她感受到的不是愛，而是一種**強迫去愛的感覺**，才會覺得母親的手很可恨，這也表示她從小就覺得自己被母親拋棄。**被拋棄的人，同樣也會想拋棄他人**，所以這位女性在心中拋棄了母親，在潛意識中拋棄了兒子獨自前往國外。

大約一個月後，這位女性又寄來一封信，說兒子不再做噩夢，自己對父母的恨也轉變成愛了。

我兒子不再受噩夢所苦，我想再次感謝您。其實我爸爸在我十多歲時外遇，幾年後我也目睹媽媽外遇的場景，受到很大的打擊，好長一段時間都沒跟媽媽聯絡，二十多年來都覺得他們很丟臉，並將這件事深藏在心底。做了鏡子靜心後，我再次想起這件事，哭泣的同時，也感覺有什麼東西從腹部湧至喉嚨，覺得疼痛不已。我哭得很凶，好像有什麼堵住喉嚨吐不出來。

隔天我的喉嚨還是很痛，仍持續做了幾天靜心，沒想到後來即使想起母親外遇的情景，也不再感到難受，反而能夠放下父母外遇這件事，感受他們對我無條件的愛，甚至因此感到幸福。

父親拋棄家庭外遇，就會感覺自己也被拋棄；之後若連自己打從心底相信的母親也拋棄家庭而外遇，自然更覺得被拋棄。同樣身為女性，甚至還會因此產生性的羞恥感，所以這位投稿者才會選擇拋棄母親。

不過她透過鏡子靜心脫離身體，回頭觀察母親的情況，了解到「啊，原來母親是因為覺得被父親拋棄，為了遺忘那樣的痛苦而拋棄家庭的」。她了解到，所有的情緒都不是評判的對象，情緒就只是情緒而已。明白自己並沒有被母親拋棄，害怕被拋棄的恐懼便會消失，而兒子潛意識中與媽媽共鳴的恐懼也會隨之消失。

我心中的孩子笑著握住我的手

我離婚後跟兩個兒子一起生活，債務卻膨脹到無法承擔，感覺自己就像站在懸崖邊。我父親人很溫暖、慈祥，卻因外遇而離婚，於是我八歲便跟著母親到外婆家生活。母親每天喝酒，不回家，完全不管我。這段時間我一直被家裡的小叔叔性侵，但媽媽還是把我交給他照顧，自己去百貨公司或市場辦事。

那時的恐懼與憤怒至今仍令我很痛苦。我花了二十年才終於回想起這些事，並說給精神科醫師聽。現在我也經常重複做這些噩夢：

①在一條很大的路中央，有張小小的椅子，我躲在下方，非常害怕，整個世界是陷入火海的戰場。

②我在有玄關門、窗戶、後門、側門等許多入口的房子裡，外頭一直有人想闖進來。雖然我把所有入口鎖起來，卻一直出現沒鎖上的門。

③不斷夢到我殺了人，成為殺人犯，深陷在恐懼之中，感到十分絕望。（無論如何靜心、學習、禱告，甚至做催眠治療，我用盡各種方法都無法改變。）

結婚生下老大後，我患上嚴重的憂鬱症。也因為產後沒有好好坐月子，子宮不斷嚴重出血，還有幻聽的症狀。看了精神科，醫師卻說我被附身了。後來我自殺未遂，緊急動手術救回一命，住院治療後仍嘗試自殺，後轉入精神科的封閉病房住了四十天。現在仍常感到自責、憂鬱、恐懼、憤怒、悲傷，以及無止境的自殺衝動。

離婚後，我反而在工作上有所斬獲，雖然學歷不高但升遷很快，年薪也非常高。公司倒閉前，我經常到國外出差，過著忙碌的生活。我身邊有個認識好幾年、不管怎麼拒絕都無法切斷關係的男性，對方無能又沒有責任感，卻非常溫柔，就像我父親。無法擺脫金錢與男人的問題，真的讓我好想死。

這位女性的潛意識中，因為從小被父母拋棄、遭到叔叔性侵，而壓抑著極度的恐懼與憤怒。夢中世界已經被戰火摧殘，卻沒有人能拯救、保護恐懼不已的自己，就連母親也不保護她。為了保護自己，她不斷鎖上屋子的每個入口，但叔叔卻不斷開門進來性侵自己。她覺得這世上沒有一個人會幫她，心中有殺死叔叔的念頭，而這樣的情緒令她活得十分恐懼。

我建議這位女性在鏡子前，赤裸裸地將過去壓抑的所有情緒說出來，例如：「好想殺死叔叔、想刺死他，我也好想死！死好可怕。好害怕孩子出事，這世界好可怕，人好可怕！過著這種生活的我真是太丟臉了！」我建議她一直說到覺得舒暢為止。幾天之後，她又寄來一封信：

> 我開始做鏡子靜心，發現自殺衝動減輕許多。過程中，會有一個口齒不清的孩子出現，跟我說話。他會哭、會生氣，也會害怕，同時有許多強烈的情緒，和帶著各種不同表情的人出現。我依序用難聽的髒話抱怨、辱罵拋棄我的外婆、叔叔和母親，哭著求他們買漂亮的衣服、鞋子、玩偶和好吃的東西給我，要他們給我錢，哭喊著說想跟朋友一起玩。
>
> 這雖然很荒唐，但我只是一直看著這一切發生。哭鬧耍賴一陣子後，我開始求自己活下去、不要死，哀求著想要繼續活下去。而我試著想像現在可能發生的所有情況，並試著去感受，最後只剩下「我很骯髒」「我沒有資格得到好東西」這兩個想法。
>
> 嘗試鏡子靜心那陣子，我經歷了一場小車禍。之後，我的身體一直很不舒服，也嚴重

頭痛，還因為許多發炎症狀而不斷腹瀉、嘔吐，導致食不下嚥。幾天後，我繼續做鏡子靜心，回想起小時候受虐的事，看見心中的內在小孩笑看著我，並握住我的手，接著我無法克制地哭了出來，感到十分抱歉。我一邊說「真的對不起，我錯了，不該丟下你一個人」，一邊大哭。

當我們將身體視為自己時，便很難正視那些太過驚悚、被深深壓抑在潛意識中的情緒。透過鏡子與身體保持距離、觀察身體之後，我們就能脫離身體。這時我們會化身為淨空的心靈，能夠毫不畏懼地傾吐一直以來被忽視的所有情緒。

被壓抑的情緒能量透過身體排出的同時，這位投稿者的身體也開始出現嚴重的發炎、腹瀉、嘔吐等症狀，還出了小小的車禍。由於整個現實都是在心中放映的電影，這些現象也代表情緒正透過現實排出體外。

經過五次失敗，我終於考上了

參加高考，我已經連續五次在複試落榜。滿分一千六百分，每次都以一、兩分之差落榜。今年考試又快到了，我非常害怕如果又落榜怎麼辦。兩週前，我得了嚴重的流感，更令我沮喪。我很想努力到最後，心卻一直在過去與未來之間擺盪，真的很痛苦，問題究竟出在哪？

如果我參加人生中非常重要的考試，卻以極大的分數落差落榜，會怎麼樣？很可能會覺得「我能力不足」而乾脆放棄。不過，如果只是因為一、兩分而落榜呢？肯定會產生「只要再努力一點，明年一定可以考上！」的自信，也會因此更用功讀書。但如果隔年又以一、兩分再度落榜呢？我們很可能會開始責怪運氣不站在我們這邊。如果連續五年都這樣，那代表什麼？我們可能會覺得「或許是有什麼莫名的強大力量在影響我的命運」，並對此感到極度恐懼。

這樣的恐懼是源自連續五年落榜，還是潛意識中原本就壓抑著極大的恐懼，所以恐懼才會化身成可怕的現實，出現在自己眼前？**潛意識是原因，現實則是結果**，壓抑在潛意識中的情緒會以現實情況呈現出來。這位投稿者在五歲前、潛意識仍然開放的那段時期，是否經歷過什麼令他感到巨大恐懼的事件？

我小時候曾兩次離開媽媽跟奶奶，也因此有分離焦慮。之後就越來越嚴重，幾年前也全家人一起去接受諮商。

這位投稿者潛意識中壓抑著被母親拋棄的小孩。幼年時期被母親拋棄時，他感到「我被世界遺棄了」，接著便依照這烙印在潛意識中的感受，過著被拋棄的人生。在左右人生的重要考試上接連落榜五次，也是一種被拋棄的人生。

被拋棄的孩子為了生存，也就是為了不面對遭到遺棄的恐懼，必須找一件事來讓自己執著、投入。因為這孩子非常害怕，若接受被拋棄的恐懼，自己將會真的被拋棄。為了壓抑巨大恐懼能量的執著，逐漸使身體的能量枯竭，便在應考前夕得了流感。

這位投稿者認為，必須了解自己為何會痛苦地活在被拋棄的現實中，才能開始理解心中那個孩子的痛苦。

站在鏡子前，我並沒有像YouTube影片裡提到的人那樣，看見自己的臉孔變得像魔鬼，也沒有痛哭失聲，身體更沒有出現各種反應。不過我一直對自己說「我真是個垃圾，是個失敗者，害怕考試，又害怕落榜」，沒想到之後竟意外地以一百分考上。去年我真的沒有辦法好好讀書，整顆心都像陷入地獄。到了十一月，我振作起來打算認真用功，但十二月時真的病得太嚴重，幾乎有三週無法讀書，也因此陷入絕望。其實考完試後，我一點信心也沒有，沒想到站在鏡子前承認恐懼，竟會有如此驚人的效果，真的很神奇！

被拋棄的孩子誤以為身體就是自己，也認為考試非上榜不可，因為一旦落榜就必須再次面臨被拋棄的恐懼。壓抑在潛意識中的自我會使身體受到局限，因此無法從客觀的角度看待每一件事，只是拚命想生存下去。

脫離身體後，心靈的視野就變得無限寬廣，**能夠錄取，也能夠落榜**。只要同時接受這兩種成對的想法，內心就會回歸於無。淨空的心就是愛，新的現實便會從中而生。

愛之中催生出的現實，會是考試上榜以讓自己感覺到愛，還是考試落榜讓自己感受到被拋棄的恐懼？把心清空，並把一切交給淨空的內心時，就能夠催生出**讓自己感受到愛的現實**。

哭著哭著，不知不覺發出新生兒般的哭聲

我病得很重，還揹了一堆債，每天都在想要不要乾脆自殺算了。我是家中的老么，出生在渴望生出兒子、卻接連生了五個女兒的家庭。據說在我出生前，母親曾經流過產。我出生後，母親總是出門工作，我是由姊姊帶大的。

我的父母總是在吵架，父親經常對母親動手，我也經常被母親和姊姊斥責，說我不夠好。成長過程中總是挨家人打，也曾被人霸凌、性侵、施暴，我覺得自己似乎不能平凡過日子。我在高二時主動休學並離家，因為沒有工作能做，只能到ＫＴＶ、酒店等地方上班，還曾在收容所待了幾個月。

這位女性從還在母親肚子裡時，就開始了怎樣的生活？在這個極度渴望兒子的家庭裡，她是最小的女兒，而母親在生下自己前還流過產，所以她在母親肚子裡感受到的世界，是個充斥被拋棄的恐懼與死亡威脅的地方。她的人生，就在母親腹中傳承給她的那些情緒中展開。父母經常爭吵、父親動不動就對母親施暴……投稿者輾轉漂泊，陷入想要結束痛苦生命的絕望之中，憑著想抓住救命稻草的心情，開始嘗試鏡子靜心。

這段時間我嘗試做鏡子靜心，哭了好多次。起初我看著鏡子，但很怕會哭出聲，總是蓋著被子。我一邊回想小時候的模樣，一邊對自己說，「這麼可愛的孩子……只是個孩子而已……怎麼能這樣打她……怎麼能這麼討厭她……」這時，我邊哭邊冒冷汗，衣服跟頭髮都濕透了。哭了一陣子後，我發出有如新生兒的「嗚哇嗚哇」聲。我非常驚訝，隨後馬上停止。

後來，我仍繼續在鏡子前回想許多令我感到羞恥、被男性汙辱的事件，好好感受那些情緒。尤其在回想與性有關的羞恥事件時，我的下體感覺到痠麻、刺痛，甚至失去感覺，令我感到非常害怕、痛苦。我的下體痛到像要消失一般難受，令我止不住地大哭，不過其他部分並沒有太大的改變。

我墮胎過兩次，對孩子說「對不起，很抱歉殺死了你，請原諒媽媽」，我請求他們的原諒。接著我開始想，「原來媽媽是因為被討厭我的爸爸打，要工作又要養好多個小孩，才會用這種方式對我，而我也很害怕讓自己的孩子出生到這個可怕的世界。」

幾年前，我曾因為墮胎的罪惡感到教堂向神父告解、請求原諒，他對我說，「這是絕對無法饒恕的罪。」我該怎麼做才好？我非常相信神，卻又害怕會懲罰我的神。

昨天我因為胸口很悶，無法呼吸，便站在鏡子前對自己說，「我覺得胸口好悶，完全無法呼吸，真不知道為什麼會這樣。」沒想到說完後，我竟自動接著說「媽，把我從這裡拉出去，救救我」，然後全身冒汗，大哭了起來。之後，我感覺子宮裡似乎有什麼東西，很不舒服。我感受到有東西往子宮裡鑽，同時感受到母親的無力。那感覺就像是幾年前的我——或許我還在母親肚子裡時，也對父親像強暴般強迫母親發生性行為這件事感到萬分恐懼，我的子宮痛得像要掉下來一樣。

早上起床前，那種難受的感覺雖然沒有消失，我卻短暫地有了喜悅、感謝且愉快的感受。當時我想，「今天要不要去精神健康促進中心看看？要怎麼還債？該去改一下地址，申請居住補助嗎？如果連媽媽都死掉怎麼辦？」我並不想討厭自己，想愛自己，但我討厭這個仍像孩子一樣沒長大的自己。

投稿者的母親在懷孕的狀態下被先生強迫發生關係，母親當下感受到的性羞辱、憤怒與無力，完整烙印在仍在腹中的孩子的潛意識裡。這樣一來，孩子未來自然也必須承受性騷擾、性暴力等性羞辱經驗。

「我被拋棄了、我是在憎恨中長大的、我是令人羞恥的存在、我犯了罪，不能被原諒……」這些想法壓抑在投稿者的潛意識中，不斷創造出「被拋棄的我」，而這些負面想法則創造出被拋棄的現實。

因為利用鏡子以客觀的角度看待自己，就能夠脫離身體，不會將身體視為是自己，而是會**將觀看的心**，也就是**將觀察者視為自己**。將身體視為自己的是「被拋棄的我」，當我成為觀察者之後，心便會淨空。淨空的內心沒有時間、沒有距離，若像投稿者一樣，便能夠化身為腹中的胎兒哇哇哭泣，同時也能化身為母親，理解母親的難處。**這時我們可以成為受害者，也可以是加害者**。

所有事物的情緒都反映在鏡中自己的臉上，被害者與加害者是一體的，在潛意識的空間中，所有的存在都是我。因此做鏡子靜心時，會有無數張臉孔反映在我的臉上。鏡子靜心能讓我們清楚看見，我們誤以為是現實的 3D 空間，其實是潛意識中的夢境，而我們只是各自編織的夢境中的登場人物。

是誰將夢中的登場人物視為自己？就是壓抑的自我。罪惡感也只有在我以夢中登場人物身分而活時才會存在，當我從夢中醒來成為觀察者，夢中做的每件事帶來的罪惡感便會跟著消失。觀察者不帶任何情緒，唯有透過真正的懺悔擺脫罪惡感，才能從夢中醒來，成為觀察者。

多虧了女兒，銅牆鐵壁般的心門終於敞開

我女兒現在只有早上從一片漆黑的房間裡出來一下，接著就一直待在裡頭，甚至不吃東西。如果我在她睡著時進房，她就會發脾氣，所以我只好在外頭等。我很擔心她會不會出事，甚至怕到五臟六腑都在翻騰，該怎麼辦才好？

女兒不讓任何人進房，整天關在關燈的房間裡，代表什麼意思？同時房外的母親非常害怕，擔心「女兒要是自殘該怎麼辦」。

我們眼前看見的可怕現實，是在哪裡發生的？是在「此時此刻」這個五感空間裡發生的事。五感空間在哪裡？在我心裡。這可怕的現實，是我心中那部電影的一個場景。

為什麼會出現這種可怕的場景？是因為我潛意識裡壓抑著恐懼。現實是壓抑的恐懼外顯而成的全像電影。這位女性後來進到洗手間，看著鏡子並試著將恐懼說出口。

我剛才做了鏡子靜心，花了二十五分鐘將腹中的黑暗氣息透過呼吸吐出來，感覺是我自胎兒時期便壓抑在體內。我想起二十歲時被火燒傷的往事，呼吸變得更加劇烈，接著立刻打開洗手間跟房間的門通風，讓這股氣息離開。之前去過宗教和靈修團體做了許多禱告，但都無法打開銅牆鐵壁般的心門，現在能有這樣的結果，真令我感激涕零。

這位女性一直壓抑著對死亡的恐懼。那份恐懼和恐怖的情況，化身為二十歲時被火燒傷的現實，出現在生活中，但當時她並未接納，只是繼續壓抑恐懼，然後結婚生下女兒，再將這份恐懼傳承給女兒。

不過，這次她站在鏡子前接納對死亡的恐懼，恐懼便被解放了。那麼女兒會怎麼樣呢？她也會漸漸脫離恐懼，因為女兒也是反映她潛意識的鏡子。

不是為自己，而是為孩子做鏡子靜心

我的小女兒離家到首爾讀大學，今年考進了醫學研究所。她的個性很內向，不太會表達自己，高中時就被診斷罹患憂鬱症，已經接受了好幾年的治療。我先生非常愛喝酒，完全不顧家，平時話也很少，因此跟孩子的感情並不融洽。我想或許是我跟先生的感情不好，也經常爭吵，所以帶給孩子負面的影響，這讓我非常後悔，也埋怨自己。

今天小女兒打電話來，哭著說過得很辛苦，都睡不著，讀書時狀況還好，但其他時候就會感到不安、害怕且不知所措。哭了好一陣子，她說要掛電話去讀書，但我卻感覺胸口悶得像有塊大石頭壓著。我是否該為了孩子開始做鏡子靜心？

小女兒為何在讀書時都沒事，不讀書時卻會不安、害怕到不知所措呢？這代表她的潛意識當中，潛藏著受死亡恐懼威脅的自我，所以沒有事情可轉移注意力時，就會感受到死亡的威脅，因這樣的恐懼而顫抖不已。

這個自我是何時出現的？是不是在母親肚子裡時，有差點流產或墮胎的經驗呢？以下是投稿者的第二封信：

其實在生小女兒前後，我曾經各流產過一次。懷她的時候，因為知道是女孩，我花了一整天認真思考是否要做人工流產，後來在老公的反對下沒有進行。不過孩子出生後，我並沒有因為她是女兒就虧待她。

她上高中後，首度被診斷出罹患憂鬱症時，我發現這一切都是因為我，也讓我非常自責。孩子小時候經常看我跟先生爭吵，再加上我覺得人工流產的事也對她造成影響，所以經常跟她道歉，那段時間真的非常痛苦。我開始看您的 YouTube 頻道，透過鏡子靜心坦白我因為無法守護寶貴的緣分而感到抱歉的心情。

昨天跟孩子通電話時，聽見她哭泣的聲音，覺得胸口悶得喘不過氣來，便去做鏡子靜心，站在孩子的角度說，「媽，我胸口好悶，感覺好像有什麼卡在那裡。媽，我真的很怕讓你失望，很怕沒辦法保護你。」我注意到鏡中的自己開始改變，也注意到包圍著我的光芒。我閉上眼睛成為觀察者，時而低頭看著孩子，時而想像自己握著孩子的手一起深呼吸。

過了一段時間，我開始打嗝跟放屁，呼吸就變順暢了。接著我躺到床上準備入睡，當天晚上睡得比平常更熟，睡醒後覺得全身無力，還想繼續睡下去。做鏡子靜心時，我偶爾會對自己的成長感到滿意，偶爾又感到無力。不過我還是能獲得選擇的力量，幫助自己站起來再往前跨一步。

孩子會跟自己分享潛意識，潛意識中的情緒會相互共鳴，所以若能站在女兒的立場，將她壓抑的情緒當成是自己的情緒來接受，並承認那些情緒的存在，就能像以上的案例一樣，幫助情緒快速消失。

再次找回兒時夢想

大約十六年前，我在美國攻讀博士時，視力就越來越差，被診斷出罹患罕見的眼疾。當時我受到很大的打擊，直接放棄學位回國。生了小孩之後，發現我家老大從小眼睛就不好，我很擔心他會不會跟我一樣。我小時候經常被父母打，現在的我也經常對孩子動手。我很絕望，覺得人生中遇到的人總令我痛苦。我跟先生感情不好，跟婆家的關係也很差，跟弟弟妹妹也為了財產問題而嚴重不合……真的是糟透了。

開始做鏡子靜心時，我曾因為害怕看見自己的模樣而猶豫，但還是鼓起勇氣站到鏡子前嘗試。第一天我痛罵批評我的人，真的很想殺死他們，鏡子裡的我變得怒目橫眉，斜眼傲視一切。隔天我實在太難受，所以只是呆呆望著鏡子，竟神奇地發現後腦發出光芒。之後我經常照鏡子，發現光芒越來越大。原本只能看到透明的光，前幾天變成淡綠色，今天又有點泛紫。我邊走路邊靜心，過程中竟能看見閃爍的光點，還聽見有個聲音說「我愛你」，讓我忍不住哭了出來，瞬間覺得世上的一切都可愛極了。

沒多久，我想起背叛我的人傳給我的負面簡訊，接著感覺到五臟六腑都在翻騰。幾天後我靜心時，突然想起跟他們共度的日子，邊流淚邊感受他們的痛苦。之後我發現心情沒那麼差了，也很自然有了主打藝術治療的部落格，所以現在開始規畫一些畫作與寫文章。我小時候的夢想，就是希望透過繪畫幫助人安定心情，後來因為想靠讀書出人頭地，而放棄夢想。不過現在，我希望能為有心理問題的人帶來一些幫助。

現在無論到哪，我都能遇見親切且願意幫助我的人。我的心恢復了平靜，孩子變得好多了，先生也變回以前和藹且溫柔的樣子。我出國留學期間，他獨自留在韓國當留守爸爸，卻從未有怨言，反倒是我因為眼疾，對每件事都很悲觀，過得十分痛苦。他前幾天因為跟上司起衝突而難過，我跟他說「那是你內心的樣子，別討厭他」。當我不責怪一切，嘗試將心靈清空，生活中就開始出現好事。雖然情緒還是會起伏，但現在真的好很多。

我認為跟其他靜心法相比，鏡子靜心最大的優點在於強調以觀察者之眼，客觀地觀察自己的身體，讓自己能不依靠別人，以自己的力量站起來。我的眼睛還看得見，雖然生活上會有不便，但我十分感謝還看得見這個世界。直到我能看清楚的那天，直到上帝允許的那天……即使是在那之後，我也會持續幫助別人。

我的身體是否真實存在？並不是。身體只是我心中的想法編織出的影像，這些影像反射根源之光後，讓我的肉眼看見這幅全像投影的情景。但身體出現重大異常時，恐懼便會壓倒一切，這時我們的心中會湧現「要是別人看不起我怎麼辦」「如果家人覺得我很丟臉怎麼辦」「拖著病體活在世上，最後被人拋棄怎麼辦」等想法帶來的恐懼、羞恥、悲傷、絕望和孤單。

雖然人生短短不到一百年，我們卻必須在這段時間內，透過身體嘗盡人生百態，承受許多痛苦，而這些痛苦也會成為找回「真正的我」的契機。若沒有死亡威脅這類極致恐懼，或許就不會有任何人出發尋找「真正的我」。

當我們誤以為身體就是自我時，就會透過大腦思考，並透過肉眼觀看大腦想法編織出的幻影，而這正是名為「現實」的幻影。想法源自心中，那麼想法編織的現實自然也是心中的幻影。負面的現實就是負面的幻影，越是厭惡、壓抑負面的想法，負面的幻影就會越來越大，如此一來，我們就會逐漸深陷其中。

我罹患罕見的眼疾，害怕自己可能會失明的現實是在哪裡發生的？是在「此時此刻」這個3D空間裡發生的。「此時此刻」是在哪裡發生的？是在我心裡發生的幻影，就連我的身體也是幻影的一部分。

了解身體是內心的幻影時，因為誤以為身體就是自我而壓抑的所有負面情緒都會自動離開。反映負面情緒的身體是心中的幻影，一旦身體消失，情緒也會化為心中的幻影並跟著消失。了解現實生活之所以如此黑暗是因為這一切都是幻影，就能夠淨空自己的心靈，而澈底淨空的心靈便能催生出全新的現實。

覺得自己漂亮又特別

我是七姊弟中的老么，滿周歲後父母忙於農事，將我交給嬸嬸照顧，最後就讓她領養我。嬸嬸沒有小孩，但她相信若能帶個小孩回來養，就能幫家裡招來孩子，順利懷孕，便決定把我帶回去。

我四歲時，養父因為腰受傷住院多年，所以我又回到親生父母的家。跟親生父母和哥哥姊姊一起生活一段時間後，再度回到養父母家的我，雖然因為想回原生家庭而感到悲傷又孤單，卻無法表現出來，只能躲在棉被裡哭泣。

之後我一直過著孤單的生活，做過最久的工作是三年左右。我總是把目標訂得很高並鞭策自己，一旦放棄，就會怪自己是無能又沒用的女人。我國中三年級就出現憂鬱症的徵兆，覺得自己似乎一直陷在發病與重新振作並自我鞭策的循環中，始終無法跳脫。認識新朋友並相處一段時間後，便擔心他們會不會躲我，擔心隨時可能被拋棄，最後就主動斷絕聯繫。

後來我跟一個似乎不會拋棄我的善良男人結婚，但一起生活才發現，他跟我一樣嚴重缺愛，且因為疑妻症而經常對我施暴。我家老大滿周歲時，我的憂鬱症加重，當時感覺身體非常沉重，整個人動彈不得，並首度因憂鬱症住院治療。幾年後除了憂鬱症，我又罹患令人呼吸困難的焦慮症，接受治療後直到現在都在服藥。後來又診斷出持續性憂鬱症與躁鬱症，同樣也在服藥治療。只要一感受到壓力，憂鬱症就會發展成嗜睡症，讓我早上爬不起來。現在我的兩個小孩也是每週接受一次心理諮商。

後來我開始做鏡子靜心，並告訴自己「我被媽媽拋棄了，我也想被愛」，沒想到竟突然想起從生母家回到嬸嬸家時令人心痛的畫面。當時雖然感覺天要塌下來，卻不能哭，因為我很害怕如果太難過，反而會被嬸嬸拋棄，就一直壓抑那份情緒。明知道被稱為伯母的人其實是我的親生母親，卻必須刻意忽視這個事實。

透過做鏡子靜心回想起這些事的那幾天，我痛徹心扉，哭到筋疲力盡，感覺頭痛欲裂，令我十分害怕，也感覺相當委屈。我一邊思考「我究竟做錯了什麼要被親生父母拋棄」，同時看見親生母親的真實想法，也看見了養父母的想法。後來我終於明白「他們也很辛苦，很難受」。

就在我理解他們的想法時，現實中養母的臉突然腫脹、泛紅，去了好幾間醫院都查不出原因，我也想過這或許是因為我做了鏡子靜心的關係。我突然覺得她很可憐，因為不孕而必須收養別人的小孩，心裡該有多麼痛苦？

現在我做鏡子靜心時，就算對自己說「我被拋棄了，我想被愛」，也不會感到悲傷了。我覺得自己一天比一天更開朗，也感覺非常溫暖，覺得生活很平靜。感覺以後都只會有好事，無論什麼都會非常順利，孩子也都非常好，這種狀況跟躁症發作的感覺截然不同。

我覺得心靈變得很平靜，這輩子第一次感覺到「這個世界竟能如此溫暖、祥和」。現在即使發生壞事，我也不會太悲觀，因為已親身體驗過，了解「這是要我把潛意識中未能釋放的情緒釋放出去的訊號」。最近我覺得自己變漂亮、變特別了。我終於能夠真心愛自己，也對自己更寬容，光是這樣，就讓我覺得宛如置身天堂。

讓剛滿周歲的孩子離開母親身邊，對孩子來說是比天塌下來還要巨大的痛苦。孩子潛意識中會留下被父母拋棄、難以抹滅的巨大恐懼。若壓抑這份恐懼，就會催生出「被拋棄的我」，這個人格將會擁有生命，並一輩子操控著我的身體，過著被拋棄的人生。

即使與人來往，「被拋棄的我」也會感到十分不安，因為無法擺脫害怕被他人拋棄的恐懼，為了逃避，最後只好選擇主動拋棄對方，這將使我們無論做什麼工作都無法持久。即使為了生存逼迫自己忍耐，最後仍會因為無法忍受可能遭到職場拋棄的恐懼而主動辭職，因為不先主動放手就會被拋棄。潛意識中「被拋棄的我」編織出這樣的現實，迫切地希望我們能承認害怕被拋棄的恐懼。這也是投稿者跟先生分開的原因，投稿者的孩子也完整繼承了母親被拋棄的人生。

但開始做鏡子靜心不過幾星期的時間，投稿者的人生就有了巨大的轉變。透過鏡子靜心，我們能夠放下不屬於「真實自我」的一切。身體是為了實踐人生課題的投影，只是個幻影，而非真實存在的事物。放下虛假的身體，就能看見事件的全貌，我們會了解身體被拋棄並不代表「真正的我」被拋棄。這份被拋棄的恐懼壓抑在潛意識中，當它湧現時，身體帶來一齣被拋棄的人生戲碼。

了解身體並不等於我之後，過去誤以為身體就是自己而壓抑的情緒，便能澈底離開我們，情緒不再跟隨「真正的我」，而是會隨著戲中的道具一起離開。這樣一來我們便能獲得自由，而一顆自由的心能夠做到任何事，因為現實就是內心建構出來的全像電影。

我送走了每到夜晚便來襲的空虛感

我白天總是為了工作忙得不可開交，到了晚上心裡便感受到巨大的空虛與孤單。這時我會躺在床上，打開手機看 YouTube 影片，連續好幾個小時，看到睡著。明明應該要花時間進修、運動，我卻什麼也做不到。我也嘗試跟女性交往，卻無法化解這些情緒，每段戀情也都以分手告終。

最近我在鏡子前練習靜心，我一直對鏡子裡的自己說，「我很孤單，我的心很沉重、很痛，內心深處有許多悲傷，感覺這世上只有我一個人。」接著我想起高三時的自己。因為家庭失和，父母把我送到考試院（譯注：韓國的一種居住型態，居住環境主要為將大空間隔成多個僅能容納書桌與床鋪的狹窄空間，特點是不須支付高額押金且可短租。過去主要入住者為需要專心準備司法考試的考生，或自外地到首爾讀大學的學生。一九九七年亞洲金融危機後，也有不少單身的上班族入住。韓國司法考試廢止後，老人、殘疾人士、低收入戶、無穩定工作者等社會弱勢族群入住比例逐漸超過學生）去住，當時我因為被拋棄的恐懼與孤單，每天都過得很徬徨。

我再次對鏡中的自己說，「小時候很需要父母疼愛，當時的你一定很難過、心很痛，那痛苦直到現在都還沒消失，真的辛苦你了！」然後我瞬間哭了出來，也感覺有東西從喉嚨湧現，接著打了個大大的呵欠，鏡中的臉孔也變得十分扭曲。我就這樣好幾次哭到睡著……

現在我每晚感受到的情緒漸漸不那麼強烈，下班後能夠學想學的東西，也開始運動了。我希望自己能持續關注未來感受到的情緒。

父母若嚴重失和，那麼我應該跟著哪邊才能活下去？跟著爸爸就會被媽媽拋棄，跟著媽媽就會被爸爸拋棄。如果我拋棄媽媽，媽媽也會拋棄我；若拋棄爸爸，爸爸也會拋棄我。於是左右為難，痛苦不已，世界看起來就像一片火海，沒有人能保護我，因而感到非常恐懼、孤單、悲傷。

而這麼想的人是誰？是誤以為身體就是自己的「被拋棄的孩子」「被拋棄的我」，這樣的我難以擺脫認為身體就是自己的痛苦。

做鏡子靜心能幫助我們脫離身體，好好觀察自己，也能更客觀看待自己的情緒。只要持續做鏡子靜心，就能漸漸與淨空的心靈、自由的心合而為一。

第 5 章

療癒反覆不斷的傷痛

樓層噪音消失了

過去這幾年，我因為樓層噪音過著痛苦的生活。在樓上住戶搬來的前一天，我一直到凌晨都還能聽到敲槌子、挪動家具的聲音，也開始感覺到壓力。雖然提醒過好幾次，但都沒有改善。我總會因此心跳加速、憤怒不已，甚至還會哭泣、不安。昨天因為實在太難過了，就跟老公換房間睡，奇怪的是我獨處時那噪音好像更大聲了。除了憤怒，我還不斷感受到憎恨、詛咒、報復、絕望等負面情緒。

樓層噪音對任何人來說都是很難受的事。不過如果那種難受的感覺超越常理，演變成莫名的憤怒、詛咒、報復心呢？那就表示過去曾經感覺自己遭受他人的嚴重攻擊。受到攻擊卻無法報復，就會產生「想要攻擊」「想要復仇」的情緒。那麼，這位投稿者過去究竟遭受到怎樣的攻擊？

我的第一段婚姻，因為守寡的婆婆而過得非常痛苦，最後我被趕走，孩子也被婆家搶走。當時我很想報復婆婆，甚至還想過要從公寓頂樓跳樓自殺。之後我有超過十年沒見到孩子，本來想只要認真生活，時間一久應該就會淡忘，現在想想或許是樓層噪音使那些詛咒與報復的情緒再度出現。

站在母親的立場來看，自己生下的孩子有如性命一樣重要，但跟性命一樣重要的孩子卻被婆婆搶走，當然會覺得自己的生命被奪取，也就會產生「我被婆婆殺死了」的感覺。在現實中無法親手殺死婆婆，才會以「想爬到婆婆住家的樓頂去殺死自己」的衝動來替代。想奪人性命的情緒沒有反映在婆婆身上，而是反映在自己的身體上。換句話說，這位投稿者的潛意識裡，壓抑著被他人殺害或想要殺害他人的情緒。

這樣的情緒是源自婆婆，還是原本就壓抑在潛意識中的情緒，投射成孩子被婆婆搶走的現實，在自己的眼前上演？現實是潛意識中壓抑的情緒展現的夢境，並不是催生出情緒的因，而是壓抑在潛意識中的情緒投射出的果。

那麼被他人殺害或想殺害他人的情緒根源，是否能夠追溯回投稿者的母親身上？與自己分享潛意識的母親，潛意識中會不會也有這樣的情緒？

我雖然是長女，但媽媽在生下我之前曾多次流產，懷孕過程中也有在工廠上班時下體流血的經驗。她說懷孕七個月時經常出血，也有流產的徵兆，住院安胎後好不容易才把我生下來。我聽說她在生下我之前有過兩次流產，而我曾經墮胎，跟現在的先生婚後也流產過兩次。

從上面的信件內容得知，投稿者母親的潛意識中，也壓抑著失去生命、奪走他人生命的情緒。是誰失去生命？是腹中的胎兒因流產而失去生命。若感覺自己因他人而失去生命，自然會產生想要奪走他人生命的情緒。這些失去生命、奪走他人生命的情緒遺傳自母親，因為不接納這些情緒，所以自己也感受到死亡的恐懼，進而親身經歷墮胎與流產等事件。之後投稿者也持續壓抑這些情緒，這次才會因為樓層噪音，浮現「樓上的住戶攻擊我」「他想殺死我」的情緒。

樓層噪音只是空氣的震動，但因為自己心中壓抑著死亡的恐懼，於是空氣的震動聽起來就像是「想殺死我的聲音」。這些壓抑在潛意識裡的情緒，無法靠意志處理。這位投稿者即使每天運動、提升心靈，努力安撫情緒，卻仍受嚴重的恐慌、不安與強迫所苦。

抗拒情緒，是沒有用的。情緒是流動的能量波動，越是與這波動對抗，它就會抵抗得越劇烈，因為對抗是在為情緒增添能量。當我們不抗拒所有的能量波動，全然接受、承認一切時，情緒便會離去。若能在鏡子前，站在母親腹中胎兒的立場說出「我怕死，媽媽，請救救我，我也想活下來，我想被愛」，壓抑在潛意識中與死亡相關的情緒便會湧現，進而消失。

幾天後，這位投稿者又寄來一封信：

我依照您的建議，立刻開始做鏡子靜心。每天早晚都做，今天已經是第四天，我覺得鏡子靜心真是越做越讓人感到神奇、驚訝，且力量十分強大。我從第一天就莫名不斷哭泣，好幾張臉像全景照片一樣不斷消失又出現。起初我以為是看錯，無法相信自己的眼睛，但隨著消失又出現的次數增加，那些臉孔也越來越清晰，甚至還看見自己的臉孔及胸部以上都消失的樣子，那時我才意識到並開始相信「這果然真的是全像投影」。接著我感覺心臟劇烈跳動、反胃，不安與恐懼也更加強烈，頭變得非常緊繃。起初很痛苦，但越來越放鬆。

昨晚睡前，我請求無限的愛保護我，想像它發出的光不斷共鳴並包圍我，感覺真的很棒。我露出了微笑，全身感到強烈的震動，彷彿有強烈的電流流過般顫抖。那晚我做夢了，夢到自己的靈魂離開身體，自由自在飛翔在山川與天空之間。我的意識存在夢中，卻看不見自己的身體。起初我很害怕，但飛上天空後恐懼便消失，而我也能夠真正自由地在空中飛翔。那畫面生動得不像夢境，當我降落在陸地與海洋的接壤處，便瞬間從夢中驚醒，才發現那是一場夢。真是太神奇、太令人愉快的夢了。

我覺得自己獲得完整的淨化，幾天內看待世界的觀點大幅轉變，心也變得輕鬆許多。對了！不分白天黑夜，一直吵到清晨的樓上住戶，現在晚上也變得安靜許多。

樓層噪音本身並不存在，整個現實是反映潛意識的夢境。樓層噪音的狀況其實是一面鏡子，反映潛意識中壓抑著未能解決的巨大恐懼。下面這位同樣受樓層噪音所苦的投稿者，一樣也有理解恐懼的原因後、樓層噪音便消失的經歷。

一天，我在鏡子前試著說出自己的恐懼，之後便完整感受到外婆與媽媽的恐懼和痛苦，讓我大哭了一場。我的兩位舅舅都在韓戰時以學生義勇兵的身分參戰並雙雙戰死，或許是因為這樣，每次放假去外婆家時，她總會用滿是皺紋的臉孔凝視遠方的天空並深深嘆息。我媽媽嫁給兩代單傳的爸爸，不僅要打理婆家的家務，更要照顧生病的外公，承受無法言喻的痛苦。

我們搬到現在住的地方後，多年來受樓層噪音所苦。那跟一般的樓層噪音不一樣，會有「噹！噹！」的聲音從深夜持續到天亮，晚上也不間斷，真的讓人很受不了，我感覺胸口像被槍掃射一樣痛苦，總是煩躁且害怕。

我在靜心時，感受到外婆與母親的痛苦與恐懼，也聽見殺害兩位舅舅的槍聲。我想或許是外婆每次想起兒子時，心中對槍聲的抗拒感，烙印在她與媽媽身上，進而遺傳給我。或許也是因為這樣，那樓層噪音才會讓我像被槍射中一樣，總感覺胸口的其中一側疼痛不已。神奇的是，開始做鏡子靜心後，某天樓層噪音就消失了。

順利說出說不出口的話

幾年前開始，我就很害怕站在人前。一見到人，我就說不出話，只會結巴。我會在心裡碎唸「好想死，為什麼說不出話？好煩，好丟臉」，久而久之就真的像是要死掉一樣，感覺活不下去。後來我開始做鏡子靜心，痛哭著對自己說「拜託誰來救救我」。

那晚我做了一個夢，一群人攙扶著一個沒有手的人前進，那人突然變得像怪物一樣，身體不斷搖晃，感覺非常痛苦。我非常驚訝，跑進廁所鎖上門，靜靜躲在裡面，其中一個攙扶者非常生氣，拿著拖把過來並開始潑水，在我躲藏的廁所門前不停大聲喊叫，後來我從另一個地方離開。這個夢實在太可怕了，我醒來時全身起了雞皮疙瘩。

今天早上我全身無力，沒什麼精神，一直在發呆，直到現在才比較清醒。發呆時我一邊說話，竟意外發現發呆時反而能順利把話說出來，實在是太棒了。我試著把發呆時說話的樣子拍下來，發現我的眼睛竟然有點斜視，該怎麼辦才好？

這位女性吐露了「拜託誰來救救我」的痛苦情緒。她在鏡子前表達這份痛苦，身為療癒者的觀察者便現身。那天晚上她做了個夢，夢中出現一個沒有手的人。這個人是誰？是被自己壓抑的痛苦情緒。她的潛意識中，是否壓抑著一個因病去世的人呢？發呆這件事，代表她的肉眼並沒有對焦，而是以心眼看待世界。若以心眼觀看世界，想法便會消失，自己也會脫離身體，緊跟著身體的壓抑情緒也會隨之消失。壓抑的情緒消失後，那些畏畏縮縮、說不出口的話就能順利說出口了。

不過，她卻發現自己的眼睛變成斜視，那是否表示潛意識中仍有未被療癒的痛楚，或是仍壓抑著什麼呢？我問了這位投稿者，她的母親是否有流產或墮胎的經驗，她給了我如下回覆：

我家共有姊姊、我跟弟弟三人。聽說媽媽生下姊姊前流產過兩次，流掉的那兩胎都是男生。以前我曾經去算命，得知因流產而無緣的哥哥一直在保護我。難道媽媽的流產經驗和我的煩惱有關嗎？

發生在身邊未能處理的所有情緒，都會壓抑在自己的潛意識中。我請這位投稿者在鏡子前，嘗試感受哥哥們經歷的痛苦，也就是體會死亡的恐懼。請她一邊說「我好怕死，請救救我，我想被愛……」一邊感受。

我在鏡子前面一直哭，覺得哥哥因流產而沒能出生真的好可憐。他們應該想在和睦的家庭中過著幸福的生活，這一切真是太悲傷了，也讓我感到很遺憾，但我只是一直哭個不停。我花了兩天做鏡子靜心，想像哥哥們的心情，哭著哭著，突然能在鏡子中看見他們模糊的身影。我好像能感覺到他們跟我說「沒關係，只要你幸福就好」。不知道是我的想像還是真實發生的事，但我感覺非常安心。

接著我明確感受到很多事都不同了。上班時我坐在辦公室裡等客人來，原本平時沒有什麼人，現在卻突然有許多客人上門，昨天還成功與兩位客人簽約。以前因為緊張而唸不好的合約書，現在也都能順利唸給客人聽了，似乎有人對我施了魔法。不知道這是不是偶然，不過現在遇到的都是好事，讓我開心到要哭出來。能在人生最痛苦的時刻，透過鏡子靜心改變我的生活，真是令人難以置信，太感激了！

不再有被害妄想

最近我認識了一位新朋友，明明才剛認識不久，對方卻拍下我的照片並分享給別人，還刻意截下我的通訊軟體個人檔案照，跟其他人一起評論我的外表。最近還發生我人在公寓中庭，卻有人突然叫我、從遠方盯著我看的事。今天還有人拿著相機一直拍我家，甚至有人來拍我家地址。我又不是知名藝人，為什麼會發生這種事？我只想好好休息而已。

這位投稿者的潛意識裡，充斥著許多恐懼和不安，認為其他人都在找自己麻煩，自己可能隨時會被攻擊。為什麼會有這樣的恐懼？是因為從小便經常看到父母指責對方、激烈爭吵的模樣，所以「世界上的人都會互相指責、互相攻擊」的恐懼才烙印在潛意識中。我請投稿者在鏡子前對自己說，「我很怕被攻擊，人類真的好可怕，我也想攻擊別人，這樣活著真的好丟臉。」

之前我不管怎麼做鏡子靜心，都不曾流過眼淚。後來才了解為什麼從小就有這麼多人打我、為什麼夢裡一直有惡魔追著我想殺死我……了解到我的人生為何會如此疲憊後，我反而高興地哭了出來。我一直覺得是自己本來就很討人厭，所以才必須面對這些事。

不過了解到我就是根源之愛後，現在每次照鏡子，都能看見身邊圍繞著紫色的光芒。以前每到春天，我就會一天到晚打噴嚏，鼻水流個不停，現在這些症狀不再出現，每到晚上就喘不過氣的症狀也消失了。現在我不再對陌生人過度警戒，也不再強迫自己必須做點什麼，壓在胸口的大石頭似乎消失了。

想法是活的，因為是活的，所以想法會催生出想法。越是壓抑想法，想法就越會相互串聯，催生出更多的幻影。妄想會催生出妄想，而宇宙中存在的一切，都是想法編織的幻影。只要自己不壓抑這些想法，所有的想法都會在產生後自行消失。

可以睡好覺了

我深受失眠所苦，該怎麼擺脫？我的失眠問題不是睡不著，而是一睡著就會立刻醒來。我現在服用乳癌的治療藥物，我想應該是因為那個藥讓我失眠。順帶一提，我媽媽在懷我時跟奶奶有嚴重的矛盾，當時奶奶總是動不動就到我家去找媽媽。所以生下我之後，我們家就立刻搬到首爾。開始做鏡子靜心後，我經常在夜晚感到孤單，也會因為想起害怕不已的媽媽而哭泣。

懷孕時，每一位母親都希望心情平靜，但如果這時婆婆動不動就跑到家裡來呢？肯定會讓人覺得私人空間被入侵。媳婦就連想睡個午覺也睡不著，因為不知道何時婆婆會上門。像這樣被別人攻擊時，自己也會想攻擊別人。投稿者母親的潛意識中，便壓抑著這種想攻擊的情緒。只要在鏡子前說「我想殺死你。你殺了我，被你攻擊真的好丟臉」，試著承認那些想要攻擊他人的情緒，情緒便會消失。

做鏡子靜心時，我看見自己很有攻擊性地對奶奶發火，不知道那究竟是媽媽的情緒，還是我的情緒。那時的我說出「根本就不是我奶奶」這句話，還看見自己整張臉變得很黑，像是死掉的人一樣。我小時候就移民國外，沒見過奶奶幾次，雖然媽媽很愛我，但我很像奶奶跟爸爸，所以我很討厭自己。那天我準備睡覺時，感覺有什麼東西從腦袋裡消失了。之後連續十天我都睡得很好，真是太感謝鏡子靜心了！

擁抱一輩子被家長角色壓抑的內在小孩

我是一位六十多歲的女性，媽媽懷我時，爸爸因車禍住院了九個多月。每次從醫院回來，媽媽會一邊餵我喝奶，一邊說，「希望你死掉，換爸爸活下來。」我從小罹患小兒麻痺，據說要是跟爸爸睡在同一間房間，就會害他短命，所以總是睡在大哥房裡。我記得自己那時經常哭個不停。最後爸爸在我九歲時去世了。

我很想得到媽媽的稱讚，領到薪水都直接交給媽媽，從來不曾打開薪水袋，還會把媽媽給我的車錢存起來，重新交給她。婚後我仍然受一家之主的責任束縛，負責撫養媽媽與哥哥，至今不曾過上一天輕鬆的日子。我五十歲時罹患乳癌，仍扮演家長的角色，在恐懼的籠罩下經常從睡夢中驚醒。我經常同時感覺到無力、恐懼、孤單、不安、羞恥等情緒。

一直以來，這位女性都咬著牙度過這種艱苦的生活。乳癌會使女性在性方面感到羞恥，也是女性承受過度的責任壓迫時容易出現的疾病。由於一心一意照顧、關心他人，內在小孩便透過身體，發送「我也累了，無法再為他人著想」的訊號。

這位女性為何會揹負這麼重的責任呢？聽到母親對她說「希望你死掉，換爸爸活下來」時，孩子的潛意識會有什麼感覺？會感覺到「我活著是為了擔負爸爸的角色」。我誠心地回信告訴她，「希望你能釋放長久以來在艱困生活中壓抑的情緒，開始過著自由的人生。」我也是宗家的長男，人生一直揹負許多責任，非常能理解她的心情。

讀完老師的回信後，我立刻哭了出來，在鏡子前對自己說，「我被拋棄了，被拋棄真的好可怕，活著實在太可怕了，我也想被愛！媽媽，拜託請不要拋棄我，也請你愛我！」就這麼哭了好一段時間，接著感覺內心十分舒暢，在寫這封信時也不停流淚。我輕輕抱了抱一直渴望母愛的內在小孩，並放手讓她離開。我為什麼會這麼辛苦？為什麼會過著這種生活？一直以來都沒有人能為我解答這個問題，真的非常感謝老師給了我答案！

了解恐懼中隱藏著愛

我一直以來都活在恐懼之中，而我剛升上國中的孩子也跟我一樣，很容易感到害怕。尤其對新冠肺炎極度恐懼，這讓我覺得喉嚨熱燙、多痰，臉也不斷發燙，而我先生最近也開始咳嗽。

有天我去婆家，發現客廳的桌子上有一面剛好跟臉一樣大的鏡子。在眾人皆入睡的深夜，我開始做鏡子靜心，想起先生咳嗽的模樣，接著發現自己漂浮在半空中，看著自己坐在鏡子前觀看自己的模樣。看到自己受痛苦困擾的模樣，我覺得很心疼。我看著鏡子，不斷想著，「新冠肺炎讓我害怕，很怕得了新冠肺炎而被別人鄙視。很害怕失去老公會讓我也失去財產。」

恐懼蜂擁而至，而我也開始流淚，我看見自己時而惡狠狠地睜大眼睛，時而眼鼻口的形貌改變，然後又瞬間像老了好幾歲一樣出現法令紋，有時臉和眼睛也會消失。想到我正在半空中看著自己，就感覺喉嚨變得非常沉重，令我忍不住咧嘴笑了起來，就像被鬼附身一樣渾身發癢，目光變得渙散，眼中的房間開始旋轉，就像電視裡的特效畫面。我一直聽著您 YouTube 的影片，想著既然有恐懼，也就會有平靜。

我曾因為臉上有黑斑而去做雷射治療，那是我一輩子的創傷。起初雖然覺得臉變乾淨了很開心，幾年後斑反而變大了。「我為什麼會執著於乾淨的皮膚？原來是因為我想獲得別人的愛！」我有些哽咽，也覺得自己很可憐，因為無法靠原本的面貌獲得別人的喜愛。不過我告訴自己，「我自己可以愛自己！」「我害怕自己因為新冠肺炎而失去老公，會在別人面前抬不起頭，也害怕這樣就無法得到別人的愛！」然後接納那些從心中湧現的恐懼，漸漸找回了平靜。我感覺那是我這輩子第一次體驗的寧靜夜晚。

現實就在根源的心中，我們活在根源之愛裡。不過當我們進入身體出生在這世上之後，便誤以為身體就是自己。誤以為身體就是自己的想法，會讓我們產生與根源之愛分離的錯覺，這樣的錯覺源自恐懼。恐懼會催生負面情緒，誤以為身體是自己的錯覺，也會催生出認為情緒就是自我的錯覺，所以會壓抑這些情緒。壓抑情緒之後，我們將誤以為負面情緒是因他人而生，便會責怪別人，進而使自己更痛苦。

不過了解後就會明白，一切都來自根源之愛。我的身體、恐懼、一切的負面情緒、現實，都是誕生自根源之愛，也會消失在根源之愛中的幻影。領悟到自己就是根源之愛的真相後，一切的痛苦都將主動消失。

第 *6* 章

療癒人際關係的傷痛

整天只玩手機的孩子原來有不為人知的恐懼

我的孩子現在讀國中，每天都不出門，只關在房間裡玩手機。他說「我討厭去學校」「我討厭媽媽」「媽媽要是死了，我會活得比較輕鬆」。我只要稍微碰到他，他就會要我「滾開」，刻意避開我。這段時間學校經常打電話來關心，也做了好多次諮商。

前幾天我在做鏡子靜心時，嘗試站在孩子的立場說「媽媽，我很害怕這個世界」。一開始我無法感同身受，後來發現我的臉漸漸模糊，頭四周開始出現半透明的白光，接著孩子扭曲的臉突然與我重疊，我不自覺地說「媽，我好悲慘，什麼都做不到，我很無能」，並大哭了起來。孩子遮掩著那張可怕且扭曲的臉孔，看起來真的好可憐。

接著我再次回到媽媽的立場，合掌並哭著說，「對不起，真的很對不起，媽媽都不曉得你的痛苦，真的很對不起。」我完全不知道孩子這麼痛苦，也想起我曾經欺騙他的事。其實我在他年紀還小時，偶爾會為了追求喜歡的事物而把他擺在一邊。我發現自己只照顧孩子外在的需求，在心靈上沒有任何交流，只是單方面強迫他接受我的要求。做完這次鏡子靜心後，我就不太會對孩子生氣，也不覺得難過了，真的好神奇。

孩子為何成天沉迷於玩手機？因為小時候覺得被媽媽拋棄了。對孩子來說，被媽媽拋棄就像被世界拋棄，會覺得自己面臨生存危機，所以必須抓住其他東西。手機無法撫慰孩子被世界拋棄的恐懼，但至少能夠暫時讓自己不必面對不停湧現的恐懼。

在生活中壓抑這些恐懼是相當痛苦的事，會痛恨媽媽到想殺死她的地步。為何會產生如此強烈的憎恨？是因為認為媽媽會無條件愛自己的期待落空，因為愛的基礎崩潰，與愛成對的憎恨便會跟著浮現。

而媽媽為何感到害怕？是因為害怕被自己生的孩子拋棄。對媽媽來說，被孩子拋棄就像被世界拋棄，媽媽在撫養孩子的過程中總把孩子當成一切。就跟孩子一樣，媽媽心中也壓抑著「我被拋棄了」的想法，這個想法人格化後成為「被拋棄的我」。若不釋放這樣的自我，便無法脫離由我編織出的負面現實，也就無法脫離被拋棄的人生。

該怎麼做才能釋放這樣的自我？必須從身體就是我的錯覺中醒來。若誤以為身體就是我，那麼當「我被拋棄了」的想法浮現時，便會下意識地壓抑這些想法，鏡子靜心能夠幫助我們從錯覺中醒來。

我持續做鏡子靜心，漸漸感覺到我其實也擁有無條件的愛，產生了過去沒有的力量。我想對孩子說，「即使你恨我、想要殺死我，我仍然無條件愛你。」然後我訂定了使用手機與睡覺的時間，他讀書時，我也會在客廳裡看書。令我驚訝的是，過去這幾天孩子都很遵守我訂定的作息，真的好神奇，我覺得好滿足。

「被拋棄」的想法，與「不被拋棄」的想法是成對的。若我們活在誤以為身體就是我的錯覺中，便會以為事物都彼此分離獨立，也因此身體會為了活下去，而區分喜歡與討厭的事物。前者會因為「討厭」的情緒而壓抑，後者則會因為「喜歡」的想法而意圖緊抓住什麼。

若「被拋棄」的想法被壓抑在潛意識中，會發生什麼事？「被拋棄的我」會成為人格化的自我，進而操控身體過著被拋棄的人生。而在這樣的情況下，與「被拋棄」成對的「不被拋棄」，又會觸發什麼狀況？人們為了緊抓住這個想法，而過著拚盡全力的人生。也就是說，人們將活在被拋棄的現實中，為了讓「不被拋棄」的想法實現，而艱苦地拚盡全力。

這位投稿者在開始做鏡子靜心前，過著被孩子拋棄的人生，並艱困地努力讓自己不要被孩子拋棄。幸好她透過鏡子靜心了解身體並不是自己，也終於擺脫被拋棄的人生。

了解我們並不等於身體，而是沒有任何極限的無限之心後，就能夠毫不畏懼地接受每一個想法。若能同時接受「被拋棄」與「不被拋棄」這兩個成對的想法，想法便會歸零，心也能夠淨空。淨空的內心將沒有罣礙，不再有任何妨礙自我的想法，現實將順應自己的理想。

透過 YouTube 頻道播出上面這個例子後，我收到這樣一則留言：

看完影片我才意識到，自己跟這位投稿者遇到同樣的問題。我透過鏡子靜心發現自己為了工作，把孩子交給媽媽照顧，為了興趣而沒有真心擁抱、愛過孩子，為此哭了兩、三個小時。做了鏡子靜心後我才知道，因為我對健康及學習的貪心與執著，在撫養孩子的過程中從來不問他的意願，只是依照自己的想法去做，也讓他受了很多傷，帶給他很大的痛苦。

我說「是媽媽太無知了，所以才讓你痛苦」，並雙手合十向他道歉，藉由這種方式同理令孩子難受的痛苦，過程中我哭到全身發抖。現在我也漸漸相信，只要繼續做鏡子靜心，我的潛意識就能完全淨化，並且百分之百與根源的我合而為一。

以前我看了很多書與教養相關的影片，但都沒有幫助，在深層潛意識未得到淨化的情況下，過著日復一日的生活。不過做了鏡子靜心後，我有機會能從根本回顧內心，我想這是最有效、最直接淨化潛意識的方法。真的非常謝謝您。

離別的痛苦也令人感到珍貴

我跟交往兩年多的男友大吵一架後分手了。我在鏡子前痛哭失聲，對自己說，「好怕被拋棄，只剩我一個人。」那一整天我的心臟刺痛不已，全身不停顫抖。當一切感受消失後，似乎只剩下愛還留在我身邊。我原本不懂「接受」究竟是什麼意思，但這次打從心底明白了。為了表達想法，我約了男友見面，他卻說已經整理好自己的感情。分手後，我才發現自己真的很難過，即使對著鏡子哭著說「我被拋棄了，好痛苦」，仍感覺無比心痛。

這位女性與男友大吵一架後，面臨可能會被拋棄的恐懼。於是她做了鏡子靜心，接受恐懼的存在，促使身為療癒者的根源之愛現身。她認為「害怕被拋棄的恐懼已經清理乾淨」，於是她為了表達歉意與愛意，希望能再與男友復合。

不過男友已經在這段期間整理好自己的感情，這位女性接獲分手通知後，反而面臨更大的恐懼。被拋棄的恐懼，無法只靠一次靜心就澈底清理乾淨。現在有兩個選擇：是要更深入地清理恐懼，回歸根源之愛？還是要與恐懼融合，在恐懼之中苦苦掙扎？

這一星期以來，我承受心如刀割般的痛苦。不過，我再度鼓起勇氣站到鏡子前，承認被拋棄的痛苦，接著心情變得十分平靜。我清掉男友的照片，感覺人生非常美麗，就連這份痛苦都彌足珍貴。過去被拋棄的我被壓抑著，如今終於獲得釋放，我覺得自己已經完成了這份靈魂的作業，對此十分感激，也認為那是幫助深深壓抑在心中的自我獲得自由的天使。一直以來，我都覺得自己的人生很空虛，但現在即使只是生活中的一小部分，我都不希望有任何改變。我覺得自己的人生變得非常珍貴。

這位女性年紀輕輕，就已經領悟生命的珍貴。她了解到痛苦的情緒只要獲得接納，便會消失；當痛苦的情緒消失，心靈便會重新恢復平靜。

事實上，所有的痛苦情緒都是我創造的，只要我接納它們，它們便會消失。會消失到哪去？會消失到接納它們的無限之心、根源之愛當中。如果拒絕接納呢？被拒絕的個體會被關在我幼小的心靈、我的潛意識當中，並一再反覆化作眼前的現實，出現在我們面前。現實就像一面鏡子，反映了壓抑在我們潛意識中的情緒。

人們突然對我很溫柔

我是位三十多歲的女性，現在是高中老師。父母在我小時候就離婚了，我跟著爸爸一起生活。後來他再婚了三次，但都以離婚收場。我因為討厭爸爸，跟男性的關係都不好。我一直很窮，想法也非常悲觀，尤其每當繼母跟我要錢時，我心裡總是無比憤怒。

我希望自己看待金錢的情緒，可以從憤怒轉變為愛。我想賺錢卻賺不了，每當我感到乏力時，便會提不起勁，什麼也不想做，而這也讓我很有罪惡感。我的潛意識裡究竟壓抑著怎樣的情緒？這真的讓我感到無比鬱悶。

這位女性的潛意識中，壓抑著被父母拋棄的孩子。感覺「我被拋棄了」的孩子操控著她的身體生活，也因此賺不了錢。即使辛辛苦苦賺到錢，也會被人奪走。她不是以「真正的我」活在世界上，而是被拋棄的小孩人格化之後，成為「被拋棄的我」代替她活著，所以當她感到無力時，便怎麼也提不起勁、什麼也不想做，這樣一來便無法擺脫貧窮，所以她必須放下「被拋棄的我」。

我依照您說的，看著鏡子說，「我澈底被爸爸媽媽拋棄了，過著被拋棄的生活真的很可怕。這世界好可怕，人好可怕。要逃避這種恐懼實在讓我感到羞恥。」第一天我呼吸困難，無法遏制憤怒，且不斷對著鏡子怒罵；第二天痛哭失聲，鬱悶的感覺也因此稍稍緩解；第三天我看見自己的臉變得無比猙獰，不想看鏡中的那張臉：鏡中的我看起來很陌生，就像是另一個人。後來我的臉不再產生劇烈的變化，也不太會哭了，但我還是繼續在鏡子前對自己說話。

大約過了一週，一個我非常想念卻感覺再也不會見面的朋友主動跟我聯絡，我們終於見了面，我覺得很開心，也感到很神奇。奇怪的是，一個月後的現在，我無論去哪，人們都對我很親切，不管是搭計程車、去任何一間店、跟同事見面，大家都用溫暖的態度對我，並且說很多鼓勵我的話。現在我明確感覺到被拋棄的恐懼一點一滴消失，能有這麼立即的改變，真的讓我感到非常驚奇，也十分感激。我也想要繼續成長，學習更多相關知識，療癒那些曾經受到傷害的人。真是太感謝您了。

這輩子第一次覺得媽媽可憐

做了鏡子靜心後，我的心變得比以前平靜了。我三個小孩都有咬指甲的習慣，已經持續三、四年，最近也改掉了。我家老二的大腳趾跟指甲有病毒疣，四年多前開始跑醫院治療，卻不見起色，不過在我做鏡子靜心後，竟有了顯著的改善。

做鏡子靜心時，我會看見自己的臉泛紅或泛黑，嘴巴或眼睛也會變得非常黑。我經常哭，也常對鏡子裡的自己說「原來你很生氣」「原來你想被愛」之類的話，不過最近即使這麼做，也只會感覺胸口很悶。

我媽媽在我十歲時去世，我從十一歲開始就跟繼母一起生活。記憶中，我大約四、五歲時，媽媽就經常在我午覺睡到一半時起身離開。她是販售化妝品跟電子產品的店員，應該是我睡著後她就必須出門工作。我記得自己總是一個人在漆黑的房間裡醒來，哭著到外面找媽媽。或許是因為這樣，家中沒人時我總會害怕得無法留在家裡，所以經常出去找朋友玩。

做鏡子靜心時我常想，在我三歲之前，媽媽是不是經常哄我睡著後就出門去了。這也讓我想起直到幾年前，只要我一個人躺在房間裡，都會覺得喘不過氣、很害怕，所以經常待在客廳，甚至會直接睡在那裡。

因為媽媽已經不在了，我也沒有辦法問她，只能靠推測，讓我覺得有點悶。我二十二歲時便逃命似地離開家，在親戚姊姊的介紹下認識了一個男生，後來正當我覺得該跟他分手時，卻意外未婚懷孕。這讓我感到委屈、憤怒、受害、自卑、猜忌、嫉妒、羞恥……負面情緒充滿全身。我該怎麼辦才好？

這位女性的潛意識中，烙印著小時候被媽媽遺棄的孩子。潛意識中壓抑著被恐懼包圍的孩子，那個孩子便會假裝成我，活在我的現實當中。若我不承認這份恐懼，就會遺傳給孩子，成為孩子的恐懼。孩子咬指甲的行為，正是因為被拋棄而受恐懼包圍的孩子。而這樣的行為，則在我透過鏡子靜心將壓抑的情緒淨化後獲得療癒。

不過我仍然覺得心裡不太舒暢，這是因為獨自躺在房間裡，就會感覺被拋棄的恐懼尚未獲得完全的療癒。於是最後選擇站在鏡子前，對自己說，「媽媽，被拋棄真的讓我好害怕，請不要拋棄我，請你愛我。媽媽小時候也在被拋棄的狀態下長大吧？那是多麼可怕、孤單、痛苦的事？人生在世卻無法被愛，是多麼羞恥的事？」

我照老師的話去做，結果眼淚鼻涕齊發。我發現鏡中的自己眼睛周圍變黑，我的眼、鼻、口一下變得模糊，一下又泛白。我邊哭邊說，「媽媽，別走。媽媽，別死，我好想你。媽媽，我好想你。」我從來不覺得媽媽很可憐，當時卻首次說出「媽媽好可憐」這句話，甚至還不自覺說出「媽媽，我愛你，謝謝你」。我媽媽離過一次婚，透過那次靜心，我意識到「原來媽媽也害怕被拋棄，甚至還因此導致離婚」，她真的很可憐。然後我對媽媽說「媽媽，我好想你，好想念你，好想摸摸你」，接著又哭了好久。

終於知道為什麼只疼小女兒，卻覺得大女兒討厭了

我是有兩個女兒的主婦。昨天我的大女兒想更換更複雜的手機解鎖圖案，沒想到卻因為忘記更換的圖案，導致手機被鎖住。為了解鎖，必須由監護人到客服中心去申請初始化，除此之外還要出示住民登記謄本跟電信公司的確認書。我本來就很忙，還必須為了申請這些文件跑一趟居民中心與電信公司，真的讓我非常生氣。開車時，我一直碎碎唸「真是煩死了，真不想看到你」，那正是媽媽以前經常對我說的話。聽到她對我這麼說時，我真的非常想死，也很想殺死媽媽。我爸也經常對小孩說「真是讓父母蒙羞，自己要有羞恥心」。

我覺得「這麼做的人不是我，是我媽媽」，所以也試著想像了一下，如果是我的小女兒發生這種事，我會有什麼反應。如果是小女兒，我會很想快點看到她因為鎖解開而開心的笑臉，就算辛苦也覺得非常愉快。我把手機交還大女兒時，她向我道謝又道歉，並且抱了抱我，卻讓我產生一股發自內心的厭惡感。我小時候每次想抱媽媽時，她總會把我推開，並對我說，「噁心死了，幹嘛這樣？走開！」

大女兒應該就跟我小時候一樣，覺得淒涼、傷心、孤單、心寒。我雖然很清楚她的心情，還是很難接受她。我很怕有人知道我身為母親，卻對兩個女兒有不同的感覺，也覺得這樣很丟臉，同時心痛到想死。雖然覺得大女兒像我，真的很可憐，但看到孩子卻又無法打從心底擁抱、接納。

大女兒很像我，雖然覺得她很可憐，卻無法發自內心擁抱她，為什麼呢？兩個女兒都是自己生的，從還在我肚子裡時，便下意識地與我的情緒合而為一。所以兩個女兒的潛意識中，都有能與我的情緒共鳴的情緒。不過為什麼我會討厭大女兒，卻喜歡小女兒呢？我們的潛意識中，同時困著被我分類到「喜歡」而想留下來的情緒，以及被我分類為「討厭」並想要壓抑的情緒。「喜歡的情緒」（正面情緒）是藉由「討厭的情緒」（負面情緒）而生，「討厭的情緒」（負面情緒）則是藉由「喜歡的情緒」（正面情緒）而生，兩者結合便會歸零。

若我將特定情緒分類為「喜歡」並想留住時，自然會下意識壓抑成對的「討厭」情緒。

這樣一來，想要挽留的情緒同樣也會受到壓抑，兩者一起壓抑在潛意識中，便會在不知不覺間交替出現，無法靠大腦的表面意識控制。

看到大女兒時，會無法控制地浮現「討厭的情緒」，看到小女兒時，則會下意識浮現「喜歡的情緒」，所以看到大女兒時覺得厭煩，看到小女兒時便覺得開心。這時，若能夠想「啊，我心中成對的這兩種情緒正在交替出現」，並同時接納正面與負面情緒，情緒便會歸零。

也就是說，若能在看到大女兒時察覺「大女兒展現了被我歸類為討厭的情緒」，而看到小女兒時察覺「小女兒展現了被我歸類為喜歡的情緒」，就不會將任何一種情緒與自己畫上等號。兩個女兒其實只是映照出我潛意識的鏡子。

不過，為什麼我的潛意識中會壓抑著這兩種有差別的情緒？想必是母親在我小時候傳承給我的。這位女性花了幾星期做鏡子靜心，我們可以從她這段時間寄來的信件當中，看見她療癒情緒的過程。

前幾天我看著鏡子，對自己說「真的好討厭媽媽，真希望媽媽死掉，也希望我死掉」。我真的無法表達對媽媽的愛。那天我在靜心時，發現自己的臉四周飄散出毒氣瓦斯般的皀黃色煙霧。今天我在做鏡子靜心時，也對鏡子裡的自己說「好討厭媽媽，媽媽你抱抱我，快稱讚我可愛、快稱讚我表現得很好」。接著之前出現過的混濁黃色煙霧再度籠罩我的臉，進而包覆我的全身。我說出心中的痛苦與對媽媽的怨恨，並發現黃色的煙霧從我的胸口不斷延伸至頭頂。這個情況持續了好一陣子，我也只是靜靜看著鏡子，最後煙霧在我的四周環繞成一個圓，並不斷在我的臉部匯集。我再定睛一看，發現厚重的黃色煙霧凝結在我的臉孔與身體四周。

這是這位投稿者在鏡子前，坦承自己對媽媽想法的過程。經過這樣的告白，愛這個與恨成對的情緒便能完整顯現。

在做鏡子靜心時，我偶爾會看到像軍人一樣的男人，還會看到很多女人。我原本很討厭大女兒，今天睡覺時卻對她說，「媽媽不會離開你，就算你叫我不要靠近，媽媽也會一直在你身邊，所以別擔心。」女兒好像很懂我的心情，緊緊握住我的手問，「真的嗎？真的不會離開我？我叫你走也不會走嗎？」她的表情看起來非常幸福。我久違地與娘家的媽媽通電話，過去這件事總讓我坐立難安、煩躁且非常想逃避，現在卻能欣然接起電話，語氣也充滿愛與溫暖。

投稿者為何會恨媽媽呢？是因為媽媽在生下投稿者這個女兒時，也同時懷抱對先生的怨恨。所以這位投稿者的潛意識中，也壓抑著對父親的恨。

做鏡子靜心時，我也會想自己怎麼能壓抑這麼多情緒，這輩子有機會讓這些情緒都離開嗎？我是怎麼用這顆充滿憤怒、憎恨、嫉妒、傲慢、輕蔑、無視與自卑的心活到現在的？做鏡子靜心的同時，我釋放了一直以來無法正視的對父親的恨，我沒有哭，卻一直流鼻水，靜心過程中也感覺到嘴巴破掉、消失。我想感受自己對生與死的恐懼，接著便發現我的瞳孔劇烈地上下晃動，完全無法直視鏡子。我的負面情緒有如泉水不斷湧現，我很擔心像我這樣的人是否真的能夠迎接乾淨明亮的光芒，但覺得自己還是一天一天地好起來。

媽媽懷抱對爸爸的怨恨生下了我，那份憎恨自然會傳承給我的潛意識，於是我也跟媽媽一樣恨著爸爸。我的潛意識中壓抑著憎恨，我不僅憎恨爸爸，更憎恨媽媽跟女兒。只要清算我的憎恨，就能同時清算對父親、母親及女兒的憎恨。整個宇宙都由我的潛意識創造，最能與我的情緒共鳴的人，將會是與我最親近的人，並且像鏡子般反映出我壓抑在潛意識中的情緒。

以為是老公和兒子導致的心中大石終於消失

我是一名主婦，跟已經有年幼兒子的人結婚，並生下一個女兒，一起養育這對兒女。小男孩幾乎等同被生母拋棄，我覺得他非常可憐；但當他不聽話、耍賴時，我又會莫名生氣。我嘗試過對孩子表達愛意的靜心方式，也試著將感受寫成文字，但只要先生與婆婆質問我「為什麼沒辦法更愛孩子一點」，就無法再對那孩子敞開心門。最近心理諮商師建議我：「別猶豫，離婚吧，這樣對孩子比較好。」難道我真的無法同時維持家庭，也對孩子付出真心的愛嗎？

這位女性起初是用怎樣的心情看待這個孩子呢？是抱持著「這是個沒能被愛、被拋棄的孩子，只要我給他滿滿的愛，就能夠養出可愛的孩子」「我能夠將他視如己出，好好將他撫養長大」等期待來看待。不過期待落空，同時她心中也浮現許多負面情緒。究竟是哪些負面情緒呢？

不久前，先生批評我「因為不是自己生的孩子就不愛他」，還對我惡言相向。我覺得很委屈，便把自己關在廁所裡。我看著鏡子，承認自己感覺到委曲、害怕、受辱、羞恥等情緒，卻沒有什麼反應。隔天我再看著鏡子，不斷對自己說「我好害怕、好孤單」，接著開始不斷掉淚，同時也感覺到原本沉重的心變得輕盈許多。

不過隔天兒子又開始不聽話、耍脾氣，這位女性再次感到痛苦，再度嘗試鏡子靜心，不過這次心情卻沒有變得比較輕鬆。她感到非常絕望，認為「似乎就連鏡子靜心也沒用」。不過她並沒有放棄，而是繼續嘗試。

現在我不會再莫名胸悶、喘不過氣了。以前我總覺得胸口壓著一塊大石頭，無法呼吸，也總因此哭泣。我試著對自己說「我喘不過氣，好像要死了」，結果瞬間淚崩。這個情況大約持續了四十分鐘，過程中我同時流淚、流鼻涕、流口水，甚至還嘔吐，胸口也更悶了，令我非常害怕。我看著鏡子，哭著描述自己的感受，「我不知道為什麼，到底為什麼會這麼難過！」

那瞬間，我想起小時候父母爭吵令我喘不過氣的回憶。我看見鏡子裡自己的眼睛、鼻子、嘴巴等五官完全消失，並感受到心臟的地方發出光芒。做完鏡子靜心，我躺在床上，開始可以深呼吸。當晚，我也久違地在沒有做夢的情況下一覺到天明。

這位女性過去即使做了鏡子靜心，仍感覺胸悶難解的原因是什麼？是因為痛苦的情緒雖然來到胸口，卻未能排出去。當她在鏡子前說出「真不知道為什麼會這麼難過」的瞬間，年幼父母吵架時感受到的恐懼便完全湧現。

父母吵架時，孩子會感覺到什麼？孩子覺得站在媽媽那邊，便會被爸爸拋棄，站在爸爸那邊，便會被媽媽拋棄，無論怎麼做都會被拋棄，孩子便會將「可能會被世界拋棄」的極度恐懼壓抑在潛意識中。這樣的恐懼成為生命體，這個擁有生命的孩子則會壓抑在我的潛意識中，以我的身分活下去。

那麼這封信中提到的兒子，他的潛意識中又壓抑著怎樣的情緒呢？兒子也壓抑著極度害怕被母親拋棄的恐懼，甚至還有連爸爸都可能被繼母搶走的恐懼，所以才會關閉心門。因為恐懼而關閉心門的孩子，其實就是一面鏡子，映照出投稿者因恐懼而關閉心門的模樣。因為壓抑著那份恐懼活到現在，才會面對可能被先生、兒子、婆婆拋棄的現實。

人生就是經過精準設計的全像投影，讓我們能夠處理那些未能處理、一直壓抑在心中的痛苦。小時候未能處理的情緒會留到青年時期，青年時期未能處理的情緒，就會在中年或老年時期獲得處理的機會；人生中未能處理的壓抑情緒，會傳承給在我的能量場中出生的孩子，並藉此獲得處理機會。**在我的人生電影中登場的每個人，都是來幫助我處理情緒的配角。**

與提出離婚的老公和解

一個月前，我跟老公激烈爭吵。當時兒子跟老公玩到一半，因為弄傷腳而生氣，就拿玩具丟我老公，接著他也生氣，大罵「養了個混蛋」，然後罰孩子把手舉高不能放下。

我看到這幅情景，立刻失去理性，對老公說了很重的話，接著大吵一架。之後老公說覺得「自己被背叛了，不屬於這個家」，也說他很怕我們。他原本是個很和藹溫暖的老公兼爸爸，卻突然變得冷淡且陌生。雖然我也跟他道歉了，他卻說不知道自己能否恢復原狀。

原本和藹溫暖的先生，為何突然變得冷淡？是因為感受到可能會被太太與兒子拋棄的恐懼。因為太害怕被拋棄，於是在被拋棄之前，就先主動拋棄太太跟兒子，以掩飾這份恐懼。

先生的模樣就是自己的模樣，我的潛意識裡也壓抑著可能會被拋棄的恐懼，才會與先生的恐懼共鳴並浮上水面。那麼，我的潛意識是從何時開始壓抑這份恐懼呢？

我是四姊妹中最小的女兒，媽媽懷孕時聽算命師說肚子裡的是兒子，所以才生下我，但發現是女兒後，他們很失望。

在母親肚子裡的胎兒之靈，其實知道在潛意識中發生的每一件事。我明明是女兒，父母親期待的卻是兒子，胎兒會感受到「我被拋棄了」。若壓抑這份恐懼，就會人格化成為內在小孩。壓抑在潛意識中的小孩，與先生潛意識中同樣因恐懼而生的小孩產生共鳴而現身。

我們必須做鏡子靜心接納這個內在小孩的恐懼，使其與自己分離並離開身體，但這位女性卻無法順利做到。

我感覺不到對死亡的恐懼。我持續淨化被拋棄的自己，在這過程中，我今天再次嘗試與老公對話。他說看到我讓他很痛苦，想暫時分開一段時間。我愛我老公，不想跟他分開。

先生潛意識中的孩子是怎樣的心情呢？那個孩子其實也很害怕，他覺得，「老婆，我感覺被你跟兒子拋棄了，很害怕。我覺得自己這麼害怕真的很丟臉，所以在你拋棄我之前，就先拋棄你。拜託你挽留我，求我不要離開。我真的很害怕。」不過先生卻無法對太太說出「別拋棄我」這句話，因為這讓他感到羞恥且自卑，於是固執地堅持分開。

在老公的持續要求下，我們決定分居。跟我冷戰期間，他開始跟前女友見面。他說他跟那個女的一起去南海岸玩了一趟，說他們不是男女關係，只是因為這段時間他很痛苦，剛好對方跟他聯絡，才稍微聊了一下，也得到一些安慰，不過這讓我覺得很受傷。

幾天後，這位女性來信說「老公要求離婚」。這時，太太該怎麼辦？問自己，現在我最害怕的是什麼？是被先生拋棄，也就是離婚。如果我害怕離婚，那麼我就會面臨離婚問題，潛意識中的恐懼將支配我。若我完全接受離婚呢？恐懼就會消失，恐懼的現實也不會出現。所以這位女性試著在鏡子前，對自己說「我老公要求離婚，我被老公拋棄了，被提離婚真的很丟臉」，並持續靜心到恢復平靜為止。幾天後，我再度收到她的來信：

直到上星期初，老公還一直要我在離婚協議書上簽字，幾天後卻突然主動跟我和解，說以後一起好好生活。這讓我驚慌失措，一切發生得太過突然，實在令人難以置信。看來是我透過鏡子靜心持續引導情緒，才有了這樣的結果。雖然我對這個世界仍感到恐懼，但我決定接受那些恐懼，讓自己過得更自由。我會繼續前進，不會停下腳步，謝謝您。

若面對先生的離婚要求而害怕發抖，那麼我就會與恐懼合而為一。若將恐懼壓抑在潛意識中，自然就會面臨離婚的可怕情況。不過，若用完全相反的心態去接納恐懼呢？獲得接納的恐懼便會消失在心中。

我們可能會離婚，也可能不會。若同時接受這兩種可能性，也就是同時接受這成對的想法，想法便會歸零，心也會淨空。這樣一來，現實就會往我理想的方向發展。

鏡子靜心是利用鏡子脫離身體，幫助我們淨空心靈的方法。當我們淨空心靈，理想就會實現，這也就是自古流傳下來的無為而化、真空妙有。鏡子靜心就是利用鏡子，讓我們成為淨空的根源之心。

再也不恨對我施暴的老公

我二十四歲在外地認識了剛好大我二十四歲的大叔（譯注：因為年齡差距，投稿人習慣稱老公為「大叔」），交往沒幾天就租了套房同居。幾個月後，我懷孕了。後來才知道他拋家棄子且沒有工作，偶爾會去賭場賺點零用錢。小孩五歲時，我下定決心離家出走，把小孩交給二十四小時托育中心，自己去工作，但才過一個月就被大叔發現，不得不回家。

我雖然租了個小店面賺錢，但賺來的錢都被大叔拿去賭博，他還以我的名義欠下上千萬韓元的卡債。我每天下班回家都晚上十一點了，完全沒辦法顧到當時才十歲的孩子。後來大叔因為癌症去世，而我一個人經營小酒館，還揹了一身債。

這位投稿者為何會像這樣，過著被全世界遺棄的生活呢？是因為她潛意識中壓抑著「我被父母拋棄」的想法，所以她遇見了一個同樣被拋棄的男人，兩人像鏡子一樣反射出彼此的處境。

當然，剛認識時在彼此身上看到自己的樣子，會感到心疼、產生惻隱之心，進而想愛對方、安慰對方；但在一起生活久了之後，對方就會越來越清楚地反射出自己害怕且壓抑的模樣，因此也漸漸難以承受，並誤以為自己之所以經歷這樣的痛苦是因為對方。這位投稿者一直活在看不見盡頭的痛苦中，後來終於有機會一窺自己的內心。

我從兩個月前開始做鏡子靜心。到了第三天，在軍中服役的兒子傳簡訊給我，說「我開始運動了，現在是第三天」。我開始鏡子靜心那天，兒子正好也開始運動。我覺得很神奇，就問他怎麼會想運動，他回答，「以前就一直覺得應該要運動，但拖到現在才終於開始。」又問我，「最近怎麼樣？」我說，「最近突然比較有熱情，對每件事都全力以赴。」

昨天他問我，「憂鬱症怎麼樣了？」我告訴他，「最近可以不用吃藥了。」開始做鏡子靜心後，我覺得心靈變得平靜許多，對過世大叔的怨恨也完全消失了。謝謝您。

我們可以知道，這位女性藉著鏡子靜心幫助自己的心漸漸開朗起來，她的現實生活也逐漸撥雲見日。一個月後，她再次寄信來：

不久前，認識的朋友說要把手上的一塊土地（約三十坪）半價賣給我，叫我買下來。畢竟是土地，價格少說也是大企業員工一個月的薪水，但我有錢就得拿去還債，戶頭裡一直是空空如也。沒想到兩天後，我媽打電話來問我，「你有沒有在存錢？」我用很不耐煩的語氣回答，「不知道啦，我沒錢你要給我嗎？」沒想到她說，「好，我給你。」她問，「你要用在哪？」我說，「我要買一塊地，但錢不夠。」稍後媽媽再度打給我，說，「你要買地我很開心，那筆錢我來出。」這件事讓我那天一直處在精神恍惚狀態。

現在土地已經簽約，幾天後就會完成登記。前幾天店面的房東還跟我說，以後月租可以少付十萬韓元，要我別跟其他租客說。直到現在，我才終於能脫離無論怎麼努力、日以繼夜地工作，還是面臨經濟困境的情況。我透過鏡子靜心，獲得「真的能夠過我想要的人生」的希望，現在每天都過得非常快樂。

鏡子靜心能夠幫助我們脫離身體，更客觀地看待自己的身體。脫離身體的心，會意識到「原來我的身體不等於我，現實也不是真實的，都是我心中的幻影」。如果我產生「被拋棄了」的想法，眼前就一定會出現一個帶著「拋棄他人」這個想法的人，這也使得被他人拋棄這件事，一定會在我們眼前的現實上演。但若我的內心能同時接受這兩個成對的想法，我的心就能淨空，這樣被拋棄的人、拋棄我的人都不會出現在現實中。

一直躲在家不出門的兒子變開朗了

高中一年級的兒子已經好幾年不跟我說話，只是躲在自己的房間裡，即使季節交替，也絕不會換穿別的衣服，總是穿同一套衣服生活。我開始做鏡子靜心，對自己說「很害怕兒子跟不上時代，怕他得了憂鬱症出什麼意外」，同時也接納了曾經流產的恐懼。我很希望能夠再次牽著兒子的手，一起笑著去吃美食、聊天，卻沒有發生任何改變。順帶一提，我已經好幾年沒跟娘家的媽媽聯絡，我這輩子都沒得到她的疼愛，感覺只有弟弟才是她的孩子。

兒子為何成天關在房裡？是因為害怕這個世界。為什麼會害怕？是因為感覺「我被這個世界拋棄了」。現實生活就像鏡子一樣，是映照我們潛意識的夢境。我的潛意識裡若壓抑著恐懼，那麼恐懼就會在我的現實中現身。我與恐懼已經合而為一。

既然感覺整個世界充滿恐懼，自然不願意到外面走動。所有人都是令人害怕的對象，就連父母也不例外，所以才會停止與父母對話。更害怕穿上陌生的衣服到外面活動，唯有穿著熟悉的衣服才會感到安心，唯有獨自待在熟悉的房間裡，才會覺得安全。

當媽媽看著這樣困在恐懼中的兒子，心裡會產生怎樣的情緒？會感到恐懼。這份恐懼是因兒子而起，還是原本就壓抑在潛意識中的恐懼，與兒子的恐懼產生共鳴？那份恐懼是與兒子的恐懼共鳴之後才出現的。

這位女性的潛意識裡，為何會存在著恐懼？因為她從小便感覺母親的愛被弟弟搶走，自己被拋棄了。被母親拋棄是非常可怕的事，對年幼的孩子來說，母親就是左右自己生存的一切。被母親拋棄的瞬間，死亡的恐懼便會蜂擁而至，但孩子無法完全接受這樣的恐懼，因為一旦接受，便覺得自己似乎真的會死，所以才會將這份巨大的恐懼，壓抑在潛意識當中。

活在恐懼中的我結婚生子，那個孩子是在哪誕生的？在恐懼之中。在那一瞬間，我的恐懼便會傳承給孩子，所以兒子的恐懼就是我的恐懼。

過去兒子不願意與因恐懼而害怕的我對話，那正是年幼時因母親偏愛弟弟、感覺自己被拋棄而拒絕與母親對話的我。意識到兒子的恐懼是源自我的恐懼之後，我就能客觀看待了，帶著「啊，原來這份恐懼並不是我」的心情，把自己與恐懼切割開來。恐懼與我分離、消失之後，兒子與我共鳴的恐懼便自然消失。在 YouTube 上看到這件事的另一位訂閱者，寫下這樣的留言：

我也是因為兒子才開始做鏡子靜心，我在鏡子前化身成兒子，看見我的恐懼向外四散。靜心越多次，我就越能感覺到過去大門不出、二門不邁的兒子變得更加開朗，也能像以前一樣和我聊天。之前他經常發呆，現在很少這樣，也變得開朗許多。我認為這是我一輩子的功課，現在每天只要有空就會做鏡子靜心。

我變了，媽媽也變了

媽媽獨自撫養我們姊妹，爸爸因為事業不斷失敗，完全賺不了錢，後來就離婚了。媽媽真的很辛苦，所以我一直覺得一定要成功，未來要讓她享福。我連買個草莓都得想半天，但只要是送給媽媽，就會毫不猶豫地買下去。

媽媽把我當成她的先生和媽媽一樣依靠，而我也接受她的依賴。每次媽媽只要稍微不順心，就會邊喝酒邊說「為了把你們養大，我吃了多少苦」，然後自己離家或把我們趕出去，嚴重時還會試圖自殺。每次遇到這種情況，我都會哭著道歉並接受媽媽的情緒，久而久之便失去自我。不知從哪天起，我開始怨恨，對媽媽感到憤怒。我知道媽媽很辛苦，但在精神上受到這種虐待實在令人生氣，也不知道究竟該怎麼面對她。

媽媽的情緒年齡還是小孩子，因為她小時候沒有獲得愛，感覺自己被父母拋棄，也因為感覺被拋棄，所以會想牢牢抓住一個對象。起初是對先生執著，但先生歷經多次的事業失敗，生活疲憊不堪，最終拋棄了妻子離開。無法放下這份執著的她，轉而糾纏女兒，令女兒身心俱疲。所以身為女兒的我，也開始在心中拋棄、怨恨媽媽。

媽媽將自己投射在女兒身上，不過女兒並不是媽媽，兩者的角色對調了，這對兩人來說都不是健全的關係。不過只要我接納被拋棄的恐懼，我的恐懼就會消失，那麼母親心中與我共鳴的恐懼，也會跟著一起消失。

我在鏡子前對自己說，「我討厭媽媽，討厭這個世界，我也想過著被愛的人生。」嘗試用這種方式表達、釋放一直以來壓抑的所有情緒，也真的讓許多情緒獲得淨化。對媽媽的埋怨、嫌惡、煩躁、憎恨都消失了，同時也感覺到滿滿的愛。沒想到媽媽省略了起承轉合的所有過程，一夜之間澈底改頭換面。我從來沒有私下跟她道歉或和解，她卻突然變得像是另一個人，心中也開始充滿了愛。這怎麼可能？我真的非常傻眼，還以為來到了平行世界。

現實為何會如此輕易改變？為何會像這位投稿者說的一樣，從起承轉合的「起」，直接跳到代表結果的「合」？當一個想法的起因和結果相互產生關係之後，便會環環相扣，不斷延續下去。所以想法創造的現實，同樣也會順著想法的改變而延續下去。我在現實這個想法編織出的人生電影中，就是一個登場演出的人物。我必須在其中向媽媽道歉，才能釋放媽媽的心，雙方才能和解。

但是做鏡子靜心便能跳過這個過程，因為我不再是電影中的登場人物，而是利用鏡子成為客觀欣賞這部電影的觀察者，便能**藉此跳脫想法的因果關係**。電影中的所有登場人物，其實都存在我的心中。**每個人都是我**，這部電影在我的心中上演，**所以只要我的想法改變，在電影中登場的媽媽也會自動跟著改變**。以下是另一個例子：

媽媽強迫我結婚，跟我說「希望你能嫁到有錢人家，把婆家的錢拿來給我花」，我想詢問您對這件事的建議。我經常依照老師說的方式做鏡子靜心，並站在媽媽的角度告訴自己，「我很怕東西被搶走，也覺得這種遭遇很丟臉。我也想搶別人的東西，我也想被愛。」之後我真的看見自己壓抑的情緒。後來我跟媽媽有過小爭吵，彼此也坦率分享心中的想法，她也不再提結婚的事。

光是這樣就讓我非常感激了，沒想到不久後，我媽媽有了巨大的改變。她重拾荒廢許久的靈修，常常說「現實會這樣難解，都是我的錯，我必須改變想法」。她原本很固執，什麼建議都聽不進去，這樣的改變真的讓我非常驚訝。更讓人訝異的是，她去年曾經跟朋友一起投資卻被詐騙，損失了一大筆錢，還因壓力過大住院治療，沒想到最近突然接到那位朋友事業成功的消息，除了能拿回投資金，還有不少獲利。媽媽說開始修行後，好像就遇到越來越多好事，不過我確定這是因為我透過鏡子靜心，承認她潛意識中被搶奪的痛苦，讓那份痛苦消失後帶來的變化。在我透過鏡子靜心淨化那些想法後，我和媽媽相互共鳴的匱乏感便消失，她終於能從過去五十年困擾她的匱乏感中解放，令我十分感激。

假裝開朗是傻瓜的行為

父母在我小時候離婚，我六歲起就住在爺爺家，過著非常孤單的生活。九歲起跟再婚的爸爸、繼母及他們的子女一起生活，但我沒有任何零用錢，也沒有手機。爸爸跟繼母對小孩有嚴重的差別待遇，我一直到小學畢業前，都像是罹患失語症，在學校不說話，也沒交任何朋友。十九歲開始我搬去跟親生母親住，但跟她的家人也處不來，於是我再度離家，輾轉流連在汗蒸幕（譯注：韓國類似三溫暖的設施，分為澡堂、三溫暖烤箱與休息區三個區域，可在內休息、睡覺）、考試院等地方。

後來我靠打工存錢，貸款租了間寬敞的全租房。期間雖然有交男友，但也因為自卑，總是主動放棄，之後卻又後悔；現在則跟年紀差距有點大，且相當能體諒、理解我的男性交往約一年，這段時間我覺得自己的心靈得到療癒。雖然我沒有表現出來，但心中仍對家人有恨。我想忘掉傷痕累累的幼年回憶。

這位女性的潛意識中，壓抑著幼年時被父母拋棄的恐懼與羞恥，才會輾轉在不同地方流連，過著被拋棄的人生。雖然她嘗試在鏡子前對自己說「媽媽，被拋棄真的讓我好害怕，這個世界好可怕，我好孤單，請你愛我」，卻一個字也說不出口，這是因為她對拋棄自己的母親恨之入骨。這時與其硬逼自己表達愛意，不如接納內心的怨恨更為自然。當怨恨消失，與之成對的愛便會自然浮現。

我真的很討厭必須在鏡子前面對媽媽，並對她說好話，所以我毫無保留地表達心中的情緒，說「我真的很討厭拋棄我的媽媽，父母拋棄我，我恨到想殺死他們」，接著便看見至今未曾看過的臉孔出現在鏡子中。那張臉的五官完全不是我，而是個可憐、悲傷且上了年紀的女人。我以為自己悲慘的模樣早已是過去式，沒想到至今還以這麼淒慘的模樣留在心中。

試著表達心中的情緒後，我覺得輕鬆許多。這幾年來我持續靈修，現在卻覺得自己的行為真的很傻。因為我不斷埋葬這些黑暗的情緒，一直用「我做得到」的樂觀態度掩蓋。而我也終於明白為什麼過去無法專注實現夢想、總是不斷分心的原因，也明白自己為何無法忍受沉默。一直以來，只要受傷的情緒在心中浮現，我總是不願意正視，轉過頭去忽視、刻意避重就輕，所以無法專注過好自己的人生，只是過一天算一天。

我隱約察覺自己之所以害怕結婚、不願意懷孕的原因。我意識到若無法傾訴心中的創傷，即使生下孩子，也會將這些痛苦傳承給他。這真的令我感到害怕、心痛。現在我不再怨恨父母，過去那些難以理解的影像，如今也都能一一領會，更能傾聽許多過去被我忽視的聲音。

負面情緒被壓抑，卻刻意忽視、掩蓋，強迫自己樂觀面對的話，會怎麼樣呢？**情緒是能量的波動，不會因為被掩蓋而消失，壓抑久了，會以更強的力量反撲**。

這位女性藉由鏡子靜心接受負面情緒，漸漸了解這個道理。她接納了怨恨這個負面情緒，讓它離開，進而使名為愛的正面情緒流入她心中。

所有的情緒都像這樣由正負、陰陽兩種成對的能量形成。若負面情緒受到壓抑，正面的情緒也會跟著被壓抑，進而使我們無法脫離負面的現實。相反地，若接納負面情緒，就能同步釋放成對的正面情緒，進而使正面的現實在眼前上演。

第7章

療癒無力與貧困

本來只想死，現在卻開始感謝一切

我兒子目前在讀高中，為了賺他的大學註冊費，我開了一間店；然而不僅沒賺錢，債還越揹越多。這實在太痛苦、太難受了，讓我非常想死，今天也一直在想如果死了該有多好。我是家裡的二女兒，當時家中的長輩都很期待能有個兒子，所以印象中我從沒得到媽媽的關愛。我每天睜開眼就覺得每件事都很煩，希望能夠靜靜消失在這世界上，同時也覺得我死了會對不起孩子跟先生，實在是進退兩難。

為什麼會經常有想死的念頭？這代表潛意識裡壓抑著曾經感受到死亡恐懼的自我。是什麼時候感受到對死亡的恐懼？一個盼望兒子的母親懷上女兒時，胎兒便會感受到那樣的恐懼。於是這位女性選擇嘗試鏡子靜心，在鏡子前感受對死亡的恐懼。

「媽媽，我很怕死，請別殺死我！」我這麼哭喊著，心裡卻沒有共鳴，於是改說，「媽媽，為何要這麼恨我？」沒想到竟哭到難以自已。媽媽每次都買同樣尺寸的兩套衣服要我試穿，試了後又說太大，就都給了姊姊，等到衣服都舊了、破了才會輪到我穿。如果奶奶因為沒生兒子而責備她，她就會回來拿藤條教訓我。她總說姊姊擅長運動，而我非常懶惰、沒有救。我十五歲時初經來潮，她卻說我太早來，狠狠羞辱了我一頓……親生母親給的這種羞辱，真的變成我無法對他人說出口的創傷。靜心完，我哭了一個多小時，整個人筋疲力盡，甚至還吐了。後來我發現自己的臉上籠罩著墨綠色的煙霧。

幾天後，我又收到一封信：

我想起為何自己會一直產生對死亡的恐懼了。四歲時，我曾到後院結了一層薄冰的井邊去玩，玩到一半不小心掉進井裡。幸好我攀住那口井的牆壁，用盡全力哭喊，才被爸爸發現，否則差點釀成悲劇。今天我在靜心時，突然想起那被黑暗、冰冷且可怕的死亡恐懼籠罩而瑟瑟發抖的女孩，接著痛哭失聲。後來我差點拿刀子割破自己的喉嚨，更兩度藥物中毒休克被送往急診室，最近還發生兩次重大意外，害我先生差點送命。

從來信的內容可以發現，投稿者未能接納在母親腹中感受到的死亡恐懼，於是讓她感受到死亡恐懼的現實便一再上演。幾天後，我再度收到她的來信：

沒幾天，我好像經歷了很多事，更深刻感受到死亡及被拋棄的恐懼，反應嚴重時，甚至會吐到不斷嘔出泡沫。我兩天前做鏡子靜心時，淚流不止地對自己說，「媽媽，你為什麼不愛我？愛我一下嘛，我很希望得到你的愛。」有一瞬間我以為自己被附身了，最後哭到昏過去，隔天醒來發現胸口仍像有石頭壓住般鬱悶。

隔天我在店裡做事，不知為何感覺胸口非常沉重，我想起了媽媽，接著突然開始流淚，並不斷對自己說，「寶貝女兒，對不起，沒能給你愛，只留下恨，真的很對不起。我知道你經常忍讓、體諒我們；你生病腳沒辦法動的時候，我也以家裡很窮為由，沒帶你到大醫院檢查。請你原諒我，你能原諒我這個壞媽媽嗎？」我心中的媽媽在哭，而我也無法克制地大哭。雖然沒有鏡子，但我感覺有另一個我正看著這一切。

下午發生這件事後，當晚我第一次陷入沉睡。早上睜開眼，我深吸一口氣，感覺空氣進入肺，擴散到全身，令我心曠神怡，過去醒來一睜開眼便感到鬱悶、覺得每件事都很煩的無力感消失了。今天即使風很大，我也感覺非常溫暖。好好清空情緒後，即使不刻意逼迫自己，也能常懷感恩之心，好好去愛每一個人、每一件事。我覺得對孩子和先生很抱歉，同時也覺得自己真的很愛他們。

現實是在心中放映的全像電影，但如果我們相信身體就等同於自己，那麼我將會成為這部電影中的人物。電影裡會有受害者與加害者，這位投稿者認為自己是受害者，而媽媽是加害者。不過站在媽媽的立場來看，就能知道媽媽同樣也是幼年時期未能被愛的受害者，於是在不知不覺間成了無法給予他人關愛的加害者。

在鏡子前客觀地觀察自己的身體，就能夠脫離身體成為淨空的心，這樣一來便能察覺我和媽媽的身體，其實都是為了釋放壓抑在潛意識中的情緒，而在空無一物的心中登場的全像投影角色。

日常生活中的一切都正常運轉了

我是一名五十歲的家長，平時飽受經濟問題所苦。雖然很想嘗試鏡子靜心，卻很害怕看見自己的模樣，便一天拖過一天。某天，我靜靜看著鏡中的自己，站在觀察者的立場，持續以「原來我有這樣的想法、原來我有這樣的情緒」接受所有的感受。過程中，我發現身體周圍就像塗抹了螢光劑一樣持續發出光芒，整個人像是埋藏在光芒之中。接著我感覺心靈變得平靜，之後跟同事或太太的對話也變得平和許多。

不過，昨天晚上我突然心跳加速，身心充斥難以承受的負面想法。當時我想不能再這樣下去，便起身去看鏡子，卻不願正視鏡中的自己，負面想法也不斷湧現。後來我打開

YouTube 影片，仍感到非常煩燥，便重新站到鏡子前，花了不到一分鐘對自己說，「老實說你很怕變窮，對吧？急著想快點賺到錢，對吧？看到別人生活過得很好就會嫉妒，也覺得自己很落魄、很丟臉，對吧？」說完我就去上班了。

神奇的是，進公司後，到了上午十點之後，我突然感覺到，「喔，心情很不錯耶，怎麼會這樣？以觀察者的角度觀察世界，原來是這麼愉快的事啊？」接著我反覆觀察內心，發現好心情越來越強烈，感覺有如飄在空中，整個世界是如此明亮、光彩奪目且夢幻無比。

就連我在寫信的這一刻，還是一樣雀躍。即使這種感覺消失了，我也絲毫不感到難過。因為我就是莫名地開心、感到溫暖。整個世界都好舒適，瀰漫著溫暖的綠色、粉紅色。我真的感動不已。

我在 YouTube 頻道上講解時，曾提到「即使只是持續在鏡子前客觀地觀察自己，都可以淨化潛意識」。這位投稿者只是靜靜看著心中湧現的情緒，就能產生這樣的改變。幾週後，他又寄了一封信：

最近開車時，我偶爾會覺得自己飄在空中，看著自己的肉體，開會時也經常感覺軀體飄浮在空無一物的空間中。過去我一天會浮現無數想法好幾次，令我痛苦不堪，但現在這些想法卻用兩隻手就能數完，而且很快就消失了。以前總會在設定目標時想很多，安排今天該做什麼、明天該做什麼、下週該做什麼、下個月該做什麼……但現在什麼都不想。我雖然有點擔心這樣的自己，卻也不感到焦急。不會不安、不會悲傷、不會開心，也不會著急……與其說是那些情緒完全消失，我覺得更像是情緒化為微弱的水波，只覺得非常平靜。

日常生活中的每一件事都自然運作著——這是我這輩子第一次有這種感覺，不過我並沒有慌張失措，只是不知道該怎麼辦。我有時經常會覺得眼前的物體變得很模糊，身體輕飄飄的，又感覺突然置身奇特的空間。每天都這麼平靜，感覺沒有盡頭，真的很好。能夠配合影片更深入地修練心靈，真的是非常愉快的事。

若我們將自己與身體視為一體，世界就會與我分離，但實際上是如何？身體是腳踏實地踩在地球上，地球浮在空間之中，太陽、月亮、無數的星辰都飄浮在這偌大的空間之中。如果將這空間中的所有事物清除呢？便會剩下淨空的空間。空間是3D空間嗎？不是。當事物全部消失，時間與距離也會隨之消失，3D空間便跟著消失，剩下的就只有空。

空存在於何處？存在我心中。我的身體和宇宙，都是心中的幻影。當我們將心靈的視野擴張至無限大，一切的想法與情緒都將澈底消失。為什麼？因為這將使想法與情緒**無法停留**。唯有在我關閉心靈時，想法與情緒才會持續受困其中。**關閉心靈是生活中一切痛苦的根源，澈底將內心打開，才是擺脫痛苦的道路。**

十年來解不開的問題迎刃而解

很久以前，哥哥在沒告知媽媽的情況下，把我們住的房子賣掉，讓媽媽無家可歸。我覺得媽媽很可憐，借了錢在郊外買了間簡陋的房子跟她一起住。十年後媽媽去世，我想立刻搬回市區，就透過不動產仲介出售房子，但因為房子很老舊，過了十年還是賣不出去。我花了上千萬元辦法事、做薦度法會，都沒有用。為了解決這個問題，我究竟該以怎樣的心態做鏡子靜心？

過去十年來，是誰死守著這棟房子？我、先生、孩子都希望房子能賣出去，但去世的母親呢？即使母親的身體消失了，心仍然活著。母親被兒子拋棄、趕出家門，被拋棄的那一刻，感受到巨大的恐懼。為了不被拋棄，她必須緊抓住什麼，但人都已經去世了，為什麼仍緊緊抓著那棟房子不放？母親究竟在害怕什麼，以至於不願意放棄那棟房子？

誰最能與母親的恐懼共鳴？就是女兒，也就是我的恐懼。壓抑在我潛意識中的恐懼，能與母親的恐懼共鳴，所以房子賣不出去的可怕現實才會在我眼前上演。那麼只要接納這份壓抑的恐懼，房子就能夠賣出去嗎？

我依照您的建議，在鏡子前試著感受母親的心。「我澈底被拋棄了，孑然一身，連家都沒有，很擔心就這樣死去。人生在世，被拋棄真的是很羞恥，我也想過著被愛的生活。」那幾天我一直在做鏡子靜心，神奇的是幾天後市政府寄來公文，說我家後面要開路，國家會發補償金給我們。原本我就在想，應該是因為這一區空有都市計畫，沒有真正可以通行的道路，才導致房子賣不出去；現在房價上漲，房子似乎能夠輕易售出，真的讓我很高興。只發生在別人身上的奇蹟竟降臨在我身邊，真是難以用言語表達內心的感激。

母親為何會緊抓著房子，讓這位投稿者無法將房子賣掉呢？單純只是因為若女兒不持有這棟房子，會讓她活在恐懼之中嗎？投稿者在做鏡子靜心的同時，也更深入感受到母親的恐懼。

做鏡子靜心時，我感受到母親在第一段婚姻中被先生拋棄，最後連兒子都被前夫搶走，無處可去的茫然失措。再婚後又因為夫妻失和，幾度離家出走，不得不輾轉寄住在幾個親戚家。母親跟我們一起生活時，也發現我很怕跟先生起衝突而導致離婚，所以才無法離開那個家，更經常因此落淚。其實我跟先生很久以前便一直在想，只要把房子賣掉，兩個人平分那筆錢後就能和平分手，我想母親可能隱約察覺到這件事。

這表示母親雖然又老又病，卻擔心女兒在自己離世後可能會離婚，才緊抓著那棟房子不放；她很擔心女兒會過著像自己一樣的不幸人生。不過投稿者透過鏡子靜心了解母親的恐懼，終於賣出十年來都賣不掉的房子，離婚的想法也消失了。

這個例子告訴我們什麼？恐懼之中其實隱藏深深的愛。如果不愛女兒，根本不會擔心她好不好；正是因為母親太愛女兒，才會過度擔心女兒過得不好。

深深的愛就是根源之愛。只要接納恐懼，根源之愛便能流入心中。這樣一來，自己未曾期待、未曾想像，如奇蹟般的禮物，便會出現在我們眼前。

開始做鏡子靜心後，結束了無業遊民的生活

我已經年過二十五，卻還是無業遊民。之前我四處工作，現在卻被「不想工作」的想法支配。我覺得什麼都不做的自己非常討厭、可恨，也會跟別人比較，但也極度討厭「非工作不可」的想法。我覺得身邊的人好像都有話想跟我說，甚至陷入他們都對我很失望的被害妄想中，讓我好痛苦，感覺自己似乎漸漸變成沒用的人，真的好可怕。

每個人的潛意識中，都同時存在「想工作」與「不想工作」這兩個成對的想法。如果沒有前者，就不會有後者，沒有後者則不會有前者。當我們成為能同時接受這一對想法的觀察者，兩個想法便能自由穿梭。也就是當我們感覺到有必要工作時，就能愉快地工作，想休息

時也能愉快休息。

但如果總是下意識浮現「不想工作」的想法，致使自己無法工作，那是為什麼？是我的潛意識裡，壓抑著人格化後的負面情緒。這人格化的自我，會不斷讓我覺得「不想工作」。而這負面的自我，是從何時開始被壓抑的？是在潛意識仍敞開的五歲以前。

我出生時，外婆抱外孫的期待落空，總說「討厭女孩子」，連我媽媽也虐待我。六歲時爸媽離婚，媽媽不想養我，就把我交給爸爸撫養，只把弟弟帶走。之後我經常覺得，「連生下我的媽媽都討厭我，還有誰會喜歡我？」我經常說謊，甚至把自己偽裝起來。

大腦的表面意識，不會知道在幼兒期或在那之前發生的事，不過潛意識卻對此一清二楚。為什麼會這樣？因為大腦是潛意識的產物。奶奶因為我是女孩子而討厭我，媽媽也討厭並虐待我，離婚時還拋棄我，使我的內在小孩感覺到「我被世界拋棄了」。感受到「我不被愛」時，便會產生大量的負面情緒。這些負面情緒受到壓抑便人格化成為自我，我們必須釋放這些自我，負面的現實才會消失。

我依照 YouTube 影片介紹的，在鏡子前試著表達情緒。其實我開不了口，連看著鏡中的自己都覺得痛苦。我看著自己的眼睛，開始對小時候看見的媽媽說，「別拋棄我，好可怕……」接著很快哭了出來。我哭了好幾個小時，然後慢慢睡著了。

奇怪的是，隔天我覺得心情豁然開朗，胸口也感到莫名悸動。在過去那段漫長的無業遊民生涯中，我從來不曾有「今天想做點什麼」的想法，那天之後卻開始有了「要不要試試這個？」「要不要試試那個？」的想法，開始有了自信。令人痛苦不已的無力感究竟跑到哪去了？更令我感到驚訝的是，我竟然得到了工作機會！奇怪的是，我竟有了滿滿的熱情，覺得「我一定要工作」「我不想再將人生交給恐懼」。短短幾天就發生這種變化，真的像在做夢。

壓抑在潛意識中被拋棄的自我被接納之前，都會想盡辦法編織出可怕的現實，讓我們感覺到被拋棄的恐懼。找不到工作也是被世界拋棄的可怕現實，因為沒工作就無法賺錢，無法賺錢就無法生存。我們必須承認恐懼，才能釋放被拋棄的自我，這樣一來被拋棄的現實就不會再上演。

是誰產生「不想工作」的想法？是被拋棄的自我。擔心在職場也有可能會被拋棄，因為壓抑著這個想法，才不想去工作。即使與之成對的「想要工作」在腦海中浮現，也無法實際推動我去工作，只會在嘴巴上說說，並為此煩惱。

所以這兩個想法總在我的潛意識裡相互對抗，我能不斷聽到它們彼此抗衡的聲音。聽到「想活下去，就得做點什麼……」的聲音後，接著就會聽到「如果去工作，又被拋棄怎麼辦？

我真的很怕被拋棄」的反對聲音，自然會保持現在無法工作的失業生活。

鏡子靜心可以幫助釋放被壓抑的負面自我，如此一來，成對的正面自我也能跟著釋放，在需要工作時幫助我們愉快地工作，不需要工作時則能愉快地休息。我不必特別努力，現實也能夠順利運作。

沒有經歷，卻成了咖啡廳經理

我三十五歲之後才終於脫離宅女生活，成為一間咖啡廳的經理。我雖然在咖啡補習班考到二級咖啡師證照，卻沒有任何相關經歷，而且年紀還很大。不過我並沒有忽視心裡的願望，而是接納它們的存在。如果心中浮現恐懼，我就會接納恐懼；浮現不安，就會接納不安；浮現自卑，就會接納自卑。如果浮現更強烈的情緒，我就會站到鏡子前，試著用言語表達並感受。我也完整接納了面試時產生的極度緊張與身體反應，後來發生的事就像做夢一樣，真的是太感謝您了！

這位女性什麼都沒做，只有**完全接納**潛意識浮現的所有情緒與需求。願望、恐懼、不安、自卑、緊張……這些情緒是因為自己想要而產生的，還是不知不覺間從潛意識中浮現的？這些負面情緒都來自潛意識，無關乎我的意志。

現實本身依靠潛意識運作，例如想到「我在吃飯」這件事時，我們便會下意識做出吃飯這個行為。為了做出吃飯這個行為，牙齒就必須動作，消化系統也必須運作；如果突然拉肚子，那麼我就沒辦法吃飯了。我的身體完全依靠潛意識運作，若希望身體正常運作，就必須讓地球正常運作；若希望地球正常運作，則必須讓整個宇宙正常運作。我們會發現，就連吃飯這個小小的行為，都不是靠我一個人的力量就能做到。即使只是吃飯、呼吸等簡單行為，都需要宇宙正常運作才能順利完成。

不過潛意識中的負面自我，會讓我們誤以為身體就是自我，於是我便相信為了生存，一定要驅使身體去做點什麼。不過真相是無論身體還是現實的運作，都無法只靠我一個人的力量，而是淨空的根源之心驅使一切運作。我懷抱的每個想法，都會像鏡子一樣反映在我眼前的現實當中。

所有想法都源自根源之心，若我壓抑了特定的想法，它便會被關在潛意識中，成為負面的自我，進而使人生成為苦海；如果想改變負面的現實，就必須釋放潛意識中令我產生負面想法的負面自我。當潛意識獲得淨化，就能成為純粹的根源之心。

根源之心會創造何種現實？根源之心是無條件且無限的根源之愛，自然會讓我感受到無條件、無限的愛，也就是能創造「依照我的想法運轉」的現實。**我不必費心、不必辛苦努力，只要交給根源之心，就能過著最理想的人生。**

鏡子靜心能幫助我們脫離身體，回歸根源之心。拭去所有負面情緒後，理想的現實便會成為實際發生在眼前的現實。

我的人生並沒有完蛋

我是五十多歲的單身女性，覺得每件事都很煩，連自己也是很煩人的存在，甚至覺得從一開始就不該活在這世上。早上起來睜開眼，我就感到空虛且沒有任何動力，但也沒有自殺的想法，只是覺得活著很麻煩、死也很麻煩，不知道該做什麼養活自己，希望像一開始就不存在一樣靜靜消失，不要給身邊的人帶來影響，想快點老去，從這世界上消失。我無法信任男人，所以從不曾與他人交往。我覺得很無力，也覺得這世界很可怕。

就像這位女性一樣，我們為什麼會感到無力？如果我的潛意識中充斥負面人格，將會如何？這些人格會操控我的人生，而真正的我便會失蹤。這些人格是想法聚集後產生的生命體，當想法停下，他們便會死去，所以我們必須清空不斷浮現的負面想法。

例如，當我們想著「要不要來工作」時，負面人格會立刻回答「幹嘛工作」，並否定要工作的想法；若是想「今天要不要來做點運動」，負面人格又會立即以否定語氣反問「幹嘛運動」。

這些負面人格占領了潛意識，沒有任何一件事能依照自己的想法發展，自然會變得非常無力。而這些負面人格，是從何時開始壓抑在潛意識中？

我家裡有一男四女共五個小孩，而我是第四個女兒。媽媽多次想把我墮掉，都以失敗告終，最後只好把我生下來，爸爸也因為我是女兒而非常失望。不過老么弟弟出生後，他們非常開心，總把他抱在懷裡到處走。媽媽要賺錢又要打理家務，生活非常困苦。爸爸是比老虎更可怕的存在，總讓小孩不安、害怕。

我還在母親肚子裡，而母親卻不斷嘗試殺死我，那腹中的我做何感想？會產生「原來我是母親說死就死、說活就不得不活的無力存在啊」「媽媽想殺死我卻殺不死，無奈之下只好讓我活下來，我就是這麼沒價值且令人羞恥的存在」「無論我如何努力都無法被愛」等感受。

投稿者一開始無法好好地引出這些情緒，但還是持續做鏡子靜心，幾週後發生了驚人的改變。

我在鏡子前對自己說，「我被澈底拋棄，也澈底拋棄自己。活著好煩，死也好煩，我沒有任何價值，是令人羞恥的存在。」接著開始哭，甚至還露出苦笑、感到心痛與悲傷。隔天我繼續做鏡子靜心，因為再也感受不到任何情緒，便呆呆望著自己的臉，並繼續在心裡對自己說話。接著還在媽媽腹中的我及媽媽的模樣，就像電影一樣在我眼前浮現，我也感受到媽媽為何想把我墮掉。懷上我的一年前，因為家裡實在太窮，媽媽不得不把女兒送給別人，我能感覺到她對懷了我這件事非常失望。

我靜靜觀察這一切，處於沒有悲傷等情緒的觀察者狀態。接著我將一輩子壓迫著我的情緒一層一層脫掉，也感覺自己似乎漸漸擺脫無力的感受。

脫離身體並化身為觀察者後，就能超越時空在潛意識裡穿梭。在時間上回到還是胎兒的時候，同時看見身為被害者的我及身為加害者的對象，在空間上則能更客觀地看見所有事情的全貌。也就是說，藉此得知加害者也是因他人而受傷的被害者，進而領悟「母親也是被他人傷害了，才會成為加害者」「我們在人生這場戲中，就是不斷互相傷害」「加害者與被害者原來是一體兩面」。

幾天後，這位投稿者連續幾週寄來類似以下的信件，詳細地記錄自己如何透過鏡子靜心，以極快的速度淨化潛意識。

我沒有看鏡子，而是坐在黑漆漆的房間裡，一邊想像自己的存在，一邊在心中默唸「我是個沒價值的人，我覺得自己很丟臉」等話。我想著「媽媽想墮掉我，但其實她一直是愛著我的」，同時完整感受到媽媽的心，也因此哭了出來。因為腹中的孩子就是媽媽：孩子就是媽媽，媽媽就是孩子，所以媽媽沒有一刻不愛著腹中的孩子，一想到這裡，我就哭了出來。

爸爸跟孩子之間的關係並不好，我們彼此怨恨；但在我的潛意識中，我們全家是一體的，沒有理由憎恨、厭惡彼此。爸爸雖然始終是愛我們的，卻從來不曾付出他的愛，他把能給的都給了我們，因為這就是最好的，只是他不曾被愛過，所以也無法付出愛……他一直是愛我們的。我透過影像全都看見了，全都感受到了。

・・・

我做了鏡子靜心，發現自己變成出生還不滿一百天的新生兒，在房間的角落哭泣，而媽媽不想理會我。我長大後父母就離婚了，我也沒有跟家人聯絡，所以沒辦法詢問小時候的事，沒想到竟然可以透過鏡子靜心得知這些事。

・・・

最近醒著的時候，我幾乎都在做鏡子靜心。一開始困擾我的無力感，似乎已經完全消失。我現在沒有以前那麼嗜睡，身體也輕盈許多，感覺不管做什麼都變得輕鬆容易。我感覺到若不淨化潛意識，便無法實現任何事。現在每一天都像奇蹟一樣，我心中充滿感激。

原來什麼都能夠實現、什麼都做得到，原來我的人生並沒有完蛋，即使沒花很多時間，也能讓一切實現。我開始能理解一切，感覺身體像羽毛一樣輕盈，腦袋非常清醒，不知道該怎麼形容那種感覺。我感覺自己依靠感恩與喜悅而活。

• • •

聽到您說完全接受宇宙裡的所有情緒，想法就會歸零，於是我閉上眼睛，吸氣再吐氣，嘗試一次接受宇宙裡的所有情緒，接著感覺自己進入真空狀態——就像吸氣時將宇宙吸入體內，呼氣時將宇宙吐出。我的腦袋變得澄澈透明，甚至令我有些不知所措。今天早上睜開眼時，我感覺頭頂、後腦等四面八方都在呼吸，不只是用鼻子，而是感覺整顆頭都在呼吸，身體充滿能量。

我從山上回來，做完晚餐，閉眼靜心了一段時間。睜眼後，我沒有看鏡子，而是看著自己的身體，眼睛不舒服就反覆閉眼、睜眼並持續靜心，要是睏了就稍微打個瞌睡，並短暫地進入了真空狀態。雖然只是剎那，但我感覺那是根源的我、根源的自我。我實在太驚訝了，所以沒有長時間維持在那個狀態，但那感覺異常平和，令我難以忘懷。

靜心的狀態讓我心情很好、很平靜，感到十分幸福。我花了三小時靜心，過程中反覆閉眼、睜眼，並感覺到並不是只有我們家過得特別悲慘，而是世上所有人的人生都差不多是這樣。

這位女性曾經深陷在極度的無力感中，甚至覺得「想快點老去、快點消失」。不過幾星期的時間，她不僅澈底擺脫無力感，更達到深刻領悟的境界。她讓我們知道，透過鏡子靜心脫離身體，化身為沒有任何極限的淨空心靈，所謂的不可能便會消失。

盡情哭過、笑過之後，獲得了工作機會

之前我一直找不到工作，被迫當無業遊民，後來才遇見鏡子靜心這個概念。我在鏡子前坦率說出所有讓我害怕的情緒。「我低人一等、我很無能、我總是失敗，讓我很害怕。找不到工作，很怕被家人朋友拋棄，我真的好害怕。我覺得當無業遊民的自己好丟臉。」我好好抒發了情緒並痛哭一場。有一天，無論我怎麼說「好害怕、好自卑」，卻沒有再哭泣，但又覺得胸口很悶，便靜靜看著鏡子邊對自己說，「原來我在那裡，原來我不是身體，而是一道光。」

接著我下意識開始對自己生氣，對自己說，「我對只有我待在這裡這件事感到生氣，大家都成功並往前進，只有我還在原地踏步，讓我好生氣。」持續大約一小時，氣到一半的我突然發瘋似地開始痴痴地笑、哭，在笑與哭兩種情緒間不斷來回，至今還是不知道自己為何而笑。

沒多久，我就獲得兩、三個工作機會，但我對條件不太滿意，甚至覺得乾脆不要收到這些提議，或許還不會這麼煩惱。沒想到開始做鏡子靜心後，竟然會收到這些工作邀

約……我一方面覺得不能拒絕，另一方面又對此不太滿意。我有自己的目標和標準，所以更為苦惱。我看了 YouTube 影片，發現大部分人在做了鏡子靜心後都得到正面的效果，如果像我這樣遇到有點尷尬的改變，該怎麼繼續下一步呢？

如果我在做鏡子靜心時與淨空心靈合而為一，那顆心將會改變現實。這位女性開始做鏡子靜心後，便收到幾個工作邀約，在這種情況下，她該選擇哪一條路呢？**其實選擇哪一條路都可以。如果不滿意現在收到的邀請，也可以繼續做鏡子靜心，重要的是自己是以哪一種心靈狀態做出選擇**。

無論做出哪種選擇，都是在自己心中發生的事。如果是以感激且能夠接受的心靈狀態做出選擇，那麼無論是哪個選擇，都會使現實更加璀璨光明。如果是以害怕、不安、抗拒的心做出選擇，那麼現實也會往那個方向發展。

我一直以來都跟媽媽一樣，不斷鞭策自己

從小我們家就爭吵不斷，爸爸總是大呼小叫，媽媽、弟弟、妹妹和我也會吵架、哭鬧並埋怨對方。到了二十歲，我終於考上離家很遠的大學，得以跟家人分開。從那時起，我就一直忙碌且勤奮地挑戰所有事情，用像雜草一樣強韌的生命力活到現在。

我在這段期間開始靈修，試著療癒自我。我原諒父母並放下過去，也嘗試清空情緒，現在來到國外生活。我住在一個小鄉村裡，過著平靜的生活，也更能清楚感受到自己的情緒與想法。

雖然我清空了大多數的情緒，卻總是有一個東西留在心裡，那就是不安，仍深藏在我內心深處。雖然我的人生平淡且寧靜，但只要心中的不安湧現，我就會開始買不需要的東西、邀約其他人見面，整天忙著這些事。

當不安平息後，我會因為無法承受從內心深處一點一滴浮現的厭倦與憂鬱，而再次搬回城裡；回到城市後，又會因為工作狀況不如預期而辭職，並接著去找新的工作。我實在太不安了。我不想回韓國，卻擔心不得不回去，感覺好像找不到工作，也讓我非常害怕，該怎麼辦才好？

對這位女性來說，家並不是溫暖的安歇之處，所以她前往離家很遠的大學尋找屬於自己的安歇處。後來她又到了更遠的地方，落腳國外悠閒的鄉村過生活。不過在那裡她也沒有找到心靈平靜，於是再度搬回城市。

即使搬回城市，她的內心仍未獲得平靜。現實是在心中上演的電影，無論她在現實中如何改變環境、搬遷，只要不接納心中的不安，便無法獲得平靜。而她心中為何會有不安呢？

為了面對不安，我開始做鏡子靜心，面對鏡子對自己說，「我很害怕，很不安，感覺世界上只剩我一個人，不會有任何人幫我。」沒想到，我竟看見鏡中的自己露出悲傷、憂鬱的表情，彷彿有什麼沉重的東西從心中某個角落衝上喉頭，讓我忍不住紅了眼眶。

接著我在鏡中看見自己的臉與媽媽的臉合而為一。她很心痛，也為了遺忘心痛的感覺而刻意讓自己更加忙碌。我發現她非常認真鞭策自己，那一刻我才知道，「我討厭的家人的模樣，原來就是壓抑在心中的自我的模樣，而我總是疏遠他們，避不見面。」

哭到睡著之後，我今天早上起來感覺身心輕盈許多，也跟投履歷的幾間公司約好了面試時間。謝謝您。

對小孩來說，家就是唯一的安歇之處。若父母總是大聲爭吵，孩子便會覺得家裡像戰場。討厭家的孩子，會感覺「我被世界拋棄了」。被拋棄的感覺十分可怕，為了不感覺到那份恐懼，他們會去尋找能成為安歇處的地方，或是緊抓住其他東西作為代替。

他們會選擇四處徘徊，尋找能感受到溫情的地方、能填補心中空缺的事物。**不過無論外在環境如何改變，都無法填補空虛悲傷的心，因為外在環境其實是我心中的全像電影**。

而向外在的現實尋求心靈平靜的是誰？是壓抑在潛意識中被拋棄的小孩。這個小孩不是「真正的我」，而是鬱結的情緒人格，我們必須釋放這個人格，才能獲得真正的平靜。

這位投稿者在鏡子前回到過去，感受到被拋棄，以及未能表達、壓抑在心中的恐懼、不安、淒涼與孤單，接著這些情緒獲得釋放，被拋棄的孩子也跟著消失。壓抑的情緒獲得釋放後，心就能夠淨空，獲得平靜。自淨空內心浮現的願望，就是我真正的願望。

淨空的心靈是全知全能的意識，自此之中浮現的願望，是我們傾全力熱愛、能夠做得最好、在獲得身體出生之前就已經決定好的使命。當我能真正用心去愛，這個世界也會用心愛著我做的事。

我擁有完美的家

幾個月前，我的月租公寓合約到期，因為租金漲價，我很煩惱究竟該繼續住還是搬家。已經這把年紀了，卻還沒有自己的房子，必須租屋過活，讓我對自己感到失望。於是我在鏡子前，用「不知道未來該怎麼活下去，真是害怕，好失望、好想死、好丟臉」這種方式，盡情吐露心中湧現的情緒。其實我以前很怕住在家裡，因為小時候目睹爸爸買錯房子，讓我們家蒙受很大的損失；後來他事業失敗，房子被查封，也讓媽媽到老都揹負債務。

租約即將期滿，我最渴望的事就是擁有自己的家，但要用當初租屋付的一億八千萬韓元押金買房子相當困難。我目前也沒有工作，手上沒有多餘的資金，而我住的區域房價漲得很兇，要找到三億韓元以下的公寓實在是緣木求魚。

在進退兩難的情況下，我在鏡子前吐露心中的所有情緒。「我好害怕，好像要死了，連房子都沒有，我根本破產了。」做鏡子靜心的過程中，我偶然跟好一段時間沒聯絡的朋友碰面，他很關注不動產市場，於是我們一起去找合適的公寓。不過即使可以貸款，還是因為房價漲得太高而讓人不敢輕易買房。某天我們四處看了很多房子，回到家我便在鏡子前吐露不安，直到晚上。

令我驚訝的是，幾天後我突然接到大哥的電話，說爸媽留下來的田地以六千萬韓元賣出去了，那筆錢要全部給我。我是老么，又沒有結婚，自己一個人生活，沒有獲得爸媽資助，因此要我收下這筆錢，當成是爸媽給我的。當然，這也已經取得其他兄弟的同意，真是意料之外的發展！這個意外的提議，也讓我驚覺「沒想到鏡子靜心的效果會以這種方式呈現」。

更令人驚訝的是，我們在距離前租屋處約九分鐘的地方，找到了售價三億韓元以下的公寓，就在法華山下，非常清幽且乾淨。我一直很希望住在可以看到森林與天空且裝潢簡潔的公寓。公寓雖然在二樓，高度卻像在四樓，內部裝潢也簡明俐落，美得讓我跟朋友對它一見鍾情。窗外可以看見起伏的高山，還能看見綠林與藍天，簡言之，真的擁有絕佳視野。這間三十四坪的公寓，售價竟然不到三億韓元，真是令人不敢置信！壁紙的顏色跟我的家具非常配，我之前曾偶然在家具店以五折買下一組沙發，顏色也正好適合這間房子。搬來後坐在沙發上，從客廳的窗戶看見天空的顏色與天藍色的壁紙，再搭配這張藍色沙發，讓我不自覺喊出「超完美」！

我經常在 YouTube 上看一棟非常漂亮的房子，那棟房子的客廳窗邊，有一棵樹總會隨風搖曳，那副情景總讓我羨慕不已。不過現在我每天都能坐在客廳的窗邊，用我的眼睛看見樹木隨風搖曳的美麗風景，就跟 YouTube 上那棟房子窗外的風景一模一樣。

到這一刻我才終於明白，淨化心中壓抑的情緒，將願望交給根源，就可能以任何形式實現，像是跟久未聯絡的朋友見面或賣掉田地！買家想買的其實是另一塊地，但原本的賣家突然在簽約前一天說不賣了（這是根源之心帶來的奇蹟），所以即使我們的價格比較貴，他還是決定要買，我大哥跟大嫂也說難以置信。（在新冠肺炎疫情肆虐時，竟能把好幾年都賣不掉的地賣出去，真的意想不到。當時只花三天就簽約，對方也直接付現，讓我非常驚訝。）

我認為這一切都是在我想「我必須買一棟房子」，且透過鏡子靜心釋放壓抑的負面情緒才會發生。

關於房子的事拖拖拉拉了好幾年，我一直覺得非常挫折。開始做鏡子靜心後，最重要、最急迫的房子問題竟能以這種方式解決，令我十分感激。我深刻地感受到，根源之心創造的現實與我的所思所想沒有絲毫誤差，它不是突然給我八十坪的豪宅，而是用最適合的方法、在最適合的時機，給了我最適合的房子。

最近我正在面對死亡的恐懼。我心中有個遭到拋棄、每天都對生死感到畏懼的孩子。昨天我也站在鏡子前，在心裡吶喊「活著好可怕，人好可怕，死也好可怕，光是存在本身就好可怕」，接著咳出了血痰，甚至全身冒冷汗，連衣服都被汗浸濕了，不過心情反而輕鬆不少。我現在抱持著繼續淨化心靈、不知道會有什麼事在等著我的興奮心情，度過每一天。

第8章

鏡子靜心Q&A：第一部

Q：做鏡子靜心時，為什麼身體可能出現不適？

我的皮膚起了疹子，眼睛痠澀、充滿血絲到讓人害怕的程度，而且要好幾天才會恢復。

✦

我透過鏡子靜心領悟小時候經歷的孤單、被忽視，並大哭了一場，身體卻起了大量的疹子，真的就在做完後突然變成這樣。

✦

我的子宮出現異狀，一直出血，心臟也不舒服，甚至還出現血尿。我躺在病房裡打點滴時，覺得壁紙上好像有一整團藍綠色的毛在滾動。沒多久，那團毛又像在呼吸一樣，變成閃爍的粉紅色愛心。這情況持續了好一段時間，最後卻變成許多黑色團塊到處滾動。我很害怕，但心想「這是我壓抑的恐懼」時，它們便消失了。晚上我又做了鏡子靜心，第一次看見頭頂發出了五顏六色的光芒。這是又朝根源邁進一步的意思吧？我全身無力，心中卻感到喜悅。

✦

做鏡子靜心的過程中，我的子宮、心臟也曾有過問題，還有段時間受血尿所苦。打了顯影劑去拍X光，卻沒發現任何異常，真是奇怪。現在回想，那應該是我壓抑的情緒透過身體表現出來的症狀。

✦

我做鏡子靜心已經一個月了，以觀察者的身分觀看鏡中變得像老妖婆的自己，並持續複習頻道上的影片內容。前二十天身體非常不舒服，感覺就像感冒，全身痠痛、被人毒打一頓那樣。神奇的是，好幾年沒跟我聯絡、一直很討厭我的女兒突然聯繫我，傳訊息跟我道歉，並告訴我小時候因為有我而過得很幸福，然後說明天要回家。前幾天我在靜心時，看見頭後面發出藍色的光芒。我一直努力感受潛意識中被拋棄的自己，淨化潛意識。

✦

我覺得全身不舒服。疫情期間，我相當害怕得新冠肺炎，有時會因為做了鏡子靜心感到豁然開朗，有時又會做噩夢。不過還是覺得心靈逐漸平靜，真的很神奇。

✦

我今天也做了鏡子靜心，看見自己的臉孔扭曲並痛哭失聲；胸口像是被別人揪住一樣悶，還多次劇烈咳嗽到差點吐出來。我明明空腹，卻乾嘔了好幾次，還一直打嗝。

✦

我做鏡子靜心將近兩個月，曾經哽咽哭泣，也嘔吐過。臉跟身體會忽隱忽現，眼前總會有白色的光點飄動，後腦勺的地方向外散發出霧氣。

✦

開始做鏡子靜心那天，我並沒有看見自己的臉孔變形或哭泣。不過隔天卻覺得胃很痛，比以前發生過的胃痛更嚴重，便到醫院拿藥，也去韓醫院做了針灸，卻完全沒有效，可說是我至今經歷過最可怕的疼痛。我超過三天沒吃任何東西，疼痛絲毫沒有減緩……我真的很怕……就連呼吸都很難受。

✦

我很害怕，想把養的狗丟到窗外。我很討厭媽媽，也很討厭爸爸。現在我已經不太會哭了，但還是覺得活著真的好難。我大聲喊叫，希望媽媽能夠來幫我，也意識到自己覺得這個年紀還不能獨立，實在很丟臉。我機械式地發出恐懼的聲音，卻不像以前哭得那麼慘、那麼害怕，只有身體不斷發抖。我看著鏡子擁抱自己，並對自己說抱歉。

✦

一直到昨天，我每天都會做鏡子靜心至少八小時。過程中我會哭、流鼻血，甚至咳出血痰……一下覺得全身搔癢，一下到處都痛，體會到彷彿全身都要融化的淒涼感，並在夢中持續淨化……昨天我靜心時，看見頭頂發出光芒，今天則覺得耳朵很癢，松果體在跳動……同時感到很不安。我花了兩小時注視自己，嘗試感覺這些感受。人類的欲望真是深不見底，而光是眼神能夠透露出安定，就已經令人感激了。

✦

我用小鏡子靜心時，完全沒有任何進展，讓我非常失望，後來改用大鏡子靜心。前幾天，我第一次看見自己的臉起了變化，之後便花更多時間靜心。我總能看見自己的頭發出白光，身體發出淡綠或綠色光芒，後來整個人都變成淡綠色。之後，我經常覺得全身上下癢得不得了，尤其躺下準備睡覺時，會不停感受到不安與恐懼，導致失眠問題更加嚴重。

開始做鏡子靜心後，我的臉、手臂、腿、手掌、腳掌、頭都癢得不得了，只能不停地抓，完全睡不著，就連今天也徹夜未眠。平常沒有任何問題的阿基里斯腱，前幾天也開始嚴重疼痛。臉上已經連續好幾天冒痘痘，胸口和頭則像有什麼沒能排解一樣非常沉重。以上真的是正常現象嗎？

✦

我在做鏡子靜心時，只有一隻眼睛看得見，有時又會在四周看見光芒，頸椎處經常感覺像被龍捲風席捲、扭轉，臉看起來也有點黑。過程中，我幾度想起曾試圖輕生的自己，腋下冒汗。跟人相處時，我偶爾也會因為緊張而不停出汗。

✦

我雖然有三天沒做鏡子靜心了，日常生活中仍出現身體顫抖、臉部肌肉抽搐、手腳彷彿有電流流過或突然想嘔吐等淨化潛意識的症狀。悲傷、憤怒、憎恨等各種情緒湧上心頭時，我也會想起小時候的記憶，身體產生劇烈的反應，直到充分感受那些情緒為止。這些身體反應會隨著時間逐漸平息。

負面情緒為何會壓抑在潛意識中？是因為那些情緒湧現時，我們太過害怕、羞愧與不愉快，才會下意識地壓抑。如果那些情緒在心中浮現時，我們不要刻意忽視，而是接納並感受呢？情緒就會化作能量的波動，往內心深處流去。但正是因為我們壓抑這些情緒，能量的振動頻率才會逐漸變慢、糾結，進而成為困在潛意識中的獨立生命體。

情緒也是想法，是引發身體反應的想法。想法是活的，想法會催生想法，所以若將想法困住，想法便會接二連三地出現。串聯在一起的想法受到壓抑，便成為會思考的生命體，壓抑的時間越長便越凶悍。因為這些生命體就是能量，必須依附身體獲得能量才能維繫生命；之後，就必須透過身體排出。若我們能在顯化之前便承認其存在，仍屬於心靈層次、尚未依附身體的生命體就會消失。

透過身體排出情緒時，生命體會感受到死亡的恐懼與疼痛。那份恐懼與疼痛會透過身體表現，於是會有流鼻血、眼睛充滿血絲、打嗝、放屁、血尿、全身痠痛等各種生理反應。排解羞恥時，皮膚會有劇烈的搔癢、紅疹、痤瘡等症狀。壓抑的情緒能量越大，排解時的痛苦就越強烈。當我們越是澈底地接受這些情緒，它們就會越溫柔地離開。

Q：是我在做鏡子靜心，為什麼卻是家人有反應？

我從今天午夜開始做鏡子靜心，心中感受到巨大的恐懼，同時看見我的臉變得很紅。

更令我驚訝的是，我看見祖母、曾祖母的人格顯現在我鏡中的臉上，與我對話。她們的表情、嘴形、操著方言的口吻，都和過去一模一樣；不僅如此，我還感受到無緣的弟妹的恐懼、擔心前男友外遇的恐懼、擔心自己被拋棄的恐懼等，這些情緒都在與我對話。接著我看見自己的臉轉了個方向，彷彿有人從後上方拉著我的脖子，讓我整個人向後仰。我看見自己的眼睛睜大，臉變得令人厭惡，像被附身般可怕。最近在我做完鏡子靜心後，我媽媽就因為嘔吐而叫救護車送急診。

✦

開始做鏡子靜心後，我全身癢到不行，兒子也一直做一些可疑的行為，全家人還得了A型流感。這樣還要繼續做下去嗎？

✦

之前我大聲哭喊（大約四十至五十分鐘），盡情表達怕被拋棄的恐懼和對父母的怨恨。媽媽經常鼓勵我多笑而不是哭，所以我這種表現讓她很擔心；而每次只要我因為心中憂慮而做鏡子靜心，隔天媽媽就會肚子不舒服。昨天也是，我靜心後，媽媽就覺得肚子不太舒服。

做了鏡子靜心，釋放壓抑在心中的痛苦情緒，為何會發生家人嘔吐、被救護車載去醫院等現象？這是因為我的痛苦情緒與家人的痛苦情緒起了共鳴。因為我與家人幾乎分享相同的潛意識，我們的潛意識有很大一部分重疊，家人之間的情緒也自然會糾纏並相互共鳴。我的情緒穩定下來，家人的情緒也會跟著穩定；我的情緒波動，家人的情緒也會跟著波動。若我做鏡子靜心勾起已經沉澱的情緒，家人的情緒也會跟著共鳴；當我的痛苦情緒透過身體排出，家人的痛苦情緒也會跟著透過身體排出並感覺到痛苦。

如果因為痛苦而停止做鏡子靜心，痛苦情緒就會再度在身體裡沉澱，這些沉澱的情緒會隨著時間逐漸混濁、產生毒性，進而越來越危險，可能對我和家人的身體造成危害。因此請不要放棄，必須繼續靜心，才能將浮現的情緒排出體外。

Q：做完鏡子靜心後，為何會發生意想不到的狀況？

我在靜心時，看見自己的臉孔扭曲，也看見很多其他人的臉。「好委屈、好想殺人、好害怕、好丟臉……」我用這種方式把想說的話說出口，卻沒什麼明顯反應。今天早上我一邊看YouTube影片一邊停車，竟出了意外，這是二十六年來的第一次。我當時在看的影片內容正是「鏡子靜心的症狀之一就是可能會發生交通意外」。那起意外真的很誇張，嚇得我目瞪口呆。停車時當然應該要打P檔，我卻在R檔時把車停下來，腳也離開油門，結果車子衝進了工廠的大門。

現實是壓抑在潛意識中的情緒呈現的夢境，就好像睡覺時做的夢是展現潛意識一樣。做鏡子靜心釋放壓抑的情緒時，情緒會透過身體這個現實進行抵抗，也可能會引發小小的交通意外、金錢損失等，透過其他現實中的事件進行抵抗。現實本身就像是一張綿延不斷的圖片，所以壓抑的情緒可能以我身體的病痛、家人的病痛或是交通意外等與我有關的各種現實呈現出來。

壓抑的情緒在**尚未完全被接納的狀態下**便被排出體外，就會發生這種現象。只要能夠徹底接納情緒，就不會發生這些事。

Q：做鏡子靜心的過程中，身體為什麼會自己動起來？

今天我做完鏡子靜心後，便不自覺地一邊罵別人「你算老幾」，一邊全身像癲癇發作般劇烈抖動。我怕受傷，就躺到床上。身體抖了好幾十次，我原本是個運動時也不太出汗的人，這次卻抖到整張臉與背部都濕透，還用不像自己的聲音，一直說「好無聊」「我不該在這種地方」「走吧，走吧」等奇怪的話。這是情緒的人格被吐出來了嗎？我心驚膽跳，很怕會不會是自己做錯了什麼，但同時也了解到「原來我的身體真的不是我」。

✦

做了鏡子靜心後，我的臉部肌肉便開始隨意抽動。我沒有感受到任何情緒，但身體就是會自己動。後來我在鏡中看見慢動作的自己正在咆哮的樣子，實在好可怕，很擔心是不是被附身了。

✦

過去我不會經常做鏡子靜心，不過在感覺到「我處在無限的空間之中」時，會有下巴微微打顫的感覺。即使靜靜不動，我的脖子跟嘴巴還是會一直有反應，甚至影響到日常生活。我覺得不能再這樣下去，便坐到鏡前看著鏡中的自己，開始靜心，沒想到竟自動吐起舌頭，還做出可笑的表情，臉部肌肉就像錄影帶快轉般迅速自行動了起來；接著身體自動搖晃，跳起不像舞的舞。我瞬間產生上吊的想法，便真的用手掐住脖子，還不停大叫。我雖然有意識，但身體就像被附身一樣自己動起來，讓我很驚慌。

✦

吃晚餐前，我邊靜心邊反覆想著「很害怕被拋棄」，接著發現自己一直在用小時候的聲音說「好可怕、好可怕」。我想起四、五歲時，曾獨自待在房裡等媽媽回來，瞬間湧現一股恐懼。而我的嘴裡吐出了當時那個孩子希望從媽媽口中聽到的話，「媽媽對不起你，媽媽是去賺錢，媽媽會保護孩子，你想哭就盡情哭吧，媽媽會保護你。」就這樣講了好一陣子，我開始不停乾嘔、打呵欠，接著突然很睏，便把眼睛閉上，感覺過了約五分鐘，沒想到醒來一看時間，竟過了五十分鐘。就好像斷片一樣，我陷入深沉的睡眠之中。

不久前，我一邊做鏡子靜心，一邊反覆唸著「很怕不被愛，覺得害怕的自己很丟臉」，接著看見自己鏡中的臉變得模糊，身體四周也出現光芒（有一張好像戴著面具的黃金面孔浮現）。我一直打嗝、打呵欠，接著頭突然向左右兩側不停重複甩動又停下，最後雙手不聽使喚地瘋狂顫抖，就像電影裡起乩的人一樣，那是我做鏡子靜心以來最可怕的時刻。就這樣抖動了好一段時間，直到全身虛脫無力，突然感覺血液循環變得很順暢，全身都熱了起來，現在則有種感冒的全身痠痛感。這是因為人格化的情緒排出體外嗎？

✦

我邊做鏡子靜心邊說，「媽媽，不要殺死我，死真的好可怕，就這樣死掉真的太冤枉、太丟臉了，我也很想被愛，很想活下去。」接著我不停轉頭、搖晃我的手、拍打大腿……大約持續了一週，感覺整張臉緊皺在一起，完全舒展不開。

我不停表達、感受並接納害怕、不安與死亡的恐懼，這些情況是代表潛意識中的情緒不斷浮現嗎？還是情緒無法離開身體，不斷掙扎？我雖然試著想像身體其實存在我的心中，卻一直出現劇烈且無法控制的反應，所以我才寄信給您。

做鏡子靜心的過程中，壓抑的痛苦情緒從身體離開時，會像前面提到的，出現打嗝、嘔吐、出血、拍打、搔癢、身體痠痛等各種身體反應，也可能會劇烈搖頭；如果本身有類似癌症這種疾病，甚至可能會暫時失去意識。壓抑在潛意識中已經人格化的情緒，在潛意識敞開後離開的同時，就會引發這些反應。

不過，如果身體的動作已經超過自己能夠控制的範圍，該怎麼辦？例如一直毆打自己，或是不受意識控制地不停轉頭、不斷說「走吧，走吧，我不該待在這裡」之類的話，該怎麼辦呢？

我的靈魂會控制身體的動作，若身體的動作脫離我的控制，就有可能是被其他的靈體附身。當然實際上也有可能不是這樣，不過我們必須接受所有的可能性，才能成為心靈淨空的觀察者，讓壓抑的情緒在毫不抵抗的情況下輕易消失。

假使真的被附身，也完全不需要害怕，觀察者是淨空的根源之心，會靜靜看著這一切。帶著「我身處在無限根源之心當中，我身處在無限的愛之光當中。我是不會有任何動作的純粹意識，就存在於空無一物的心之中」的自覺，靜靜觀察自己身體內外的所有動作，動作就會逐漸消失。

會消失到哪裡？消失到淨空的心靈中。個體的靈其實也是想法的產物，當想法消失，個體性也隨之消失。在做鏡子靜心的過程中，若因為害怕而停下來，會怎麼樣呢？會無法回歸「真正的我」，會再次誤以為身體就是自己，並倒退回「個體的我」，陷入充滿痛苦的幻影世界。做鏡子靜心是希望幫助我們脫離誤以為身體就是自己的「個體我」幻影，回歸根源之愛。

Q：怎麼做才能用心眼看世界？

我原本的心是無限的，但在我縮小心靈的視野，誤以為身體就是我的瞬間，依附在身體上的大腦就會開始有想法運作。也就是說，我們會看見**大腦想的東西（幻影）**。

相反地，放掉肉眼的力量，打開心靈的視野去看世界，心靈就會脫離身體，如此想法便不會在大腦中轉動，我們也能夠脫離幻影。所以在做鏡子靜心時，必須澈底放掉肉眼的力量，放寬心靈的視野，同時看著自己身體前後的所有空間，才能夠看見不被幻影壟罩的現實。以下是 YouTube 訂閱者分享的故事：

我每天都做鏡子靜心，卻沒看見臉消失或發光等情況。別人立刻就產生改變，為何我沒有呢？我感到絕望。接著我連續聽了 YouTube 影片「鏡子靜心的方法：再整理」六次之後，便放掉眼睛的力量發呆，同時看著我面前與鏡中的空間，終於發現我的臉變形成好幾種不同的樣子，時而是黃色，時而是黑褐色；有時會看見奶奶的臉、漂亮的臉、凶神惡煞的臉；當我看著自己的眉間，還短暫看見滿是皺褶的大腦！我感覺身體澈底消失，周遭發出或紫或白的光，實在令人著迷。一直以來，我都堅信「身體、情緒與想法就是我」，困在痛苦之中苦苦掙扎，真令我羞愧。

✦

起初我在鏡子前靜心，完全沒有任何效果，看了YouTube影片「鏡子靜心的方法：再整理」之後，開始盯著自己第三隻眼的位置（眉間）看，便逐漸感覺視線模糊，發現自己的模樣開始改變。接著我臉上的五官開始消失，頭與身體四周散發白色、黃色、金黃色的燦爛光芒。我一邊想著「原來真的是全像投影……」，一邊盯著鏡子看了好一陣子，突然流起眼淚。我對自己說「我看見光創造出來的身體」，又下意識地說出「我愛你，謝謝你」。體驗到身體真的就是幻影後，隔天開始做鏡子靜心就變得容易多了。

做鏡子靜心時不是用肉眼，而是要用心去看。我們一直以來都很習慣只用肉眼觀看、生活，所以剛開始做鏡子靜心時，會覺得眼睛痠澀、刺癢、疼痛，因此必須完全放掉肉眼的力量，鬆開眼睛周圍的肌肉。想像「肉眼只是玻璃窗，我是用心在看」會更容易，越做就會覺得眼睛越放鬆。

Q：一定要說出來才能淨化潛意識嗎？

一般來說，感受並反覆用語言表達情緒，壓抑的人格化情緒會更容易顯露自我。例如我在感覺恐懼，並重複說「我真的很害怕」，受恐懼籠罩的情緒人格便會逐漸浮現，接著會看見臉變黑。為什麼臉會變黑？因為名為恐懼的人格浮到意識的表面，透過身體表現自我。

身體是情緒人格表現自我的全像投影。因此，我越是確實感受情緒人格並用言語表達，情緒人格就越能感覺到自己的存在獲得接納，並逐漸露出全貌。

如果不用言語表達情緒，只是注視淨空的空間，就能夠與淨空的空間達到同步，便不需要特地用言語表達情緒。因為當我能夠長時間脫離身體，停留在觀察者的狀態，情緒就會自己消失。情緒只有在我認定身體就是我時，才會緊緊依附在身體上。當我持續停留在淨空心靈的狀態，情緒便會漂浮在淨空心靈的空間中並澈底獲得淨化。以下是YouTube頻道訂閱者寄來的故事：

我一言不發做著鏡子靜心，卻發現自己的臉變得凶狠且扭曲，接著白光籠罩我的上半身。我不知不覺流出眼淚，並開口說「我愛你，這段時間辛苦你了」。過去經歷的所有痛苦，都像跑馬燈般在我眼前跑過，同時忍不住放聲大哭。我開始乾嘔，吐出紅色的黏稠液體。六年來，我一直有熱潮紅的問題，吃了很多藥都沒有改善，現在終於能夠接受這件事了。

✦

我平常做鏡子靜心時，都跟鏡中的自己對看，並用嘴巴把怨恨、生氣等情緒說出來。今天我依照 YouTube 影片說的，同時看著眼前與身後的空間，不去想任何情緒，只是用心看著整個空間。接著就像有白色的煙霧環繞我的身體，覺得自己置身濃霧之中。我發現我的臉變黑，有時會看不見眼睛、鼻子、嘴巴。

Q：感覺不到自己的身體不是立體的，該怎麼辦？

我的心原本是根源之光，視野是完全開放的，能看見所有地方。當我回歸根源之光看見整個宇宙後，便會發現宇宙其實是我心中的幻影。根源之光會依照我內心的想法閃爍，創造出名為宇宙的幻影。想法沒有長、寬、高，因為它不是立體的。在心中的事物怎麼會是立體的？非立體的想法編織出的幻影，自然也不會是立體的。

不過當我縮小視野，透過肉眼看世界時，與肉眼連接的大腦，就會讓我看見它的想法，我會看見想法編織的幻影，並以為幻影是與我分離的立體存在。這是因為我們只從肉眼所在的位置，看見事物的其中一面，才會產生這樣的錯覺。

如果難以從錯覺中醒來，該怎麼辦？我的身體存在哪裡呢？存在宇宙空間之中。宇宙空間會在哪裡浮現？會在我心中浮現。我至今所過的人生，都存在我的心中。當我離開這個世界，我的整個人生也會漂浮在我的心中。宇宙就在我心中，我的身體也在我心中。而在我心中的事物會是立體的嗎？

Q：為什麼會流淚或哭泣，臉會變得奇怪？

我們原本都活在愛之光當中，獲得身體後才來到地球度過人生。我們活在「身體就是我」的錯覺中，覺得自己與根源之愛失去連結，所以每個人的潛意識都烙印著「我被拋棄了」的想法。感覺自己與愛隔絕時，便會感受到巨大的委屈、悲傷、孤單、怨恨、詛咒、憤怒、挫折和絕望。

因為我們誤以為身體就是自己，便會為了獲得他人的愛與認同，過著汲汲營營的人生。我們之所以會竭盡全力獲得金錢、權力、地位、名譽等，不也是因為這樣嗎？因此，當我們感受到無條件且絕對的愛時，便會流下感激的淚水。

我爸爸在我六歲時去世，媽媽留下我們姊妹自行再婚。奶奶跟姑姑都很討厭我，每天晚上都要我陪酗酒的小叔叔喝酒。他酒醉睡著後，我才能勉強從酒瓶中脫身，哭著去找媽媽。叔叔從小學三年級開始性侵我，一直到國中我都會隨時被他侵犯、施暴。其他家人也會對我惡言相向，跟我說「沒把你送去孤兒院還願意給你飯吃，要懂得感謝」。

一直到五十歲的現在，我都非常依賴酒精，更因為全身無力、提不起勁而臥床好幾年。後來我決定坐到鏡子前，看著自己的額頭中央，對自己說「我很怕這樣下去會死掉」「這個世界好可怕」「人類好可怕」。接著我發現自己的臉變得像嚴重瘀青一樣，兩隻眼睛變成一隻，眼球還變成紅色，整張臉像死人一樣浮現青色的血管。我也感覺到雙腳和肚臍周圍像是有電流流過，讓我起雞皮疙瘩，接著便開始嘔吐。

前面也提過，壓抑在潛意識中的情緒人格沒有身體，所以會利用我們的身體表達自己。做鏡子靜心時，看見自己的臉變得像陰差、怪物、魔鬼，都是這個原因。**我遇見的每個人都是我自己，因為整個現實就是我心中的夢境，是一部電影，而在我人生電影中登場的所有人，自然都是為了反映我的心而演出的我自己。**

大腦的表面意識會刻意區分他人與自己，認定「我是受害者，對方是加害者」，不過其實加害者也是我自己，所以請你回顧過去吧！身為加害者的對方、身為受害者的我，是不是都在內心浮現？這樣就能明白，加害者與受害者都是我心中的想法編織出來的形象。認為對方是加害者的想法，其實是源自認為自己是受害者的想法，受害者這個想法是從加害者而來。前者藉著後者而生，後者藉著前者而生。將借來的想法還回去，一切就會歸零，實際上什麼都不存在。我們只是用自己的觀點創造了受害者與加害者，並令自己痛苦。

做鏡子靜心時，加害者的凶狠表情會出現在我們的臉上，因為加害者也是我們的想法編織出來的形象。不過當我們回歸根源之愛，以觀察者之眼看待一切，那凶惡的加害者也會消失在愛之光當中。

Q：做鏡子靜心時，為何會看見光或身體消失？

最近我在做鏡子靜心時，經常看見紫色、粉紅色的光從頭上一團一團噴出，圍繞上半身，或是籠罩整個上半身的光芒聚集在額頭中央的景象。有時我睡到一半醒來，在半夢半醒中睜開眼睛，也會看見一團團美麗的光飄浮在空中。不知道是不是錯覺，我會不會是看見幻象？但又因為現實狀況真的改善不少，所以我很想相信，這些神奇的現象其實就是我正在被療癒的證據。

✦

我以前都會坐在鏡子前，邊靜心邊出聲告訴自己「我活在無限的愛之光當中」，但今天只是靜靜坐在鏡前，看著自己一小時。我看見鏡中的一切消失，紫色、黃色、淡綠色的光如雲霧般浮現，觀賞著那些光的團塊，就這麼呆坐了一小時。我是個心中充滿恐懼的人，但持續做鏡子靜心到現在，恐懼完全消失了。

✦

我最近都有做鏡子靜心，但不知道是不是因為整天都處於靜心狀態，總是能一直看到淡紫色、藍色、紅色的光像鞭炮般炸開，如蝴蝶般翩翩起舞，光會在好多地方不斷出現、消失。書桌、椅子、家具等器物像是飄浮在海上，隨著海浪各自搖擺，例如有時當書桌停下來不動，其他的物品就會動。這種情況持續了四天，不知道是不是因為我很暈，又有低血壓的關係，一直很想吐，吃東西也有消化不良的感覺。我的心臟跳得很快，還去了急診室一趟，但醫生說我的血壓跟心跳都正常，所以我現在正努力承受這些現象。

✦

我今天早上、中午、晚上各花了一、兩個小時做鏡子靜心，結果工作時偶爾將視線移開，就會看見紫色與白色的光在眼前炸開，到了晚上甚至變成深紫色的水波在眼前蕩漾。我想是因為我花了很多時間靜心，才會清楚看見這些光，心也感覺輕鬆許多。

✦

我每天都持續做鏡子靜心，從來沒有一天漏掉。幾天前我的臉上開始出現漂亮的淡紫與淡綠色光芒，通常都是從頭慢慢擴散到身體，也在鏡中看見頭頂出現另一個我，那個我彷彿是由白色的光拼湊而成。

✦

我最近做鏡子靜心，告訴自己要接納哪些情緒時，鏡外的牆上一直有個透明煙霧形成的人形反覆出現、消失，且持續了大約兩天。第三天我開始流淚，在抽泣時又看見自己的臉跟身體完全消失，臉的輪廓變成有色的光，身體則變為透明，跟背景融為一體，並持續了兩天。由於當時我是半閉著眼看廁所裡的鏡子在燈光下哭，也在想會不會是眼淚造成的，不知道自己到底做得對不對，還是因為聽說別人的身體消失，希望自己也能有相同的經歷，才刻意製造出這種現象。我實在很疑惑。

包括我的身體在內的萬物，都是由根源之光創造的。光線依照我的想法產生波動或振動，進而創造出幻影。宇宙是由光線與想法編織而成，若我的想法在鏡子靜心的過程中消失，就會看見身體、情緒、事物等因想法而誕生的一切發光並消失。

不過，不需要害怕。當肉眼對焦後，身體便會回來。承諾要修習人生課題的這一百年內，我們都必須帶著身體生活。只是越做鏡子靜心，身體與臉就會逐漸變成高頻率的光線，變得細緻、美麗且健康，情緒也會逐漸淨化，發出耀眼的光芒，而由自然光創造出來的現實，也會逐漸變得明亮開朗。

「觀察者」只是形容根源之光、愛之光的中立用詞。根源之光是頻率無限的光線波動，光線的振動頻率若變得超越想像的快，反而無法產生任何動作，不會發生任何波動，而能夠接納並包容所有的光線波動與能量波動。

所有的情緒都是光線的波動，也是能量的波動，所有波動都並非實際存在。正能量藉由負能量而生，愛藉由恨而生，喜悅藉由悲傷而生，幸福藉由不幸而生。能量的波動是只存在當下、不斷閃爍的光線。正能量與負能量（也就是陰陽能量）結合後，便會歸零。

做鏡子靜心時，若能夠接納所有情緒，我們就會成為淨空的心（零），化身為透明的白光。試著把所有的光都合在一起吧，最後就會成為白光，這樣一來其他顏色的情緒也會跟著消失。

Q：胸口很悶，但為何情緒沒有湧現？

雖然透過鏡子靜心讓心變得平靜，但我心裡的某個地方還是鬱悶不已，那似乎是被拋棄的我留下的情緒團塊。情緒並不像以前那樣持續湧現，我仍持續觀察、靜心，但這樣做真的能抒解情緒嗎？我有時會感受到令我雙腿癱軟、彷彿被鈍器敲擊般的巨大情緒從心中湧現，但當下我正在做事，所以會刻意壓抑。後來我想再回想這些情緒，卻沒辦法像當時那麼順利。

剛開始做鏡子靜心時，很多人都會覺得胸悶。這是因為壓抑的情緒雖然湧現，卻無法完全排解的關係。為何會無法排解？若有情緒受到壓抑，就會伴隨著與其成對、受到壓抑的刻板觀念或羞恥等讓人想隱藏的情緒。若我們能夠完全脫離身體，就不會發生這種狀況。

因此，遇到這種情況時，我們應該好好檢視自己，是否仍將自己等同於羞恥、恐懼等情緒，仍然停留在身體裡，接著必須同時接納這些情緒的存在。**會動的一切都不是觀察者，唯有靜靜看著會動的一切、沒有任何動作的淨空心靈才是觀察者。**若能夠不放棄，繼續堅持下去，心就會在不知不覺間淨化，並漸漸回歸淨空的觀察者之心。

Q：排出的情緒能量會再回來嗎？

壓抑的情緒能量若顯現出真面目，就會感受到死亡的恐懼，所以會拚命抵抗：讓身體扭動、讓你肚子痛、嘔吐、流鼻血……抵抗的同時，也會漸漸離開身體。過程中，也可能會發生輕微意外，或身邊的人一起承受痛苦的現象。情緒能量也是能量，所以當情緒能量離開身體時，身體可能會感到飢餓而想吃東西。

情緒能量是數千年來被壓抑在我們潛意識當中、已經人格化的存在，無法一夜之間就清除。觀察者的愛是無限、有韌性且懂得等待的。我們必須用看顧孩子的心情，持續觀察長時間受到壓抑進而產生毒性的情緒能量，逐漸恢復成原本的純淨情緒。

當獲得淨化的情緒恢復成原本的純淨情緒，就不會再繼續折磨我，而是會幫助我：遇到不合理的事時，純淨情緒會讓我生氣，並協助我未來不再遇到同樣的事；需要對小孩做出尖銳批評時，純淨情緒也會令我憤怒，並做出能夠幫助孩子生存的必要指責；當深愛的家人去世，純淨情緒會令我悲傷，並表達悲痛；缺少生活費時，我會感到害怕，而極力避免面臨這可怕的情況。

潛意識獲得淨化後，我將與根源之愛合而為一。如此一來，當我需要純淨情緒時，便會現身來幫助我，之後它就會回到原本的地方。

Q：用大鏡子效果會更好嗎？

若你整天待在小房間，突然走到外頭仰望寬廣天空，一定會覺得豁然開朗吧？休假時若想出去走走、吹吹風，你會去哪裡？會到能看見寬闊草原或寬廣大海的所在，或是離家很遠的地方。為什麼？因為看到越開闊的空間，心靈的視野就越開闊；當心靈視野變開闊，想法與情緒也會減少。

那麼，為了意識到身體所在的３Ｄ空間，其實是存在我心裡的幻影時，需要怎樣的鏡子呢？跟小鏡子相比，大鏡子的效果當然比較好，因為大鏡子更能給人看著開闊空間的感覺。不過就算是用小鏡子，只要身後背景是白、淺粉紅或淡色系等能讓空間感覺開闊、明亮的色系，就不太需要在乎鏡子的大小。**關鍵在自己的心有怎樣的感受**。最好經常並長時間做鏡子靜心，直到潛意識獲得淨化。要將人類上千年來共同壓抑在潛意識中的情緒完全淨化，需要一段時間。

第 9 章

鏡子靜心 Q&A：第二部

Q：即使沒反應也持續做，能夠淨化潛意識嗎？

這幾個月無論我怎麼努力，都無法理解鏡子靜心的道理。就在我花兩天實際做了之後，突然感到非常煩躁，一股令人提不起勁的負面能量爆發開來，昨天才終於平靜下來。今天我又繼續做，發現竟然能夠完全理解了，瞬間流下歡喜的淚水。清除心中的負面情緒後，也就不會努力想抓取與其成對的正面情緒，感覺整個腦袋變成淨空的空間，看待事情的態度也截然不同。

彷彿置身其他時空的感覺……我終於領悟到自己不是活在由外界定義的非黑即白世界，而是活在我腦中的無限空間中。我難掩興奮，這種感覺就好像我是個天真單純的孩子。我真的非常感激，也終於理解「世界本身就很美好」這句話的意義。我竟然領悟了這一點！我真的好快樂，謝謝您。

我去年接受肺癌手術，還做了化療，所以對新冠肺炎疫情感到相當恐懼。就算只是收看相關的新聞，都會持續感到害怕。這時，我會在心裡對自己說「真的好害怕感染新冠肺炎死掉」，說完就會平靜許多。持續這麼做下來，發現越來越能輕鬆排解這份恐懼。

✦

我兒子住在大邱，所以我很擔心新冠肺炎疫情會影響到他。看了YouTube的影片後，我在鏡子前對自己說「好擔心在大邱的兒子會感染新冠肺炎」「兒子住在新冠肺炎流行區，我真的好怕」。說完後，竟開始流淚並放聲痛哭。不過後來即使再看到相關新聞，我也不會擔心了，而能夠以平靜的心情面對。當然，我還是很認真戴口罩、勤洗手，不過能夠以接納恐懼的心面對這一切，讓我覺得很放鬆。

✦

我做鏡子靜心約兩小時，身體不受控制地強烈顫抖、震動（平時沒用到的肌肉隨意動了起來，身體也不受控制地動作），過了好幾天也還是沒改善。活到現在，我做過很多修行，也嘗試許多提升心靈的方法，卻從來沒發生過這種情況，真的很神奇。之後我早晚都會坐著，依照YouTube上「遇見根源的我靜心法」影片教的方式練習，這時都會感覺到微微的震動。

昨天也是，鏡子靜心做到一半，我覺得身體中後半的地方開始顫抖與震動。我了解到，原來自己一直壓抑了許多無法承受的想法與情緒。雖然我不像其他在影片下方留言的人一樣，發生看到光線、自己的臉孔扭曲或現實改變等狀況，不過光是這種震動顫抖的現象持續發生，就讓我覺得應該是潛意識得到了淨化，真的很開心！

✦

困擾著我的無力感，幾乎可說是天下無敵的難纏。於是我透過「遇見根源的我靜心法」及鏡子靜心等方式，一點一點打開自己的潛意識，看見心中的不安，同時也發現身體一點一滴地改變。現在我停掉長期服用的藥，可以安穩入睡，也逐漸擺脫過去無法擺脫的強迫症。身體狀況則時而好轉，時而又受重病所苦。今天早上我的肩膀發出「喀噠」聲，同時感覺到困擾數十年的肩膀疼痛澈底消失。

過去我早晚都會不自覺地流淚、汗如雨下，身體到處紅腫發炎，還有過幾次不明液體從子宮流到會陰的情況。昨天我的右膝又突然痛了起來，而我覺得那正是自然療癒的徵兆。

✦

剛開始做鏡子靜心時，我沒有感受到任何情緒，最近卻能夠盡情地把「我被拋棄了，很不想活，但也好怕死」等話說出口，也會看見鏡中的自己變得扭曲且凶惡，即使如此，我還是持續做。我雖然因為做了鏡子靜心而大哭，卻不曾看見光芒或經歷身體消失的體驗。昨晚我夢見自己流鼻血又嘔吐，這代表我正持續淨化潛意識嗎？

✦

我處在極度恐懼的狀態。如果我在想像恐懼的狀態下做鏡子靜心，身體就會劇烈震動好幾個小時，直到筋疲力盡。看了YouTube影片後，我想「或許這代表了什麼，只是我用了錯的方法」，便嘗試用胎兒時期的心情思考、理解這份情緒。

我媽媽在婆家過著很苦的生活，我邊靜心邊思考她在懷我時感到的不安、痛苦，對我帶來怎樣的影響。我對自己說，「媽媽，我真的怕得要死，好痛苦，實在難以呼吸。媽，你不要有想死的念頭，我雖然很難過，但不想死。」接著我也感受到媽媽的心情。鏡中的我和房間的背景完全消失，只剩下一片白光。我想，「這就是我的恐懼根源嗎？」之後情緒便平靜不少。

✦

我曾在感到羞愧時去做鏡子靜心，也有過連續三天受情緒所苦，但靜心後情緒便消失無蹤的經驗。最近我會在靜心時思考自己對各項事物的恐懼（因為現實生活有點不愉快），這個情況也會持續好幾天嗎？

✦

原本我看著鏡子時，只覺得眼睛很痛，但不會發生任何改變。不過最近要是盯著鏡子看久一點，就會發現四周變得一片漆黑，我的臉上有黃色、淡綠色的圓形光點，轉了幾圈後消失，接著變成一閃而逝的白光，最後再用肉眼去看，就只能看見原本的我。那時的景象就像燈光的顏色不斷改變，我很好奇那究竟代表什麼。靜心前我非常想哭，但後來情緒稍微浮現便消失，我也沒有哭出來，只覺得胸口有點悶。

✦

一個月前，老公寄信來跟我說他變心了，並提議離婚，不過我實在無法放他離開。於是我從五天前開始做鏡子靜心，沒想到老公的態度一點一點改變。他開始回家睡覺，跟我待在客廳裡，也會吃我做的菜，語氣也變得比較溫柔。

不過可能被拋棄、對死亡的恐懼仍不斷侵襲我，靜心過程中我覺得肚子上半部有沉重的悶痛感，我覺得這代表一股十分巨大的恐懼。我開始不停流淚，當恐懼越來越大時，也會在臉跟身體上看見黑藍、亮綠和黃色的光，接著感覺到彷彿有東西要從肛門排出。

起初我覺得不安、恐懼到難以呼吸，靜心後則變得比較平靜。現在只要不安，我就一定會去鏡子前靜心，反而花太多時間在鏡子前了。

✦

我十四歲時被診斷罹患兒童糖尿病，直到現在還必須每天施打胰島素。我生病後，父母對我口不擇言，也會在別人面前羞辱我。我一個人躲起來打針，也獨自回診。父母看見我因為併發症而腫脹不已的臉，總是嘲笑我並要我減肥。

胰島素針的副作用讓我經歷許多痛苦，我不敢照鏡子，生怕看見醜陋的自己，只想躲起來。而我壓抑著這樣的心情步入婚姻，生完小孩後得了風濕與紅斑性狼瘡。我這才知道，原來兒童糖尿病、風濕與紅斑性狼瘡都是自體免疫疾病。因為我總是厭惡、攻擊自己，才會一直得到自體免疫疾病嗎？醫生說無法根治。淨化了潛意識後，這些病也能好轉嗎？

✦

我第一天做鏡子靜心時，無論怎麼做都沒有任何情緒；第二天卻突然覺得心酸、流淚，後來又突然停止流淚。到了第三天，我突然眉頭深鎖且呼吸急促，不自覺脫口說出「好悶」兩個字。我無法呼吸，頭暈目眩，非常難受。休息後，我又重複做了三次靜心，每次都出現同樣的反應。我打算繼續認真做下去，直到潛意識的情緒獲得淨化為止。

做鏡子靜心時，如果沒有像別人一樣立刻出現反應，很多人會感到焦躁不安。焦躁的人是誰？是潛意識中想著「不能輸給別人！」「別人都可以，為什麼只有我不行？」的自卑自我、被拋棄的我。這個我誤以為身體就是自己，並恐懼地認為自己不能落後，否則將難以生存。而這個自我是為了誰才會如此恐懼、焦躁不安？是為了我的身體。

不過我的身體並不是「真正的我」，而是我使用約一百年後就要歸還的內心幻影。受恐懼所苦的自我，也是我的想法人格化而成的幻影。會動的一切，都只是會流動的能量波動。只要我以觀察者的淨空心靈接納一切，這一切便會消失。了解這件事後再開始做鏡子靜心，心靈就會變得較為平靜。**所有事都發生在我心中，越是接納這些事都發生在我心中，我就會漸漸與觀察者的心合而為一**。

鏡子靜心的效果，取決於我脫離身體、與觀察者的心合而為一的程度。此外，有沒有持續做下去也是關鍵。光是在鏡子前，客觀地看著身體所處的 3D 空間，就能讓壓抑的情緒漂浮在淨空的空間，並開始消失在無限頻率的根源之光中。

每天淨化一點點，淨化會漸漸變得更容易。聽聽瀕死體驗者遭逢意外、完全脫離身體後重新回到人世的經驗談，你會發現，脫離身體後便沒有什麼事是做不到的。越脫離身體、以觀察者之眼看待世界，就越能與根源之愛結合。我的身體、家人、遇見的每個人、眼前的現實、整個宇宙，都是根源之愛中的幻影。當我越與根源之愛結合，其所生出的幻影就越會回歸其中。以下是親身體驗者的證詞。

Q：為什麼必須展現傷痛才能獲得療癒？

我媽媽從去年底到現在總共住院四次。這段期間，住在媽媽家附近的我每天要跑五、六趟送餐並協助她吃藥。我去年失業，本來打算今年去考證照並重新就業，卻得要照顧媽媽和因為新冠肺炎疫情而必須待在家的孩子，實在是身心俱疲。而我也非常好奇，究竟為什麼我無法擺脫疲憊的現實。

我嘗試做了幾次鏡子靜心，卻沒有什麼反應。而且在家時孩子總黏著我，實在沒有時間靜心，讓我覺得很煩。後來我為了幫媽媽整理換洗衣物，會在清晨時去她家，也有了能做鏡子靜心的時間。起初我不知道該說什麼、該怎麼開始，只是把自己這段時間過著怎樣的生活說出來。

「我只希望吃了一輩子苦的父母能夠幸福。我一直為媽媽而活，甚至可說是將人生全部獻給了她。我希望在經濟上幫助父母，便放棄升學去就業賺錢，我一直不知道自己究竟想要什麼。媽媽一直資助哥哥，讓我忿忿不平，不過我總是以樂觀的心態面對自己的人生。」

我就像隻鸚鵡，不斷重複對自己說「我活得非常認真」。我透過鏡子，呆呆望著自己不斷重複這句話的模樣，接著突然不受控制地說：「不要再強迫我犧牲了，不要再強迫我犧牲了。」

我瞬間哭了出來，看著鏡中的自己哭了好一段時間，接著我臉上依序出現好多人的臉，其中也有怪物般帶著可怕表情的臉。哭了一陣子後，我看見身後出現白光包覆著我的剪影，旁邊則有藍色的光芒。一直以來都只透過您的影片聽到大家的體驗，現在我也有這樣的體驗，真是覺得太神奇了。

即使人生艱苦、孤獨，但我也總是以樂觀的心態安撫、鞭策自己。而我現在終於明白，這樣的我心中，也有真心愛著我自己的存在，對我來說這是最令人感激的安慰，也讓我的心情變得輕鬆許多。

身體受傷了，卻刻意把傷口蓋起來，只是不停擦外用藥，這樣傷口會好嗎？傷口必須暴露在外才會好起來。掀開傷口時固然會痛，不過若因為疼痛而刻意掩蓋，傷反而會越來越深，最後化為難以承受的痛苦反撲。

我們必須揭露傷口，才能療癒傷口，內心的傷也一樣。我們掩蓋了壓抑在深層潛意識中的傷口，持續安慰自己，以樂觀的心態鞭策自己，那傷口會怎麼樣呢？會化膿。當傷口嚴重化膿，就必須剜去受傷的部位，代表失去了身體的一部分，也可能惡化成更嚴重的病。

這為投稿者為何一直以「善良的我」過生活？是為了獲得媽媽的愛。雖然埋怨、厭惡媽媽只支持哥哥，同時也擔心若讓媽媽知道，就可能更無法得到她的愛。如果能接納埋怨、厭惡媽媽的「壞心的我」，人生就不會如此艱困。因為不斷壓抑那個埋怨、厭惡的「壞心的我」，於是「壞心的我」就變成了怪物。

鏡子靜心能幫助開啟潛意識，所以看見自己的臉變得像怪物一樣絕非偶然。成為怪物的「壞心的我」，是一個人心中人格化之後的人。壓抑在潛意識中的「壞心的我」創造出我的現實，漸漸編織出一個會讓我不斷埋怨、感到厭惡的現實。

媽媽住院四次，失業的我必須負責照顧她，還要費心照顧孩子，這樣可恨的現實不斷在眼前上演。這可恨的現實是誰創造的？就是我創造的。是因為我緊緊抓著「善良的我」，所以與其成對的「壞心的我」高喊著：「都做到這樣了，你還不願承認我的存在嗎？」並編織出令人不快的現實。**如果眼前的現實生活令你痛苦萬分，你就該意識到「原來是我在折磨我自己」**。

據說執著於「善良的我」的人，特別容易得乳癌。乳房是女性的性徵，同時也是愛的象徵。若只是滿懷愛意，卻不懂得接受他人的愛，便無法真心感受愛為何物，只會為了獲得愛而疲於奔命，接著與愛成對的情緒——恨——便會浮現。**壓抑不斷湧上心頭的恨，強迫自己為他人犧牲，是自虐的行為**。恨會攻擊我們的心，而自體免疫疾病也是因我們攻擊自己而起。

這話的意思，並不是要各位拚命獲取別人的愛，而是**必須懂得愛自己**。需要為了自己拒絕別人時，就必須勇敢拒絕。為何會無法拒絕別人？是因為害怕不被他人愛。**無論有沒有獲得他人的愛，我們都能活下去**。接受這兩個成對的想法，恐懼便會消失，我們的心便能恢復淨空。當心變得淨空，就能明白我們活在根源之愛當中。

Q：可怕的情緒也必須如實表現出來嗎？

我媽媽是完美主義者，從小就經常打我。我上了國中後也會反抗，跟她吵架，甚至還得了憂鬱症。有天晚上我們吵得很凶，我看到菜刀的瞬間，有了危害媽媽的想法，讓我十分驚訝，也覺得自己好可怕。之後我只要看到菜刀或水果刀就會心跳加速，邊把刀子收起來邊想，「如果我拿刀傷害別人怎麼辦？」甚至因此失眠，還接受精神科的治療，但都沒有什麼效果。後來聽見您說無論情緒再怎麼可怕，都還是要完整接納，我便鼓起勇氣站到鏡子前。

「我想拿刀刺死別人。」「我想拿刀刺死自己。」

說出這些無法輕易面對的話之後，我開始哭，直到整張臉脹紅。做鏡子靜心前，我經常夢到害怕自己掉進水裡，那天晚上卻做了冰水中有大鯨魚的夢。

當我受到他人的攻擊，我便會想攻擊他人。因為「受到攻擊」的想法與「攻擊他人」的想法是成對的，前者藉後者而生，後者藉前者而生。在潛意識中，我們不會區分對象是父母、敵軍、孩童，還是老人。能量顯化前只是一股波動，情緒也是能量的波動。

只要不阻擋，所有能量的波動都會逐漸流逝。因此無論怎麼可怕的情緒，都別用自己的標準判斷，只要完整接納就好。唯有這麼做，壓抑的情緒波動與干擾的想法能量波動，才不會相互糾纏，得以自由流逝、消失。

這位女性在做鏡子靜心後，夢見在冰水裡的巨大鯨魚，代表她察覺到壓抑在潛意識中的巨大情緒。當壓抑的情緒被發現，就會開始與我們分離，我們也不會再受到它的支配。假使未來再看見刀，浮現可怕的想法，也不會被情緒牽著鼻子走。

我做了鏡子靜心，卻完全沒有任何情緒，感覺十分平淡。幾個月前，我發現先生偷藏了小三寫的信，看完便感覺到情緒湧上來，真的非常害怕跟恐懼，本想直接把信撕掉，但又鼓起勇氣重新讀了一遍，這次感覺到的是無比的憤怒，心中還充滿怨恨與辱罵。我意識到，我心中潛藏著怕被先生拋棄的恐懼。

我在鏡子前坦誠恐懼，說「我真的非常怕被老公拋棄」，之後一整天都非常難過。有兩天的時間，我一直在恐懼籠罩下反覆閱讀那封信，神奇的是，隔天我覺得先生的態度開始轉變。過去老是在玩遊戲的他，突然開始運動、讀書。以前我看到兒子就覺得鬱悶煩躁，現在那股煩燥感也消失了。

當然，雖然我的恐懼還未完全排解，不過光是在發現那封信的當下，我沒有因為無法處理情緒，而把喝醉酒的老公叫醒，對他摔東西、哭給他看，或是說什麼「對你很失望」之類的話，就已經非常了不起了。其實我還是很害怕，覺得羞愧、不安，不過光是知道情緒湧現時該如何處理，就已經帶給我很大的安慰。

這位投稿者只是在鏡子前對自己說「非常怕老公被拋棄」，接納心中壓抑的恐懼，為什麼就能讓她害怕的事不發生呢？恐懼其實並不存在，只有在我壓抑它時才會發揮力量。當我接納恐懼，恐懼便會與我分離，之後便會像泡沫般破滅消失。

所有的情緒都是如此。抗拒、壓抑情緒，會使情緒像真實存在一樣發揮巨大的力量，但接納並感受情緒時，它便會消失。因為情緒也是一種想法，當我們正面看待所有想法，便會發現想法其實是泡影般的幻象。當恐懼消失，恐懼所創造的可怕現實也不會發生，因此無論情緒有多麼可怕，也不該隱藏或壓抑，應該毫不猶豫地讓它展現出來。

Q：做鏡子靜心時，為何父母的玻璃碗會一直破掉？

我開始做鏡子靜心後，現實一點一點地恢復平靜。以前，我總活在好像會發生什麼事的不安之中，但最近比較不會有這樣的擔憂，甚至開始懷疑，「我真的可以過著這麼平靜的生活嗎？」

不過最近我也有一些奇怪的經驗。不久前我去了父母家一趟，感到很不安，便偷偷到廁所做鏡子靜心。我發現自己的臉變黑，且莫名在心中大喊，那瞬間我聽見「啪」的聲音，走出去一看，發現人在廚房的爸爸不小心把杯子摔破了。我嚇了一跳，便暫停靜心，接著突然渾身發毛想著，「這該不會是因為我吧？」

之後，父母家中就經常摔破杯子或玻璃碗盤。昨天爸媽跟我聯絡，說新買的玻璃餐盤放在桌上，卻莫名地「啪」一聲破掉，覺得非常奇怪。還有最近我的肚子周圍也不小心被火燙傷，我在想或許是因為做了鏡子靜心，才帶給父母這些困擾，也因此無法專注，總是自責地想，「是不是不該繼續做下去？」

做鏡子靜心的人是我，但為何是父母家的玻璃器皿不停打破？我們的身體處在能量場中，其中壓抑著許多成對的情緒能量。我因為「好」而刻意抓住、挽留的情緒，以及因為「不好」而刻意掩蓋、壓抑的情緒，都同時存在能量場中。

這些情緒成為擁有生命的人格後，就不會主動離開。他們會認為自己擁有身體的掌控權，並緊緊依附其上。而當我利用鏡子，察覺身體就是幻影時，壓抑的能量場會發生什麼事？能量場同樣也會漸漸消失在我心中的幻影裡。

當能量場消失，情緒便會死去，感受到死亡恐懼的情緒會如何呢？會疑惑地想「我的身體消失到哪去了？」並為了不要死去而激烈反抗、掙扎，希望能繼續依附在身體上。父母的情緒若與我的情緒共鳴，會對這種情況有什麼反應？同樣也會感受到死亡的恐懼。他們會嚇一大跳，並且發生打破玻璃製品一類的事。

如果像這位投稿者一樣，讓壓抑在潛意識中的情緒浮現到表面意識的身體上，卻突然中途停止，會發生什麼事？情緒會變得更加強大並盤踞著不肯離開，進而創造出更強大的負面現實。所以在鏡子靜心的過程中，能夠與我擁有的情緒共鳴的人，便很有可能經常對我發脾氣。讓我們來看下一個例子。

Q：做鏡子靜心時，為何別人總會對我生氣？

最近我每天都會做鏡子靜心，不過奇怪的是，對我態度隨便的人越來越多了。我明明沒做錯任何事，客人卻會對我大吼大叫、發脾氣，這時我會心跳加速，一言不發地承受一切。我先生也經常翻舊帳，找我麻煩，我可以理解他這麼做的原因，但不能理解顧客是為了什麼而對我發怒。以前都不會有這種事，真的好煩。

這位投稿者十天前也寄過同樣內容的信：

無論在職場還是在家裡，只要有空我就會做鏡子靜心。「媽媽，是我，我真的很怕被你殺死，請你救救我。我也想被愛，這種因為恐懼瑟瑟發抖的日子，真是讓人感到好羞愧。」我會對著鏡子哭喊，並且又嘔吐又打呵欠，還會出現全身痠痛的症狀，但結束後內心反而變得非常暢快。不過最近經常發生陌生人對我惡言相向、發脾氣的情況，讓我更不敢站在人群前了。工作經常不順，跟人約好見面也常常取消，真的很難過。

這位女性在做鏡子靜心時會吐、打呵欠，還會有全身痠痛等身體反應，這代表潛意識開啟，壓抑的情緒浮現到意識表面，如果情緒沒有浮現，身體就不會有這些反應。

但為什麼經常發生陌生人突然對自己惡言相向或發脾氣的情況？當壓抑的情緒停留在潛意識中，他人身上與我有共鳴的情緒，同樣也會停滯不動。但當我做了鏡子靜心讓情緒浮到意識表面後，其他人身上能與我產生共鳴的情緒，自然也會跟著浮現。而那些人也不知道為什麼自己會感到不愉快，便會認為原因出在近在咫尺的我身上，轉而責怪我。顧客會對我生氣，也是屬於這樣的情況。

那麼我該做什麼呢？就是繼續做鏡子靜心，完整接納尚未完全排解的情緒。當情緒完全排解，我也會豁然開朗，而和我相遇的人也不再會與我共鳴。這位女性在大約一個月後領悟了這個道理。

我依照您的建議，持續做鏡子靜心超過一個月，發現自己漸漸變得平靜。以前客人莫名其妙對我發脾氣時，我會變得激動且焦躁，但現在不一樣了。如果是以前，我一定會急著辯解或安撫客人，讓對方冷靜下來，但現在只會想「那個人在生氣」，並靜靜看著客人。接著對方就會對生氣這件事感到羞愧，並有些洩氣地離開。

不久前，一位曾經發過脾氣的客人再度來訪，把整件事說開。我真的很開心，想著，「哇！我竟然能夠有這樣的改變。」可以觀察對方是否與我的情緒共鳴，讓我的心變得平靜許多，整個世界也隨之改變，家人關係也變得更穩定。能一直過平靜的日子真好。

當我做鏡子靜心淨化自己的情緒，我就會成為觀察者，不會被情緒擺布，能夠靜靜觀察那些單純的情緒在心中飄盪。對方生氣時，就會觀察自己心中是否有與其共鳴的怒火浮現，若有便接納，它便會離開。不隨對方發出的怒火起舞，如此一來，對方也會感到難為情。**只要我不做反應，對方就會看見自己的怒火**。以下這個例子也是類似的情況：

產生劇烈的身體反應後，我陷入極度的無力。一整天不吃、不梳洗，也不上廁所，只是一直躺著。靜心的過程中，我以觀察者的身分看著身體的變化。昨天我因為一件不起眼的小事，跟先生發生劇烈的爭吵。先生平時不太會生氣，那天卻對我大吼大叫，一直摔東西，並在凌晨離家。而我並沒有感覺到悲傷、憤怒、孤單，沒有感受到任何情緒。今天我喉嚨的皮膚上起了很大的疹子，我很好奇這是否是一切在淨化的過程中產生的現象，而昨天先生展現給我看的模樣，是否就是我內心的憤怒？

情緒能量排出時，會暫時感到有氣無力、沒有動力。負面的陰暗氣息也是一種氣息，所以當陰暗氣息排出體外後，體內就會充滿愛的氣息。這時，只要像這位女性一樣，靜靜觀察身體的反應，以平靜的心情繼續做鏡子靜心就好。這位女性的情緒並沒有與先生的情緒共嗚，代表憤怒獲得了淨化。

Q：做鏡子靜心的過程中，為何會出現加害者的臉？

我這輩子都只穿褲子。穿裙子時感覺像在穿別人的衣服一樣彆扭，很不自在，所以我都不穿裙子。讀大學時、出社會後，我也幾乎只穿褲子。這似乎是小學時被性騷擾的後遺症，也或許是我初經來潮時，媽媽用嫌麻煩的表情對姊姊說「你教她要怎麼辦吧」，讓我覺得非常羞恥。從那之後，我便一直壓抑著對女性性徵的嚴重羞恥感。

奇怪的是，在做鏡子靜心時，我卻看見許多男性的臉孔。起初幾乎都是男人的臉孔，有年輕男性、中年男性……還有，我的右手、右邊的牙齒從以前就經常出問題，總是右手腫起來、右肩疼痛。

這位女性小時候曾經被性騷擾，有過女性身分遭到貶低的經驗。那時她感受到「身為女性非常羞恥」，卻將這種情緒壓抑在心中。壓抑的羞恥逐漸變大，人格化成為「對身上的女性性徵感到羞恥的自己」，於是感覺穿女性化的衣服很不自在。

女性化與男性化是成對的情緒，若其中一方受到壓抑，另一方同樣也會被壓抑。因為自己是女性而遭受攻擊的被害者對自己感到羞恥，並將其壓抑，而男性則成為攻擊自己的加害者，成為恐懼的對象，同樣受到壓抑。若感覺到被男性攻擊，自己也會想要攻擊男性，於是便會在心中攻擊男性，這樣一來，象徵男性的右手、牙齒等就會承受痛苦。

被我當成是加害者的男性，全都被壓抑在我的潛意識中。在做鏡子靜心時，遭受壓抑的被害者，也就是我的臉孔會出現，同時加害者的臉孔也會依序出現在我的臉上。由此可知，**身為受害者的我與身為加害者的對方，其實是同一人**。如果沒有受害者，就不會有加害者；若沒有加害者，就不會有受害者。當加害者的臉出現時，可能會令人恐懼萬分，也有些人會像以下這位投稿者一樣，因為太過害怕而停止靜心。

做鏡子靜心時，我會覺得眼睛失去力氣，臉的輪廓消失，並在我的臉上看見別人的臉。那張臉不斷改變，且出現黑色的陰影，也讓我驚恐地想這是否真是我的臉？我看著鏡子後的虛空，見到幾個人形陰影，望著望著突然就害怕起來，並停止了靜心。昨天我在鏡子後的虛空中竟看見佛祖的形象，今天也同樣在看見佛祖的形象後停止了靜心。

因為恐懼而停下的人是誰？是壓抑在我潛意識中的恐懼。這時，就在鏡子前對自己說「我害怕窺探自己的情緒，很怕會發生意外」，再告訴自己「我身處在無限的根源之愛中，根源之愛將會保護我」，就能再度以平靜的心情繼續靜心。

Q：做鏡子靜心時，為何我會變成我的家人？

我做鏡子靜心約一週，做第三次時感覺心口非常痛，痛到眼淚都流了出來。之後只要站在鏡子前，我就一定會流淚。試著站在傷害我的媽媽、爸爸、姊姊的立場說話，反而會哭得更凶。年幼時的爸媽和姊姊，都讓我感到心痛、惋惜。比起自己的痛苦，我更能深刻感受到他們的痛苦。痛哭一場後，隔天我感覺脖子後方非常緊繃，還全身痠痛並做了噩夢。直到一週後的現在，後頸的僵硬才逐漸緩解。

✦

昨天我閉著眼睛坐著做鏡子靜心，接著卻突然深深嘆了幾口氣，感覺自己進入了爸爸的身體，用他的眼睛觀看，發現整個世界沉重且冷酷。他賺的錢不多，對家人感到抱歉，也覺得自己很落魄。後來我看見為了想多賺一點錢，在清晨時分便離家出門工作的爸爸的背影，也接收到當時那彷彿能穿透心臟的冰冷空氣。我看見爸爸的工作情景，也聽見許多損人自尊的話，這樣的爸爸一直被當成罪犯般對待，人們忽視他，對他視而不見。昨天我第一次了解爸爸的心情，忍不住哭了出來。

✦

做鏡子靜心時，我很快察覺自己不屬於身體，而是成為了觀察者。白光包圍著我與周遭的事物，鏡子則像水一樣擺盪。我現在光想到那驚人的領悟，就感到悸動且幸福。順帶一提，我同時使用韓語和英語，想到先生或孩子時就用英語說話，想到父母時則用韓語說話。

✦

我運用鏡子靜心的技巧，在想像中透過鏡子看見其他人。鏡子映照出那個深深傷害我的人時，對方會化身為怪物；映照出我感謝的人時，對方則會消失在光芒之中。最近因身體老化而感到難過的媽媽也出現在鏡中，沒想到她身上竟發散出黑色的煙霧；感嘆人生徒勞的爸爸也出現在鏡中，但原本木訥的他卻笑得非常開心。

✦

我開始做鏡子靜心還不到一週。我看著鏡子，感受並說出「死好可怕、好讓人害怕、很丟臉、好羞愧……」等想法，同時也對心中受傷的內在小孩說「對不起，現在你可以放心了，可以不用緊張了……」，接著發現鏡中的我變得扭曲且不斷打嗝。

我等到嗝全部打完，整個人平靜下來後，才到客廳去看著鏡中的空間進行透視，結果發現有如透明白光粒子的東西，在我眼前一下出現，一下消失。眼前一下是水波紋，一下是光的粒子，像雪花般上下跳動，如螢火般閃爍、飛散。我覺得神奇又有些恍惚，就這麼盯著看了好一陣子。

✦

我做鏡子靜心已經三個月了。這段期間我經常打呵欠、打嗝、流淚，覺得這些現象很正常，沒想到現在脖子變得向後傾了；同時我也變身成爸爸或奶奶，以他們的身分說話。他們說我盼望的事情會發生，也叮囑我應該要做些什麼才對。在這件事發生的同時，我的身體完全被光籠罩住，最近這幾天不斷重複這個現象。

✦

做鏡子靜心時，我會看見去世的祖先或家人，彷彿被祖先附身，身體產生無法控制的劇烈反應，並且不停辱罵，流出憤怒的眼淚，反應激烈到全身痠痛。這個反應大約持續了三天才趨緩，而平時心裡因為怒火而感到鬱悶不已的症狀，似乎也稍稍有些舒緩。但我也很怕自己會不會就這樣一直被附身下去。

✦

我也是在一個月前做鏡子靜心時，突然感受到去世的爺爺。因為爺爺下半身癱瘓，所以是以坐姿現身，接著我又看見因為中風而行動不便的姑姑。我做鏡子靜心時，除了臉之外，整個人的姿勢都非常端正，卻沒辦法任意移動，就像是癱瘓的人一樣，只有臉部能動。最令我驚訝的是，我竟在下意識中說出「真是悶得要死」這種話。

有時這股莫名的煩躁會一股腦地湧現，那一瞬間我會感覺到莫名的鬱悶等類似的感受。我也很擔心自己是不是被附身，不過聽到您說家人之間會分享潛意識之後，就想這應該是個好機會，可以消化家人壓抑的情緒。遇到跟我有類似經驗的人，真讓我感到神奇。

做鏡子靜心時，我將會脫離身體成為淨空的心靈。在淨空的心靈中，我們會脫離時間與空間的限制。於是我在時間上，自然會回到一開始壓抑情緒的幼年時期，化身為小孩；而在空間上則會脫離人與人之間的界線，成為與自己互相傷害的家人。

如同我的身體不是我，家人的身體也不是家人。身體是靈魂短暫使用後便會再度歸還、由光所編織的全像影像。在鏡子靜心中，我們會看見自己所想的人的臉孔，而那些下意識壓抑的人的臉孔，也會在不知不覺間現身。所有現象都可以看成是潛意識淨化的過程。

Q：如果代替家人感受他們的傷痛，那傷痛會消失嗎？

我弟弟說他小時候曾經叫同社區的一對同齡兄妹互相玩弄彼此的性器官。媽媽聽說後大受打擊，把弟弟拖到院子，說「我們家怎麼會出這種小孩」，還說要一起去死。爸爸也狠狠地教訓、痛打了弟弟一頓。幾個月前，弟弟告訴我當時心中並沒有反省自己的錯，反而產生「要把我們家毀了，要讓爸媽死得很慘」的惡毒念頭。據說爸爸還小的時候，爺爺也會習慣性罵他是「敗家子」。

現在我弟弟仍經常讓爸媽擔心。他沉迷賭博多年，賭掉將近兩億韓元，爸爸什麼也沒說，就把這筆債還掉。面對工作，弟弟也經常覺得無聊，很想趕快離職。不管怎麼想，我都覺得弟弟如此徬徨、找不到出路，跟爸爸小時候被爺爺罵「敗家子」有關。身為姊姊，我究竟該怎麼做，才能減輕弟弟與父母的痛苦？

爸爸被爺爺罵「敗家子」，卻一直忍著，如果他接納當時產生的憤怒與痛苦，那麼這痛苦的情緒便不會壓抑在潛意識中。在那份痛苦未能釋放的情況下生下兒子，情緒便遺傳給他。不懂事的孩子，自然不懂性羞辱是怎麼回事，應該要在不傷害孩子的情況下好好開導他才對，父母卻接連因此大發雷霆，也使得孩子更用力地壓抑性羞辱的感受。

弟弟的潛意識中，完整烙印了父母遺傳下來的性羞辱，在父母心中成為無法負起男人責任的「敗家子」，並同時壓抑了可能被拋棄的恐懼、憤怒、委屈和悲傷。只要相信身體就是我，弟弟與我便會彼此分離。

不過，這一切的情況浮現在哪裡？浮現在我心中，也就是在我心中發生的事。弟弟、父母，都是在我心中放映的、屬於我人生電影中的登場人物。只要在鏡子前，把弟弟的痛苦當成自己的痛苦來接納、感受，那份痛苦就會消失。

我大約花了四十五分鐘在鏡子前，以弟弟的心情表達憤怒，接著全身便無法控制地顫抖起來，不停耳鳴且後腦疼痛不已。而當我在感受爸爸的心情時，全身也以類似的方式晃動。等我稍微冷靜下來，又感受到弟弟內心的痛苦，因為沒有獲得任何人的安慰、理解而心痛不已，令我涕淚縱橫。結束靜心後，我仍感覺頭像被誰壓住一樣疼痛難受。我一直透過鏡子靜心表達並感受弟弟的憤怒與痛苦，直到這份情緒完全平息為止。

過了四個月左右，這位女性寄來以下這封信：

不久前我和弟弟通電話，他說以前總會產生賭博的衝動，奇怪的是最近連買彩券的意願都沒有，覺得很神奇。爸爸忍耐、壓抑的憤怒與痛苦遺傳給弟弟，弟弟則不知不覺承繼了這份痛苦與憤怒，活在煎熬之中，但現在感覺終於找到了指引。做了鏡子靜心後，不僅是我的潛意識，就連弟弟的潛意識都獲得淨化，真是令我萬分驚訝。

做鏡子靜心時，會看到家人的臉與自己的臉重疊，這是因為家人與我共享潛意識的關係。也因此當我療癒了與家人共鳴的情緒，家人也會同時被療癒。

Q：如何引出流產或墮胎的靈？

我今天看著鏡子發呆，就這樣看著自己，突然想起二十多歲時墮胎拿掉的孩子，然後不自覺說出，「媽媽，為什麼殺了我？好恨，好想殺死媽媽！」說完我接著回應，「對不起，請原諒我，當時我太不懂事了。」接著又不自覺地說，「要健健康康，長命百歲。」我沒有哭出聲，只是忍不住一直流淚，當時我身邊有白光反覆出現、消失。這是在化妝枱的鏡子前發生的事，大約持續了二十分鐘。

✦

一個月前，我問媽媽是不是曾經有流產或墮胎的經驗，問她是不是其實不想生我。她說生下我之後墮胎了兩次，卻從沒有想過要把我拿掉。因為老師您說我的潛意識裡有遭到墮胎的靈盤踞，才會產生對死亡的恐懼，於是我費了很大的力氣才將這個靈送走。祂離開的時候，我的臉變成女人的臉，上半身起了雞皮疙瘩，也感覺到祂離開我的身體。

我持續做鏡子靜心，也意識到究竟是什麼使我煩躁。我問自己為何感到煩躁，並一直感覺到「有人拒絕承認我的存在」。這種感覺很怪，所以我做了鏡子靜心，沒想到身體卻自動說出，「媽媽，請不要故意把我打掉。」我問，「我有嗎？」嘗試引導祂回答，祂說，「你一直拍打肚子，還吃藥。」也因為身體出現這樣的反應，我才得知原來媽媽曾經流產過。

或許有人會想，這有可能嗎？認為這是我捏造的，但當我感受到強烈的情緒、身體出現激烈的反應時，也實際感受到那股想把我消滅的意圖。同時我也覺得若拿這件事去問媽媽，她或許會非常驚訝，也不知道是不是該假裝不知道。

當我在媽媽肚子裡開始這段人生時，那些不接納我的所有情緒，都會烙印在潛意識中。無論是我墮掉、流掉腹中的孩子，還是媽媽在生下我的前後曾經有墮胎或流產的經驗，那些靈魂的痛苦都會壓抑在我的心中，而我們也一定要接納那份痛苦。

雖然我們認為「只有我的身體是我自己」，將「你」與「我」看成兩個獨立的個體，但其實在透過五感認知的 3D 空間中，所有事情都是在我的潛意識中發生的。利用鏡子脫離身體，客觀地觀察這個 3D 空間，是為了讓我們了解 3D 空間其實是潛意識中的幻影，也會因此明白所有人都是我的潛意識編織的幻影。

上面這些例子，是告訴我們脫離身體後，將從母親腹中消失的靈感受到的痛苦當成自己的痛苦，以觀察者之心來感受並接納，就能夠療癒壓抑的痛苦。

我是個剛滿五十歲的男性。今天晚上太太沒有做飯，所以我自己準備晚餐，卻感到非常憤怒，便嘗試做鏡子靜心。我不斷說「沒幫我準備飯菜，讓我好難過，心情很差，好惆悵、好難過。我被太太拋棄了，太太殺了我」，奇怪的是，每當我說到「我被太太拋棄了、太太殺了我」，腹部便一陣翻攪、痙攣，尤其是說到「太太殺了我」的時候，那股強烈的反應會持續很久，其實我只是隨口說說而已……

在說「太太殺了我」時，感覺到腹部嚴重翻攪、痙攣，就表示潛意識壓抑著遭到殺害的存在。當然，並不是太太真的殺了我，而是將太太看成是媽媽，並認為那個存在殺死了自己。那麼，是否有在媽媽腹中被拿掉或年幼時感到冤枉而死的孩子？後來這位男性嘗試在鏡子前說，「我不想死，請救救我，死真的好可怕。」

在這之前，我也做了鏡子靜心。鏡中的我對自己說，「媽媽害我餓死。」我還問大家都活得好好的，為什麼只有我被害死了……說我也想要活下去。接著我又問，以前我想喝氫氧化鈉自殺時，是不是你在心裡叫我「喝下去！喝下去」？對方竟回答，「沒錯，就是我。」聽完這句話，我哭了出來。我二十多歲時受社交恐懼症所苦，自殺未遂，這個問題到現在也還沒好。

做完鏡子靜心，我想確認剛才發生的事，便打電話給媽媽，問她是否曾經流產或墮胎。

她告訴我因為當時生活很困苦，生下我之後曾經去醫院墮過兩次胎。但在做鏡子靜心時，鏡中映照的我卻說：「我是你的姊姊……」

讀完這封來信，可以得知死去的女嬰是因挨餓而死。很可能是因為媽媽想生兒子，所以刻意沒有餵母乳所致。這孩子感覺自己含冤而死，便懷抱著「我也想害死別人」的想法。她想，「既然我這樣冤死，那我也要讓其他人冤死。」於是便跟著之後出生的弟弟，也就是這位投稿者，並讓他感受到同樣的痛苦。

社交恐懼症也來自死去的孩子，在餓死時感受到的死亡恐懼受到壓抑而生。投稿者過著壓抑恐懼的生活，自然會對人感到恐懼，也會覺得世界令人畏懼。不過投稿者沒有接納那份恐懼，所以後來才會嘗試自殺，感受到更強烈的死亡恐懼。

現實會像這樣不斷重複類似的情況，直到我能接納壓抑在潛意識中的痛苦情緒為止。身體不是「我」，也不是才剛出生就被餓死的姊姊。雖然讓姊姊餓死的人是媽媽，這一切卻發生在我的潛意識所觀察的空間中，而與我分享潛意識空間的媽媽未能接納死亡的恐懼，所以我才會同樣經歷這份恐懼。

不過若能像這位投稿者一樣，透過鏡子靜心察覺那份恐懼，進而接納，恐懼便會消失。**被我發現的情緒，就必須與我的潛意識分離**。讓我們看下一個例子：

我是獨自撫養兩個女兒的單親媽媽。大女兒二十九歲，小女兒二十二歲。小女兒三歲時，老公在孩子面前跟我起了嚴重的口角，甚至掐住我的脖子。之後他外遇，將財產全部帶走，展開新生活，最後我們只能離婚。

小女兒從小就很會讀書，進了科學高中，考上醫學院。不過不知為何，她總是無法控制情緒，一生氣就會推我並掐我的脖子，想要殺死我，也經常打姊姊。不過等她冷靜下來，就會變回善良且善解人意的可愛女兒。這樣一個孩子在生氣的時候，真的就像被鬼附身一樣，究竟問題出在哪？

小女兒真的有問題嗎？還是三歲時看見爸爸打媽媽，還掐著媽媽的脖子後大受打擊，並將這一切烙印在潛意識中？不過，受恐懼影響的孩子，不可能會將身為加害者的爸爸看成是自己，並嘗試殺死媽媽。也就是說，嘗試殺死媽媽的，是被墮胎拿掉的孩子，是因為感覺自己被媽媽殺害而產生的憤怒集合體。

真是如此嗎？我向投稿者詢問此事，她告訴我生下小女兒之前，的確有過一次墮胎的經驗，而被墮掉孩子的靈附在後來出生的小女兒身上。或許是這位投稿者感到害怕，之後就沒再聯絡我了。其實，只要透過鏡子靜心接納死去胎兒的痛苦，小女兒跟家人就能夠擺脫痛苦，真是可惜。

Q：夢中出現的東西，也是鏡子靜心的反應嗎？

我做了一個夢，我拔掉好幾個深深嵌在眼睛裡的隱形眼鏡，還有經血流出來沾到褲子。

我認為這個夢是在告訴我們，許多被壓抑的自我，困在誤以為身體就是我的潛意識中。若能擺脫狹隘的觀點，開啟心眼，就能夠使女性美遭受壓抑的痛苦能量消滅，獲得療癒。

今天睡覺前，我一邊做鏡子靜心，一邊不自覺說出「我被拋棄了，澈底被拋棄了！我想殺死男友，我也想死！人類好可怕，我想被愛，好孤單」等可怕的話，邊說邊哭個不停。這樣的情況持續了好幾天，我開始看見自己的臉孔改變，身體周圍也出現微弱的光芒，不過心中那股鬱悶還是沒有緩解。

我小時候曾經被狗咬，留下陰影，只要狗靠近我，還是會被嚇到。剛才我夢到自己坐公車到某站下車，正在爬樓梯時，有隻狗似乎因為受傷渾身是血，奄奄一息躺在半路上。我因為害怕而想繞過去，卻又看見十多隻狗，有些已經死掉，有些受傷、流血。我很怕踩到狗，便踮著腳尖，好不容易才繞過那一區。

為什麼會做這種夢呢？兩天前，我做完鏡子靜心就去睡覺，夢中的我經痛了四十分鐘，痛到腰打不直，呼吸也不順暢。我以為是經前症候群，墊了衛生棉後繼續睡，月經卻沒有來。這也是鏡子靜心的反應嗎？

幼兒時期感覺自己被父母拋棄，孩子會體驗到死亡的恐懼；若壓抑那份恐懼，可怕的事情便會隨時發生，直到我們接納恐懼的存在。被狗咬的時候，受到壓抑的死亡恐懼便從潛意識中浮現，投稿者卻繼續壓抑，才會在被男友拋棄時再次感受到死亡的恐懼，而這次她透過鏡子靜心接納了這份恐懼，所以才會做夢。

為什麼會夢到狗流血死去的情景呢？這是死亡的恐懼消滅的意思。生理痛象徵對女性美的羞恥，做了鏡子靜心後，受到壓抑的羞恥便會浮現，夢境正是在展現那份羞恥，也就是說投稿者已經接納了那份羞恥。這個夢境告訴我們，投稿者已經透過鏡子靜心，逐漸療癒對女性美的羞恥。

現實是一場夢境，展現了靈魂在過去無數次生命中未能處理、壓抑在潛意識中的情緒。現實是只會改變時空、卻一再重複相同內容的夢境，也因此整個宇宙其實都是潛意識裡的夢。待潛意識澈底淨化，「原本的我」就會回歸根源之心。那麼睡覺時做的夢呢？是讓我們看見自己以這一生的登場人物生活時，壓抑在潛意識中未能處理的情緒的途徑。

不過，夢就是夢。無論是以無限的舞台為背景，展現我在無數次人生中都無法處理的根深柢固情緒，還是以小舞台為背景，讓我看見此生以這具身體生活時未能處理的情緒——無論舞台大小，所有的夢其實都是在呈現我未能處理、持續被禁錮在心中的情緒。仔細觀察睡覺時做的夢，就能掌握自己究竟該淨化哪些情緒。

Q：抵抗鏡子靜心的是誰？

我花了幾天時間，想在鏡子前感受外公外婆家因韓戰而死去的家人感受到的死亡恐懼，沒想到竟同時發生嘔吐、流淚、流鼻水等症狀。我放聲大叫到幾近虛脫，隔天再度嘗試，同樣感受到劇烈的抵抗，也讓我不得不中斷鏡子靜心。我無法再深入，明明沒什麼事要做，卻總是一拖再拖，始終無法完成。平常我不太喜歡看電視，現在卻整天看；原本沒什麼食欲，現在的食量則是平常的兩倍以上。

以前我媽媽被診斷出食道癌，沒幾天就過世了，當時她一直很想吃東西，但再也沒能用嘴巴咀嚼食物。我在想我的食量突然增加，像媽媽一樣牙齒跟牙齦的狀況不好，卻還是一直很想吃東西，會不會是被媽媽附身了？

壓抑在潛意識中的人格化情緒是活著的生命體，他們會喜歡鏡子靜心嗎？不會。當我開始做鏡子靜心的瞬間，他們誤以為是「我」而依附的身體，便成為心中的幻影，進而消失；這樣一來他們便會感受到恐懼，於是產生劇烈的抵抗。

這位投稿者嘗試感受外祖父母一家人集體喪命時經歷的死亡恐懼，卻總是無法控制地分心去做其他事，這種下意識的行為是誰造成的？是感受到死亡恐懼的自我。已經成為生命體的自我，因為害怕透過鏡子靜心面對死亡，奮力抵抗。所以平常不看電視的投稿者會突然看起電視、一直想吃平時不吃的東西……總是想做其他事來轉移注意力。

若強烈的死亡恐懼浮現，人們便會不自覺地牙齒打顫。而投稿者的母親之所以會有牙齒與牙齦的問題，也是因為一輩子都壓抑對死亡的恐懼。從信中得知，投稿者雖然試著透過鏡子靜心感受母親未能療癒的恐懼，卻遭遇到強烈抵抗。接下來看看另一個案例：

做鏡子靜心時，我總覺得有什麼在妨礙我。我總會打自己巴掌、分心想其他事……所以今天我決定見見那個不願意被淨化的自我。我告訴他們，「每一個不願意被淨化的自我啊，露出真面目吧！我不是要責怪、忽視或壓抑你們，只是想要接納並尊重你們的存在。不要躲在深處，自由地透過身體表現自己吧。」

帶著惡魔臉孔毫不留情地打我臉頰的自我、臉孔扭曲的自我，在三個小時內交替出現、消失。我十分震驚。最近我覺得自己似乎活在漫畫中，不明白為何心中會充斥這麼多罕見的自我……我覺得自己精神並不正常。那一天，我覺得必須隨時淨化這些不斷妨礙我的自我。

✦

每當我感受到情緒時，全身都會產生反應。我感覺到會陰穴傳來震動，同時不斷嘔吐、吐痰、流鼻水。我感覺睡意襲來，身體疲憊不堪，平時就不太好的牙齒與牙齦也開始發炎，牙齦腫了起來，甚至無法咀嚼食物。當我感覺到恐懼與羞恥時，這些情況似乎就更加嚴重。這似乎是瞑眩反應（譯注：病人服用藥物或接受治療之後，在痊癒之前出現的短暫過渡性不適症狀），因此我也不想去醫院，只是一直苦撐。情緒不斷湧現，每當我仔細觀察被拋棄、想要搶奪的想法，全身都會產生抗拒反應，同時也覺得身體更加疲憊。

✦

不知為何，看著鏡子時便無法坦率說出心裡的話，就像胸口被什麼堵住一樣鬱悶。我很想擺脫一直以來緊跟著我的羞恥，卻沒有任何變化，真令人難過。

壓抑在潛意識中的自我產生劇烈的抵抗時，我會非常痛苦，因為我們會透過身體感受到這些抗拒。那該怎麼做呢？只需要脫離身體，靜靜看著不斷抗拒的身體就好。回歸「原本的我」，看著不是「原本的我」的身體與自我的動作。

那些自我，是由我所壓抑的情緒而生，是生命有限的存在。這些已經成為生命體的存在，為了保全自己的生命，自然會想要抵抗。若壓抑這些自我的抵抗，只會使抵抗更加劇烈。劇烈的抵抗會透過我的身體、家人的身體或輕微的意外與財物損失呈現。以無限寬廣的觀察者淨空之心，接受自己內心的空間，這一切抵抗便會自然流入其中，漸漸消失。

Q：站在鏡子前卻完全發不出聲音，該怎麼辦？

小時候，父母天天都跟我說，「你腦袋很好，可以上首爾大學。」從小學開始我好像就很會讀書，但總是會不安地想，「如果成績變差怎麼辦？」每次被罵時我都會哭，被問到為什麼哭，就會更加害怕而哭得更凶。

父母不許我放學後跟朋友玩，必須立刻回家，關在房裡看書、做手工藝、畫畫或自己跟自己玩。我記得放學後想偷偷跟朋友去吃辣炒年糕，卻被媽媽發現而不得不回家。他們老來得女，所以過分保護，即使只是去親戚家玩個幾天，也不願意放行，讓我十分難過且孤單。升上國中後，父母也不讓我參加學校的研討會或校外教學。我總是獨自在家讀文學全集，那似乎就是我唯一的幸福。

二十、三十多歲時的我，也經常有尋死的念頭。我不斷尋找、學習探索自我的方法。父母在我三十多歲時去世，那時我有些茫然地問父母的好友，「我覺得他們似乎不是我的親生父母，您能不能告訴我真相？」我為什麼會問這種問題呢？意外的是，父母的朋友當場告訴我，她才是我的親生母親。「你去世的養父母一直沒生小孩，而當時你爸爸外遇，我跟他正在分居。你上面還有哥哥跟姊姊，我們家實在太窮了，才把你送給別人養。因為當時答應過你的養父母，如果生了孩子就要讓他們領養，於是你落地之後，就立刻讓他們抱回家了。我生下你之前，你的養母也在人前假裝懷孕，騙過所有人，她希望這件事永遠不要被你以及任何人知道。」

後來我們做了親子檢定，我也跟親哥哥和親姊姊見面，得知他們都很會讀書，考進首爾大學並直到畢業都領獎學金。那時我也終於明白，為何去世的父母會把「你很聰明，可以上首爾大學」掛在嘴邊。

我從很久以前就瞞著家人偷偷服用憂鬱症藥物，很擔心可能要一輩子吃藥控制，但不吃又會感到不安，只好持續服藥。每當我內心浮現「這樣的你憑什麼講課給別人聽」的想法，都會感到羞愧不已，很想立刻找個地方躲起來。由於擔心先生跟孩子會受到影響，在家人面前我也總是帶著開朗的笑容。

我坐在鏡子前，以第三者的角度看著自己，卻開不了口，發不出聲音，只是不停流淚。我能聽見內心在問「是不是感到很孤單」的聲音，但同時也有另一個聲音在說「但你還是過得很好，應該要懂得感激」。這兩個聲音同時在內心響起，我卻無法實際出聲說話，就像發不出聲音的鼓，只能無聲哭泣。我聽見「好痛苦……」的聲音在耳邊迴響，並在心中回答「但這樣還算是過得很好，沒關係」。即使我失去自己的聲音，仍一直認為這樣沒關係，難道是因為我已經習慣了這一切？做鏡子靜心時若發不出聲音，還要繼續嘗試下去嗎？

做鏡子靜心時，聽見有人問自己「是不是很孤單」，那一瞬間，我們發現了潛意識中壓抑著受孤單所苦的孩子。不過為什麼這孩子無法發出聲音呢？是因為被另一個認為「但這樣還算是過得很好，沒關係」的聲音壓抑著。

被壓抑在潛意識中的自我，與壓抑它的自我是成對共存的。壓抑者相當害怕孤單的孩子外顯，也認為這是件非常丟臉的事。

該怎麼做才能擺脫壓抑者的抵抗？壓抑者誤以為身體就是自己，也因此必須讓他完全脫離身體才行。為此，我們必須打開心靈的視野，用更寬廣的角度看待環繞身體的空間，這樣心眼就會更加開闊。這位投稿者在與淨空心靈同步的狀態下，反覆對孤單的孩子說話。

我依照老師說的，問那個孩子，「你有多孤單？你有多痛苦？你有多害怕？你有多想被愛？」起初完全沒有任何反應，但在我反覆詢問下，我看見了我們家老大三歲時發生的事。當時有位長期住在國外、短暫返回韓國的後輩到我們家玩。我們共進晚餐，所以把老大哄睡後就一起出門，我跟他說，「我也想要再出國，真想死。」然後我們聊了很多事，在外面繞了一圈才回來，回家發現我家老大醒了，還一直哭。這時我心一沉，立刻說「你嚇到了吧？媽媽在這裡」，並跑過去抱住他。那時的他讓我想起自己，我也瞬間感到恐懼且害怕。

老大哭喊著「媽媽、媽媽、媽媽」，而不知道從哪一刻起，變成是我喊著「媽媽、媽媽、媽媽」。我就像不斷重播的錄音帶，一直喊著媽媽，過程中我的聲音也變成小孩的聲音。用孩子的聲音呼喚媽媽這個行為，似乎沒有要停下來的意思，而這時我看見自己鏡中的臉變得扭曲，看起來非常孤單、悲慘，就像電影裡怪物逐漸死去時的痛苦表情。我用嬰兒般令人憐憫的聲音不斷呼喚著媽媽，並看著自己爬滿淚水的扭曲臉孔。

之後我恢復平靜，再次看著孩子，看見當時年幼的孩子獨自走在漆黑的屋內，也感受到他被恐懼籠罩的心情。孩子用涕淚縱橫的臉，不斷對我說「好害怕、好害怕、好害怕」，而我也哭著抱住他，不停地說「對不起、對不起、對不起」。過了一段時間，我停止哭泣，抬頭看著鏡中的自己，雖然身體已經變成大人，內心仍壓抑著徘徊在漆黑安靜的路上、找不到出口而恐懼不已的孩子，並了解到原來我覺得自己的人生是如此孤獨。

脫離身體進入淨空心靈後，時間與距離便會消失。我倒轉時間回到過去，可以變身為年幼的孩子，也能變身成過去的母親。這位投稿者變身為年幼的孩子，呼喚過去不曾呼喚過的母親，表現出不曾表達的恐懼。藉由這樣的方式，將數十年來鬱結在心中的孤單與恐懼甩開。

Q：做鏡子靜心時，可以回溯到數百年前嗎？

我從小到大一直都是模範生。不過學生時期至今，我的視力一直很差，也承受巨大的壓力，內心深處一直認為「我是個像抹布一樣的女人」。過去我一直過著非常乾淨、不愧對任何人的生活，這種「我是個羞恥的女人」的感覺實在是太奇怪了。小學時我很討厭社區裡的大叔，就算只是對上眼都會乾嘔，只要看到中年男子，就會產生想殺了他們的衝動。我擔心自己可能是得了被害妄想症之類的精神疾病，便去精神科看診，醫生卻說我沒有任何異常。

我從六個月前開始做鏡子靜心，內心平靜不少，但仍不明白為何會有「我是個像抹布一樣的女人」這種想法。昨天在做鏡子靜心時，我不斷重複對自己說「我是個像抹布一樣的女人……」，接著感覺到心臟周圍咚咚作響，像是在夢境中才會看到的影像，開始在我心中播放，似乎是在朝鮮時代。

有個年輕女人住在某個村子裡，她是個眼睛看不見的瞎子，身分低賤又沒有家人，村子裡所有的男人只要一有機會就會強暴她。那個女人雖然想逃跑、躲藏，卻因為看不見而無法辨到，只能害怕地躲在房子裡生活。我非常清楚地感受到那個女人的心情，令我全身不停顫抖，且無法控制地放聲大哭。

我就這麼哭了一段時間後睜開眼，心臟周圍的血液循環似乎變得非常順暢。我感到舒暢，視線變清晰，而從小便感覺到的「想逃跑或想躲起來的心情」也一掃而空。這該說是我感受到數百年前祖先的心情嗎？胎兒或幼年時期沒有承受太大的創傷，還是會因為祖先的心情而遭遇不幸的人生嗎？

我的幼年時期並沒有被性騷擾，但從小學開始就十分厭惡中年男子，厭惡到只要遇見，就會有想要殺害他們的衝動，這代表什麼呢？這有點奇怪。這種來自潛意識的不悅情緒，究竟是誰的感受呢？這時感受到的，是壓抑在潛意識中的情緒人格。那就代表遠在幼兒期之前，也就是在此生之前，就曾遭到中年男子對自己做了令人非常不愉快的事。

當我們能以不帶任何評價、批判的觀察者角度，靜靜聆聽、感受壓抑在潛意識中的情緒人格，他們會感受到自己的情緒獲得理解，才會開始顯露真實的自我。繼續聆聽人格的感受，人格編織的遙遠過去便會超越時空出現在我們眼前。

令人驚訝的是，過去的現實竟發生在數百年前的朝鮮時代。當時我是個有視覺障礙的女性，身邊沒有任何人可以保護我，也沒有地方能傾吐我的悲傷。在觀察者的根源之愛面前，那位女性以無法控制的哭泣表達自己壓抑的痛苦。當哭聲平息，數百年前沉默的痛苦便得到療癒。當痛苦獲得療癒，因痛苦而起的胸痛便跟著消失，視野也變得清晰。這是在我脫離自己的身體、化身成觀察者時發生的神奇經歷。

這個故事告訴我們什麼？未能療癒、遭受壓抑的情緒，能夠追溯到數百、數千年前。只要有情緒壓抑在潛意識中，該情緒就會不斷遺傳給後代子孫，直到情緒獲得療癒為止。反過來說，若我療癒了那份情緒，那麼不僅是我的後代子孫，潛意識中壓抑著情緒、能與我相互共鳴的許多祖先，也都能獲得療癒。

那麼，讓我承受這些淒慘創傷的男人，現在都過著怎樣的人生呢？**傷人者必遭傷害**。他們如何傷害我，就會得到相應的傷害，現在肯定在什麼地方過著痛苦的人生。我感受到的痛苦有多巨大，他們也會感受到同樣的痛苦。

了解「出現在我眼前的每一個人都是反映我潛意識的鏡子」，明白「每個人都是我」之後，我便不會再傷害他人。我會明白，**我傷害他人，其實就是在傷害自己**。明白這件事之後，我們才能真正擺脫互相傷害的惡性循環。

第 10 章

「此時此刻」是動態的鏡子

此時此刻反映了我的潛意識

我們睡覺時會做夢，夢境會展現此生未能處理、壓抑的潛在意識。例如我總是被某人欺負，就會夢到一頭折磨我的怪獸。夢中有我，也有折磨我的怪獸，我在夢中以肉眼觀看、以雙手觸摸、以肌膚感受。

夢中的所有事物，都是有長、寬、高的生動立體存在，但若從夢中醒來再回想夢境，就會明白，夢境是在心這個空蕩的空間開展的連續影像。那些影像是立體的，還是壓抑的潛意識編織出的幻影？是幻影，是一張張不斷閃爍的圖像連續開展後產生的幻影。

那麼在「此時此刻」這個 3D 空間出現的「現實」，會是幻影嗎？試著回想第一次約會的場景，你會在哪裡回想起這件事？是在心裡。你是如何想起這件事？想到「回想第一次約會的場景」時，該畫面就會像光線一樣瞬間出現。

那麼在離開這個世界的瞬間，回想起我的整個人生呢？同樣也會有畫面如跑馬燈般在我心中連續閃過，沒有任何事物是能用肉眼看見或用手觸摸到的。我們會明白，生動的現實其實是心中的幻影。是反映什麼的幻影？反映我們潛意識的幻影。

潛意識並不只局限這一生，時間、空間、整個宇宙都是潛意識的產物。遙遠的祖先為了療癒，壓抑在潛意識中的情緒代代傳承，來到我身上，就連遙遠的非洲獅子，都可能在我的潛意識裡展現攻擊。

了解「此時此刻」這個五感空間開展的現實，其實是我心中的幻影之後，我就能完整接受自己的想法、情緒與現實，不會再用喜歡／不喜歡、要這樣／要那樣、正確／錯誤等方式評價、比較、判斷、審判。接納一切後，一切便會離去。因為所有的想法、情緒、事物，都是正與負、陰與陽、肯定與否定，由光所形成，會一起出現再消失，所以當兩者整合起來，一切就會歸零。

萬物是借助最小單位的正負光粒子而生，也就是正粒子產生時，便會同時於內在產生負粒子。在我們想到「喔，產生正粒子了」時，借助彼此而生的兩者便會整合並歸零。歸零後，正粒子再度藉由負粒子而生，兩者整合後再度歸零。

宇宙森羅萬象均是由光的粒子形成，所以整個宇宙會不斷反覆出現、消失。宇宙以多快的速度明滅？美國生物物理學者威廉．布朗（William Brown）曾說，「現實會在一秒內重複出現、消失一〇四四次。」

我們為什麼會創造「此時此刻」的動態鏡像投影，並置身其中過一輩子？為了窺探潛意識中壓抑的情緒，我們需要一面鏡子。大腦的表面意識無法看見潛意識，大腦本身便是潛意識的產物，所以我們需要名為「現實」的鏡子。名為「此時此刻」的現實，是一面「動態的鏡子」。當我們活在動態且不斷流逝的現實中，壓抑在我潛意識中的所有情緒便會不斷湧現。我們擁有身體，所以能感受到湧現的情緒，因為能夠感受，便能夠接納並釋放其存在，因此才會帶著身體在全像的鏡子中度過一生。

在「動態的鏡子」中，每個人都會反映自己的潛意識。你記得自己在以這個身分誕生之前的記憶嗎？不記得。為什麼？因為那些記憶存在於我們意識不到的潛意識中。你能窺探你的身體離開這個世界後，在這世上發生的事嗎？無法窺探。為什麼？因為那些事存在於我們意識不到的潛意識中。

若身體出生前的世界與死後的世界都存在潛意識中，那麼我帶著現在的身體所經歷的世界，存在於哪裡呢？當然也在潛意識中。現實存在我的潛意識中，是我潛意識的產物。

我遇見的每一個人，以及眼前發生的所有情況，都反映了我的潛意識，所以所有人、所有情況都是映照我的鏡子。我遇見的每個人的潛意識中，都壓抑了能與我潛意識中的情緒共鳴的情緒；因為能夠共鳴，彼此的潛意識才會相互吸引，進而相遇。

我喜歡的人擁有的情緒，能與我潛意識中好的情緒共鳴，我討厭的人擁有的情緒，能與我潛意識中討厭的情緒共鳴。我因為「喜歡」而想留住的情緒，以及因為「討厭」而想壓抑的情緒，若都困在我的潛意識中，那些情緒便無法逝去。無法逝去的情緒會一再重複，創造出我眼前痛苦的現實。這些情緒必須全部釋放，如此情緒才能自由，我也才能自由，回歸根源之愛。

為此，我們會進入潛意識編織的「動態的鏡子」當中生活。身體並非實際存在，只是「此時此刻」這面動態鏡子的一部分。許多YouTube頻道訂閱者在做鏡子靜心時，都經歷了臉孔、身體或身邊的事物完全消失等情況，同時還看見透明的光芒。這些經歷，便是他們親身體驗到身體與事物並非實際存在，而是由光所形成的全像鏡子。

當我遇到他人而感受到痛苦時，並不是因為對方。對方只是與我潛意識中壓抑的情緒起了共鳴，是讓我窺探那份情緒的動態鏡子而已。

散漫的學生也是我的鏡子嗎？

領悟鏡子靜心的要領後，我躺著的時候也會做。持續靜心的過程中，發生了令人難以置信的事，讓我嚇到目瞪口呆。我是家教老師，會到學生家中指導英文。我遇到一個學生，高中讀了快四年，上課時連一秒都無法專注，不停動來動去，發出怪聲或罵髒話、胡言亂語。我覺得很痛苦，但又覺得那個學生散漫的樣子，正是因為我不願面對而壓抑的自己，便決定承認並接納這件事。

接著我又去幫那位學生上課，沒想到他變得很不一樣，能夠跟上學習進度，且視線不會轉到別的地方，沒有再表現出散漫的模樣，也不再說髒話了。他一百八十度大轉變的模樣持續超過兩星期，現在面對他，我也不會再感到壓力了。我知道自己也是很散漫的人，看在別人眼裡肯定也很討厭吧。

我教導的學生在上課時坐立難安、發出怪聲、說髒話，那麼我肯定會感到非常痛苦。為何感到痛苦？因為在學生身上看到最討厭的自己。我認為「上課時學生不能態度散漫，必須專注聽課」，但那名學生卻很散漫，與我的想法背道而馳，於是令我感到刺眼、痛苦。

「必須專注」與「態度散漫」的想法是成對的，前者依後者而生，後者依前者而生，若沒有前者便沒有後者，沒有後者便沒有前者。若我緊抓著「上課必須專注」的想法，那麼緊抓著「上課態度散漫」這個想法的人，就一定會出現在我面前。為什麼？因為這是成對的想法，無法分離。我越是強烈地認為「一定要這樣」，那麼深信「一定要那樣」的人，就一定會以令我感到不順眼的樣子出現在我面前。

如果我接納這成對的兩個想法會如何？當兩個成對的想法整合，也就是歸還藉助彼此而生的想法後，想法便會歸零，心會淨空。我們將可以這樣，也可以那樣。上課過程中可以專注，也可以散漫。那名學生是因為自己想要散漫的嗎？還是有什麼無法控制、不得不這麼做的原因？那名學生可能也無法控制自己，並因此感到痛苦。

用這種方式看待與自己不同立場的人，就能夠接受雙方的想法。這樣一來我便能放開緊抓不放的想法，而與自己立場對立的人，自然也會放開他的想法。當我的心淨空後，事情就會依我想的發展。以下介紹另一個案例：

我指導小學三年級的男學生英文好幾個月了。除了他，還有他一年級的妹妹。不過那個男孩子每次上課都不坐好，會偷偷觀察我的狀況，逮到機會就躺到旁邊床上，耍賴不肯起來。不好好跟著唸課文，不停看時鐘，上課時也會去外面，哭喊肚子餓，非常會撒嬌，並且表現出非常彆扭、絕對不會被說服的模樣。我想「這可能是某一部分的我，只是自己還沒察覺」，便在去他們家前，閉上眼睛承認那個學生的樣子就是我的樣子。

「啊，原來我是那個樣子。想被愛、撒嬌、哭哭啼啼，希望有人注意，那都是我的樣子。」

再去教課時，我發現那孩子完全變成了另一個人，學習態度也有了非常大的轉變。他開始乖乖跟著唸課文，改變的程度甚至讓人懷疑是不是同一個人。今天我們也有碰面，他還是維持我後來看到的樣子，下課之前都一直乖乖坐在位子上。以前他絕對不會跟我對看，不管我叫他幾次，都動也不動背對著我，今天卻緊盯著我的臉，上課時也一直看著我的眼睛，叫我的時候也很有禮貌，讓我大吃一驚。這真是奇蹟！

世界上最負面的男友也是我的鏡子嗎？

我交往的對象是被外國人領養的男性，兩、三歲時被人在路邊發現並送去孤兒院，直到五歲才被領養到國外。他回韓國已經十五年了，過去我們是一年只會聯絡一、兩次的關係，但從去年暑假開始，他就用對待戀人的方式對我。他說他不愛我，卻會傳生活照給我：他喝的茶、做的菜、去的地方與點的餐都會跟我分享——他的誠意真的讓我驚訝。

問題是他對我的評價一直很負面。我吃的食物、流汗的味道、稀疏的頭髮、薄薄的嘴脣、蒼白的皮膚，就連聲音都被他當成指責的對象。我嘴巴比較大，也很愛笑，他卻問我為什麼要咯咯笑個不停，但不笑時卻又說表情太僵硬不迷人。他貶低我，說我口中的「漂亮、美麗、出色、可愛」等字眼，一點也不適合我，甚至還限制我說「你真是優秀」等稱讚他的話。

他對整個世界的看法都很負面，他說的話和行為，都是在反映我自己嗎？雖然我認為自己成長的家庭環境並不好，但無論他是我的戀人還是老公，我都希望對他表現出愛與尊重。他那副世界上最糟糕的負面態度，真的反映了我的狀態嗎？

投稿者的男友為何會如此負面呢？他還在襁褓時就被父母拋棄，整個人的存在都被否定。若自己的存在被否定，我也會否定他人的存在。若潛意識中壓抑著負面情緒，那份情緒就會鬱結，該情緒會人格化，並不斷令人產生負面想法。那樣的情緒與我合而為一，於是我會用負面的角度看待每一件事，且不斷吐出負面的話語。

潛意識壓抑著巨大的負面情緒，其實就代表非常渴望得到愛；如果沒有渴望獲得愛的需求，就不可能因為缺乏愛而產生負面情緒。

不過因為無法親耳聽見親生父母說愛自己，所以也不懂得如何表達愛。極度想獲得愛，卻被澈底拒絕，便會對表達愛意產生強烈的抗拒，才會說自己並不愛投稿者。

男方的潛意識深處壓抑著想被愛的需求，才會下意識地將自己的一舉一動跟投稿者分享，這是潛意識透過身體表達想被愛的需求。我們可以從中得知，男方將母親的形象投射在投稿者身上，他強烈否定拋棄自己的母親，同時又極度渴望被母親所愛。

那麼，投稿者為何會遇到這樣的男性呢？這個情況是在哪裡發生的呢？是在「此時此刻」的３Ｄ空間中發生的。３Ｄ空間在哪裡？就在我心裡。「此時此刻」是映照我內心的鏡子，映照了我壓抑在潛意識中的情緒。也就是說，我的潛意識也壓抑著個人存在遭到父母否定的情緒。

我們可以從投稿者說「我認為自己成長的家庭環境並不好」看出端倪。「存在遭到否定」與「否定存在」是成對的想法。只要在鏡子前不斷對自己說「父母完全否定了我的存在，而我也完全否定父母的存在，我恨父母恨到想殺死他們，過這種人生真令我感到羞恥」，就能夠淨空自己的內心。

「被否定」與「否定」結合後便會歸零。歸零後，我們便會意識到，原來「被否定與否定，都是淨空心靈中浮現的想法編織的情緒」。當我的心淨空，男友的負面情緒也就不會跟著共鳴，這樣一來男友的心也會跟著平靜，與他的問題也就自然迎刃而解。

酗酒的男人也是我的鏡子嗎？

我父親是個嚴重的酗酒者，長期以來都和母親有嚴重的爭執。我清楚記得小學六年級時，曾是軍人的父親用軍靴痛打母親的小腿，導致嚴重瘀青。那時母親躲到親戚家，好幾年都沒有回來，而我必須去幫父親賒帳買酒，家裡的前庭後院散落著滿滿的酒瓶。每當我去賒帳買酒，總會感到非常丟臉。

之後，我就很擔心會遇見跟父親一樣的男人，因此從來不曾被男人吸引。我三十五歲之後才跟一名男性交往，但他竟然也是嚴重的酗酒者，外表也和我父親十分相似。他清醒的時候非常體貼，會不斷對我說「好美」「我愛你」。

後來我透過提升自我，了解是壓抑在潛意識中的情緒，導致我遇見與父親相似的男人，便與這名男性分手。多年後的現在，對方仍會在酒醉的凌晨打電話給我。他平時是個很體貼的男人，為何總要在喝醉後才來找我，真的讓我覺得難過又可惜。

這位女性的潛意識中，存在著酗酒後行使暴力的男人。她從小便十分害怕會在酒醉後對母親施暴的父親，卻無法對他表達這種情緒，只好緊緊壓抑。對父親的恨與恐懼成為壓抑在潛意識中的人格。

當時她並未感受那份情緒，而是將之壓抑在潛意識中，所以只能遇見與父親一樣的男性，進而感受那份情緒；唯有這麼做，才能夠釋放它。她只需要在鏡子前回到幼年的自己，盡情且毫無保留地表達對父親的恨與恐懼就好。「我恨到想殺死爸爸，我想殺死爸爸，他真的太可怕了。懷著恐懼在這種家庭生活，真的讓我覺得委屈又丟臉。」

承認對父親的恨之後，被恨蒙蔽的心靈視野便會打開，也能脫離自己的角度，從父親的角度看事情，便會理解「父親也是被自己的父母怨恨、虐待，所以不懂得如何表達愛」「父親也帶著與恨合而為一的身體而活，才會過著被人憎恨的生活」，也會了解，原來無法從這個世界上獲得自己期待的愛，因而怨恨整個世界的父親，其實就是我自己。

用這種方式清算恨意之後，愛這個與恨成對的情緒便會在心中浮現。兩種情緒合而為一，心便會淨空，也就能回歸根源之愛。現在出現在我面前的酗酒者，其實是一面動態的鏡子，反映了我的潛意識中仍壓抑著父親。

考試落榜的女兒也是我的鏡子嗎？

我是個平凡的家庭主婦，有體貼的老公和認真讀書的一對子女，生活過得非常好。幾年前，原本很會讀書且獲得大家讚賞的女兒，在大學入學考試中意外失常並重考，而我也罹患了心病，生活變得非常痛苦。我從那時開始靈修，希望展開新生活，但女兒第二次考試的結果也不理想，沒有考進理想的大學，選擇上外縣市的大學，並一邊準備藥學院的轉學考。

我很怕她在轉學考中也落榜，最後會找不到好工作，這個想法讓我非常不安。在我看來，女兒只是比較會讀書，其他方面還很不成熟。我開始做鏡子靜心並表達這份恐懼，卻只看見自己的臉變黑、變得很可怕，情況並沒有任何改變。

在誤以為身體就是我的人生中，從大腦的表面意識角度來看事情，便會認為我與女兒是兩個獨立的個體。身為母親的我覺得看起來傻裡傻氣的女兒有些可惜，對於她能否在險峻的世界上生存感到不安。

不過這個情況是在哪裡發生的呢？是在「此時此刻」的 3D 空間裡。而 3D 空間存在於哪裡？存在我的潛意識中。現實是一場夢，展現我壓抑在潛意識中的情緒，而我壓抑著怎樣的情緒？壓抑著害怕被世界拋棄的恐懼。

我將這份恐懼投射在名為女兒的形象上，且感到十分害怕。我未能療癒且不斷壓抑的恐懼，透過女兒展現出來，而女兒的恐懼則由身為媽媽的我傳承下去。我們互相分享恐懼，也因此若我能站在女兒的立場承認恐懼，我和女兒的恐懼便會同時消失。

只要在鏡子前對自己說「我很怕女兒被拋棄，很怕女兒考試又落榜，很怕女兒沒辦法在世上好好生存。壓抑著這份恐懼，整天活在恐懼中真是非常丟臉」，這樣一來人格化的恐懼便會消失。投稿者在鏡子前表達恐懼時臉會變黑，就表示恐懼已經浮現。

只穿古著的兒子也是我的鏡子嗎？

我兒子是個大學生，總是只買古著來穿，房間裡也都是髒兮兮的衣服。只要我發表意見，他就會說這樣會傷害他的自尊，要我不要再講了。那些衣服真的很不適合他，但他非常喜歡，我該拿他怎麼辦？是該當成成長的過程，在旁觀察就好嗎？我真的經常為此生氣。

兒子反映了我的潛意識，他展現的是我壓抑在潛意識中的哪種情緒呢？是自卑感。我認為「穿著髒兮兮的古著在外面跑，會被別人瞧不起」，被人瞧不起就會心生自卑，因為不願意感受自卑，才將自卑感壓抑在心中，但兒子卻一直讓我看見那份自卑，實在是令人煩躁又生氣。我小時候或祖先曾經有穿著破舊衣服而被人瞧不起的經驗，但因為當時並沒有接納心底油然而生的自卑，才會透過兒子展現在我眼前。

那麼兒子成天只穿這些衣服，難道也是自卑感作祟嗎？是的。兒子認為必須穿著這些衣服，才不會被他人看扁、獲得他人認同。兒子的潛意識裡，也壓抑著由我傳承下去的自卑感。只要在鏡子前持續告訴自己，「我被忽視，我很自卑。我很糟糕，我很丟臉，我很害怕人類，害怕這個世界，我也想被愛……」持續接納這股自卑情緒，就能夠連兒子的自卑一起清理。

我討厭的人也是我的鏡子嗎？

我恨某個人超過一年了。一想到「那討人厭的樣子就是我的樣子」時，那股恨意就無法消失，讓我非常痛苦。而且那個人還喜歡我，真的讓我很有壓力。最近我開始正視自己的心，了解到「恨這種情緒會主動尋找能恨的對象」，也意識到「即使不再恨那個人，我也會繼續尋找下一個能恨的對象」。所以這幾天我一直透過鏡子靜心，持續接納這股恨意。

今天我有事必須跟那個人見面，出門前我又做了一次鏡子靜心，告訴自己「我心中有恨意，那個人心中也有恨意」，在接納了恨意後才出門赴約。今天我們碰面時，我跟他的對話非常愉快，現在我再也不恨他了，終於能擺脫過去一年來如腳鐐般困住我的情緒，讓我感到非常輕鬆。

當我恨一個人的時候，那股恨存在誰的心中？存在我心中。因為我壓抑著恨意，那個人才會投射出我心中的恨意。

若恨意存在我心中，投射出恨意的那個人存在於哪裡？同樣在我心中。不可能只有恨意在心中，但投射恨意的人卻不在心中。若不能理解，就從約莫三十年後的角度來看待現在的情況。你會在哪裡想起現在？在自己心裡。我們會在心裡想起自己、想起對方，那個人也存在我心中，而這整個情況都是在我心中發生的。

為何現在這個情況會在我眼前上演？是為了反映壓抑在我心中的恨意。若不承認心中壓抑著恨意，讓我感覺到恨的人便會不斷在我眼前出現，令我產生恨意。

只要像這位投稿者一樣，試著清理自己的恨意，過去憎恨的人反而會變得可愛，因為愛與恨是成對的情緒，會交替出現。

令我痛苦的投訴人也是我的鏡子嗎？

我在政府受理申訴的單位上班，有時會收到惡意投訴。昨天來訪的投訴人連身分證都沒帶，就要賴要求我處理他的申訴，說他是在美國讀書的學生，沒大沒小地對我說：「你去過美國嗎？大嬸真是搞不清楚狀況，歲數是白長了嗎？」我是單位的主管，在屬下面前遭到羞辱覺得有點難過，但還是以恭敬的態度回應「我能理解您現在心情不好、很生氣，不過我們是來幫您的」，試著讓自己不要被情緒牽著走，只做必要的說明；那名學生卻非常生氣，把桌上的紙抓起來亂丟，大聲說他沒有錢，多次引起騷動後便直接離開。

我平時就會對著鏡子跟自己說「我是個被討厭、被拋棄的女人。我是個被忽視、被看扁，非常羞恥的女人」等等，並嘗試接納當下浮現的情緒。那天看到這名學生，我覺得好像看到自己，意識到「原來我也是這樣」，並將那名學生被拋棄、被憎恨的孤單心情，當成自己的心情來接納。

晚上回家路上我仔細想了想，每當我承受來自工作與育兒的壓力時，就會對先生發脾氣、大小聲，我想那名學生就是展現了我的那一面。所以我才會感覺祕密被攤在陽光下，一股羞恥油然而生，同時感到退縮。了解到我與別人是一體的之後，應該要更加自由才對，我卻做不到，究竟該拿自己怎麼辦才好？

在這個例子中出現的學生，為什麼會這麼粗魯呢？如果從小就被父母忽視，便會像這樣產生自卑感。這份情緒若被壓抑，便會化身為怪物，只要稍稍感覺到自己被忽視，那股被忽視的自卑感便會浮現。自卑會讓人痛苦，為了不要痛苦，就必須攻擊並戰勝他人；贏了後便能獲得優越感，不必再去感受自卑帶來的痛苦。認為非得贏過別人不可的人，其實都是非常自卑的人。

「被忽視」與「忽視」是一體的，若沒有前者便不會有後者，若沒有後者便不會有前者。

而這個想法存在誰心中？在我心中。若我現在有被誰忽視的經驗，那就表示過去我也忽視過別人，也有可能是未來會忽視別人。因為我的潛意識裡壓抑著「忽視」的想法，忽視我的人才會出現在我面前，像鏡子一樣反射這個想法。

同時接納「被忽視」與「忽視」這兩個想法，想法便會歸零。只要我不依附任何一種想法，那麼依附另一種想法的人也不會出現在我面前。投稿者領悟到「對方其實是在反射我自己」時，心中產生了一股羞恥感，這是因為過去我認為非常羞恥而刻意隱藏的模樣被發現了。如果無法帶出心中的自卑，就必須看看自卑是否偽裝成了羞恥。

在背後談論我的人也是我的鏡子嗎？

我是國中老師，有兩個小孩。開始教學生活後，我始終受到「為什麼只有我會遇到大家避之唯恐不及的討厭校長、教務主任、同事和家長？為什麼我遇到的人都在背後說我壞話？」等想法所苦。因為實在太痛苦了，我便去算命，沒想到算命師卻說我職場人際關係不好。幾年前，校長曾經在會議上當面斥責、挖苦我，我甚至因此動了辭職的念頭。

幾個月前我偶然接觸並嘗試鏡子靜心，終於了解，我遇見的人其實是代替我表現壓抑在心中的情緒。最近我覺得學校生活不再那麼緊繃，心情也輕鬆許多。家裡正值青春期的孩子、老公也變得很溫柔、貼心。現在我不會再去算命，也不會向別人尋求答案了，做每一件事之前，我都會觀察自己的潛意識。

折磨我的人擁有的情緒，其實能夠與壓抑在我潛意識中的情緒共鳴。那個人是為了反射我的情緒，而出現在我眼前的全像投影，不是那個人在折磨我，而是因為壓抑在我潛意識中的情緒，與他潛意識中的情緒共鳴後浮現，所以我才會感覺到自己受盡折磨。換句話說，是因為我壓抑著情緒不讓它浮現、不停折磨它，才會誤以為好像是別人在折磨我。

例如上司對我口無遮攔，那麼我的痛苦並不是因為上司，而是聽到那些話之後，壓抑在潛意識中遭受忽視的自卑與怒火浮現，令我的身體分泌壓力荷爾蒙，進而使我感到痛苦。

如果現在有個瘋子對我胡言亂語，我會感到痛苦嗎？不會，反而會產生惻隱之心。只要在鏡子前告訴自己「我很怕被拋棄，很怕別人在背後說我閒話。這個世界真的很可怕，我活在恐懼之中，真的好丟臉」，這樣一來那些被我壓抑、折磨我的恐懼也會獲得釋放。

我害怕的人也是我的鏡子嗎？

我是個剛踏入五字頭的女性，孩子都離家到外縣市讀大學，家中只剩下我們夫婦倆。婚後我的生活只有先生和孩子，總是往返職場與家中。我的工作是到工作室拍照後提供諮詢，必須仔細觀察來拍照的客人的表情和心情。我原本就不太喜歡跟人接觸，這份工作對我來說，就像長時間穿著不合身的衣服。與人相處讓我感到很不自在，我無法與人對視，也會感到緊張，雖然勉強自己帶著微笑和對方說話，但其實心跳非常快，整個人處在像被棍棒威脅的恐懼之中。或許是因為這樣，對方也會跟我一起緊張。我很怕跟人面對面吃飯，吃完經常會肚子痛。

前幾年我定期到醫院領抗憂鬱、抗焦慮的處方藥服用，因為家裡只剩兩個人，先生也感到尷尬，大多時候都不在家，讓我不知道活著有什麼意義。

這位女性害怕在人前展現自我，為何會害怕？因為她認為自己是羞恥的存在。可能還是胎兒的時候，父母因為想要兒子而不願意懷這一胎，或是自己的存在沒能獲得父母的認同。如果像這樣將恐懼與羞恥壓抑在潛意識中，自己就會與那份情緒合而為一，而其他人的潛意識也會把我與那份情緒畫上等號。

無論我用大腦表面意識如何費心、和和氣氣地和他人說話，對方的潛意識仍能清楚察覺我的潛意識。當我害怕對方，對方也會害怕我；當我認為自己很丟臉，對方也會認為我很丟臉。因為我壓抑在潛意識中的情緒，會與對方壓抑在潛意識中的情緒共鳴。

所有人都是映照我潛意識的鏡子，若想擺脫這樣的痛苦，就必須接納心中的恐懼與羞恥。只要在鏡子前說出「我很怕人，我很怕這個世界，我害怕活著，但也怕死，好害怕被拋棄。我覺得自己真的好丟臉」，這樣一來，那份情緒便會離開我，與人接觸時也不會產生這種情緒了。

我害怕的姊姊也是我的鏡子嗎？

我是住在澳洲的未婚女性。一年前，我在姊姊的建議下來到澳洲，獨自離家在外讓我很害怕，尤其是開車時或需要選擇的時刻，都令我格外恐懼。大我四歲的姊姊雖然已經比以前溫柔許多，但我仍經常擔心被她罵，常要看她的臉色。媽媽從我還小的時候就經常外遇，所以我總是想跟著姊姊生活。

投稿者為何會怕姊姊？是因為害怕姊姊拋棄自己。而我之所以會怕姊姊，其實也代表姊姊的潛意識也壓抑著與我的恐懼共鳴的恐懼。姊姊的恐懼為何會受到壓抑？是因為從小就擔心妹妹出生後會把父母的愛搶走，但這份恐懼卻受到壓抑。其實我的潛意識裡，也壓抑著成長過程中沒能好好獲得母親的愛、感覺遭到拋棄的孩子。母親是個對女兒一點愛意也沒有的女人，所以我將對母親的想法投射在姊姊身上，並不斷纏著姊姊。

不過姊姊從小就愛挑我的錯誤、責備或教訓我，每次被姊姊責備時，我心中總會感到恐懼。我討厭可怕的事，也憎恨討厭的事，恨與愛是一體的，我不想被姊姊拋棄，想獲得她的愛，但期待無法獲得滿足，便開始怨恨姊姊。被愛的需求越大，需求未能被填補時的恨也就越大。

只要站在鏡子前對自己說，「姊姊，我很怕你，很怕你也拋棄我。你不要討厭我，多愛我一點。這樣怕你真的讓我覺得好羞愧。」這樣一來，對姊姊的恨、恐懼與羞恥便會消失。

老公跟女兒經常吵架的現實，也是我的鏡子嗎？

我在與自我對話時總能理解他人的作為，但看見先生或孩子生氣的模樣，卻總是感到無法克制的憤怒。雖然我試著透過鏡子跟自己說話，卻完全開不了口，只能靜靜看著自己。我看著鏡中的自己發呆，什麼想法也沒有。

昨天先生跟女兒爭吵，而我對他們大吼「都給我死出去」，甚至覺得自己「不想活了」。越是努力靈性成長，我就越覺得心中的怒火無法遏制。是我走錯路了嗎？還是什麼原因呢？我實在很混亂，不停責怪先生與孩子，覺得他們非常可恨，也覺得如果他們都死了，我應該會很痛快。

為什麼會不自覺對爭吵中的先生和孩子大喊「都給我死出去」呢？那是誰發出的聲音？是潛意識中曾經歷死亡恐懼的自我遭受壓抑造成的。在鏡子前卻說不出任何一句話，就代表這個自我被壓抑在深處。這位投稿者小時候究竟經歷了什麼可怕的經驗？

我一出生就被父母拋棄，以棄嬰的身分進入一個不正常的家庭，成長過程中每天都看到家中的人爭吵。所以我刻意選了個斯文話少的老實人結婚，沒想到一起生活後，發現我們的距離越來越遠。他只要喝酒，就會變得暴虐，而我心中也對此感到憤怒。

新生兒被父母拋棄，進入別人家生活，會怎麼樣呢？會感覺到「我被父母殺死了」。若沒能療癒這個創傷，身邊就會不斷發生爭吵，讓我感受到死亡的恐懼，心中也會產生「既然我被殺死了，我也要殺害別人」的衝動。

只要在鏡子前說「媽媽，不要拋棄我，我很怕被拋棄後會死。我也想被愛，過著這種被拋棄的生活真的好丟臉」，這樣一來，寄人籬下的棄嬰感受到的恐懼與羞恥便會浮現。只要表達出那孩子無法表達的情緒，情緒就會消失。

只跟花錢如流水的男人交往，也是我的鏡子嗎？

我的第一任老公靠事業賺了很多錢，卻不太會理財，留下一屁股債給我。我擔心成為孩子的負擔，聲請破產免除債務。第二任老公也算會賺錢，卻分不清楚用錢的輕重緩急，最後我們還是分開了。第三任老公說自己不會理財，把錢的問題都交給我處理，後來才知道原來他有在賭運彩；雖然已經還了三筆債，但欠債金額還是越來越大。我連續三次遇到有金錢問題的男人，身邊的人都說這是我的命，無可奈何。我該如何擺脫這個狀況？

結婚三次，但三次都以離婚收場，肯定會感到極度絕望與恐懼，自然也會驚恐地認為「有無形的力量在作用」。無形的力量是怎樣的力量？就是潛意識的力量。潛意識創造現實，而這位女性在潛意識仍在形成的幼年時期，過著怎樣的生活？

我爸爸對大哥有很深的期待，願意滿足他所有的要求，而對我除了必要的東西，什麼都不願意提供。我不聽話時，父母跟兄弟姊妹經常會開玩笑說我是橋下撿回來的孩子。

當然，有些孩子可以對「從橋下撿回來的」這句話一笑置之，但大多數人會對這句話非常認真。就這位女性的情況來看，她在成長過程中覺得大哥搶走父母所有的愛，於是壓抑著對大哥的恨與恐懼。

我們活在無限的根源之心、根源之愛中，即使獲得一切，若感覺沒有得到愛，潛意識就會認為自己什麼也沒得到。這位女性的每一任先生都是她大哥的投射，她怕被先生搶走財產，且壓抑著對先生的恨度過婚姻生活，她的錢自然而然會被先生全部搶走，而她也會怨恨並害怕這樣的先生。

她只需要在鏡子前對自己說「我的東西都被大哥搶走了，大哥可怕又討厭。我也想把他的東西全部搶走，我也想被愛，過著這種被搶奪的人生，真是太可怕也太丟臉了」就好。

在女人面前便動彈不得的現實，也是我的鏡子嗎？

我是剛邁入四字頭的男性，只要原本和顏悅色的人突然變嚴肅或不耐煩，我就會感到害怕。平時我雖然會跟好相處的女生打鬧、相處愉快，不過只要對方一不耐煩或生氣，我就無法跟對方相處。現在我身邊也有非常優秀的女性，但自從被她指正過一次錯誤，就覺得她變得非常生疏，關係也變得尷尬。我不是討厭她，該說是我們之間相處的氣氛變了嗎？

所以我至今沒有好好跟任何女性交往過。雖然很想有交往對象，我卻總是感到害怕，覺得「我無法招架，想跟能自在相處的人來往」；而一想到我必須「好好表現」，就會想強迫自己做好，反而更說不出話來。

我記得小時候只要父母在我面前吵架，我就會心跳加速且不知所措，支支吾吾一句話也說不出來。這種沒有男子氣概的模樣，就連我自己都覺得「哪有女人會喜歡這種男人」。相反地，如果我被稱讚，就會像變成另一個人，心情都飛了起來。

這位男性強力壓抑著想被別人喜愛、尤其是被女性喜愛的需求，這表示小時候他沒能獲得母親的愛。在這種情況下長大的兒子，會感受到強烈的性羞辱，且極度恐懼被女性拋棄。

於是在女性面前總會非常緊張，一旦女性生氣、不耐煩，就會自動想起年幼時的母親，產生「我極度渴望母親的愛，但若她拒絕我該怎麼辦才好」的恐懼。

從心靈的層次來看，如果對異性的需求未能滿足，身體就會產生強烈的欲望，想要用愛填補這樣的空缺。長大成人後會無法真心與配偶分享深情的對話，不斷在外漂泊，藉著外遇發生肉體關係來滿足性需求。

如果能試著在鏡子前對自己說「我非常害怕被媽媽拋棄，在媽媽面前緊張的我真的好丟臉。我也想獲得女性真心的喜愛」，幼年時受的傷應該就會開始浮現。在女性面前就會動彈不得的現實，其實也反映了潛意識中壓抑的恐懼與羞恥。

各自的宇宙是彼此重疊的

我哥哥不久前去世，他生前讓我蒙受很大的損失，所以我總是覺得「哥哥這種人真的是以怨報德」，在他死後仍無法理解他的作為。那天清晨我睜開眼，卻看見那件事在我哥的世界裡呈現截然不同的模樣。哥哥這一輩子都受匱乏之感所苦，那份匱乏太過巨大，無論用什麼都無法填補。而在這樣的處境之下，他仍將包括靈魂的一切都給了我。我了解到原來他還活著時，我從來不曾理解他，也因此痛哭了一場。就連我這個最親近的家人都無法理解他，實在讓我感到驚訝且生氣，同時也覺得這是個令人感激的領悟。

每個人都活在各自想法編織的宇宙中。我在我的時間、空間和位置，看著我認為的宇宙，而對方則在對方的位置看著他所認為的宇宙。即使我們看著同一個小孩，但從我的位置，只能用肉眼看見我想像的小孩的其中一面；對方從對方的位置，只能用肉眼看見他想像的小孩的其中一面。

名為「此時此刻」的 3D 空間也一樣。我在我的位置，看見我想的、進入我視線範圍的「此時此刻」。**「此時此刻」這個空間是重疊的**，例如許多人在同一個空間賞花，會因為各自位置的不同而使「此時此刻」有所不同。

那麼誰和誰的「此時此刻」有最大的重疊？在時空上最接近的父母與子女，他們的「此時此刻」會有最大的重疊。為什麼？母親懷孕的九個月期間，會與孩子一起進入位在同一個地方的「此時此刻」，所以情緒也會產生最多共鳴。

孩子當中，女兒特別能與母親共鳴，因為兩者共同分享女性這個身分，也對此有所共鳴。所以從母親的立場來看，能夠在女兒身上看見自己喜歡的模樣，也能看見討厭的模樣；相反地，從女兒的立場來看，也能夠在母親身上看見自己喜歡和討厭的模樣。

因為我最愛女兒，所以會期待獲得女兒最多的愛；當這份期待落空，便會最怨恨女兒。

愛與恨是一體兩面的情緒，越深的愛就越會轉化成同等的恨。女兒是一面鏡子，完整展現壓抑在母親潛意識最深處的情緒，這也是為什麼母女關係總是愛恨交織的原因。

名為「此時此刻」的現實之所以會如此重疊，是因為現實是由想法與光編織的全像投影。若現實是由彼此分離的物質創造的，便不可能重疊。由各自的想法編織的全像電影，每一步的發展都由各自的選擇決定。這部電影的劇本，就儲存在我的潛意識當中。

回顧一下過往的人生電影就能明白，一切的發展都與自己的意志無關，是由潛意識所引導。下意識浮現的想法，會下意識地創造出我們的人生電影。潛意識中壓抑著無數情緒，為了釋放這些情緒，我們必須進入由各自的靈魂設計的人生電影。當我腦海中的想法底片不斷循環播放，全像投影的圖像便會在我眼前出現；每當看到這些圖像，壓抑的想法便會浮現。

人生電影是由我的想法創造的，所以我只能從肉眼所在的位置，看見人生電影的其中一個面向。和我一起演出這段人生的其他人，同樣也只能從自己的位置看見其中一個面向。現實是在無限之心的銀幕上連續播放的照片。

做鏡子靜心時，能夠窺探人生電影如何被創造。當情緒浮現，臉孔便會改變，我們便能了解**我的情緒能夠影響我的臉孔**。當黑暗的情緒排出，明亮的光線會嶄露，我們便能夠明白，自己的身體、情緒都是光創造的。當想法消失，身體便會消失，這樣一來便能明白，我的身體是我的想法創造的幻影。

「啊，原來這一切都是我的想法，都是我的情緒！是我為了投射自己的情緒，透過想法創造出圖像，並讓我將情緒投射其中——**我的痛苦其實是我創造的**。」我們活在自己的想法編織的重疊宇宙中，所以只需要窺探自己的內心，好好拭淨心。實際存在的其實只有我的心，而「此時此刻」就是在我心中上映的電影。

想法與情緒投射的原理

我跟妻子都是再婚，共組家庭已經十年。我個性纖細、內向，妻子則愛管閒事，喜歡受人矚目。她經常晚歸，只要我稍微唸一下，就會不耐煩地說我把她當成所有物，說我管束她、對她太過執著。我常想既然過得這麼辛苦，乾脆離婚算了。比起家事，妻子更喜歡在外面到處跑，擔任各種志工、參加市民團體的活動。她會批評我，說我不會賺錢，還會在孩子面前罵我。我們幾乎不說話，連吃飯都是各自準備餐點。

當我們將身體與自己劃上等號，肯定會產生喜歡／討厭、善良／邪惡、必須這樣／必須那樣、正確／錯誤的分別。這些成對的想法（情緒）當中，我們會不自覺抓住自己認為好的想法，並將之與自己劃上等號。也就是說，我們會將好的想法投射在自己身上，並下意識地壓抑感到討厭的想法。

壓抑在潛意識中的想法，會透過共鳴把擁有相同想法的人吸引到我面前。那個人若出現在我面前，我會感到非常痛苦，因為對方總是展現出我不喜歡、刻意壓抑的模樣。我會因此感到痛苦並產生錯覺，進而責怪對方。也就是說，因為討厭而壓抑的想法，投射在對方身上。

我們的潛意識中總關著一體兩面的想法，這也使得我在現實生活中，經常遇見將這成對的想法展現出來給我看的人。有些人會與「我覺得好」且緊抓在手上的想法共鳴，他們被這些想法吸引到我的面前，那些都是我喜歡的人；也有些人會與「我覺得不好」而壓抑的想法共鳴，他們也會被這些想法吸引到我的面前，成為我討厭的人。**「我覺得好」而抓住的想法，「我覺得不好」而壓抑的想法，都會投射在別人身上並呈現在我眼前。**

這位投稿者描述自己的個性「內向」，認為這個想法很好，並且討厭且壓抑成對的「外向」，於是這個想法便投射在妻子身上。在妻子身上總能看見我不喜歡而壓抑的「外向」，於是我開始討厭妻子。

不過「內向／外向」這個一體兩面的想法，是來自誰的心中？來自我心中。我緊抓著「內向」這個想法，而妻子則依照「外向」這個想法行動，讓我感到不耐煩。我越是用力抓著「內向」的想法，就會越用力地壓抑「外向」。這樣一來，壓抑的想法就會與妻子產生更大的共鳴，在我眼前表現得更加外向，也使我陷入巨大的痛苦。

聽見妻子批評我，為何會感到難以承受？因為我認為「批評他人是不對的」，於是會壓抑想批評他人的自己，同時也覺得「尊重他人是對的」，努力呈現出尊重他人的一面。不過越是努力，想批評他人的自己就越受壓抑。而妻子不斷表現出我壓抑的模樣，令我感到非常痛苦。

一旦有了「妻子為何總要批評我」的想法，便會產生自卑感。妻子說感覺自己像我的所有物，令她感到自卑，於是透過批評我獲得優越感以掩蓋自卑，彼此潛意識中壓抑的自卑便會相互共鳴。

如果想擺脫因想法的投射而造成的痛苦，該怎麼做？只要了解所有的想法在我心中成形時，都是成雙成對的，是會不斷出現、消失的幻影就好。同時接受「批評別人」與「尊重別人」這兩個成對的想法，前者依後者而生，後者依前者而生，兩者整合起來便會歸零，心便會淨空，也讓我們開始覺得「可以批評別人，也可以尊重別人」。當我的心淨空，假使妻子批評我，我也不會感到自卑；相反地，若妻子吹捧我，我也不會感到優越。

令我痛苦的並不是對方，而是我在兩個成對的想法當中，選擇依附某一邊，於是對方會讓我看見另一邊的想法，進而令我感到痛苦。來看看下一個案例：

我是年過三十五歲的主婦，透過影片開始學習鏡子靜心，深入了解為何自己看到老公就覺得煩躁、為何會討厭老公之後，發現原來他跟我爸爸有很多相似之處。所以我試著把投射在自己身上，以及投射在老公身上的地方寫下來。

投射在我身上

- 不強迫他人
- 樂觀
- 講理
- 對孩子很慈祥

投射在老公身上

- 強迫他人
- 悲觀
- 不講理
- 對孩子很木訥

寫下來之後，發現好的都投射在我身上，不好的都投射在老公身上。我本以為老公是個很悲觀、總是有很多不滿的人，沒想到在結婚十年後才發現，那些其實是我壓抑的自己。現在我原本痛苦的人生，正逐漸轉變成充滿喜悅的人生。

遇到令自己痛苦的人，我們會感到非常痛苦。我討厭的、壓抑在潛意識中的想法或情緒，會因為對方的模樣受到刺激，並浮現到意識表層，促使身體分泌壓力荷爾蒙。我會反射性地責怪對方，但了解真相後，會發現這並非對方的錯。**是因為在一體兩面的想法中，我選擇依附或壓抑其中一方，致使展現另一方想法的人出現在我面前而已。**

對方的身體、我的身體並非實際存在，現實只是映照潛意識想法的全像鏡子，是只存在此刻這一剎那，並轉瞬即逝的「動態的鏡子」。

我是年過四十五歲的男性上班族。從三十多歲就投資期貨期權，損失近四億韓元；六年前投資債券，被詐騙了兩億韓元。兩年後因為擔心錢被偷，經常輾轉反側，夜不成眠，勞心勞力到了四十多歲的現在，因為冠狀動脈硬化而倒下。我住院接受支架手術，現在也持續服藥。去年夏天我開始投資未上市股票，拿了我四億韓元的人，到了五個月後約好的那一天，卻沒有把錢還給我。我正在思考要不要提告，卻發現自己的病情惡化了。雖然我有能維持穩定收入的工作，卻也總是想藉由投資賺到快錢。

這位男性的潛意識裡，壓抑著不想花費太大力氣就賺入大筆財富的欲望。產生「想賺大錢」欲望的瞬間，內心同時也產生了成對的情緒，也就是對「損失大錢該怎麼辦」的恐懼。那麼就會下意識地壓抑恐懼，並緊抓住想賺大錢的欲望。

若將成對的兩種情緒壓抑在潛意識中，我就會與這兩種情緒結合。也就是說，我將會經歷到兩種情緒交替出現的情況。「想賺大錢」的欲望成為現實，於是「經歷想賺大錢」的情況後，「損失大錢該怎麼辦」的恐懼也成為現實，讓人「經歷損失大錢」的情況，人生過得有如雲霄飛車。

這樣的人生真的會幸福嗎？賺了大錢卻總是焦躁不安，這都是因為無法擺脫想賺更多錢的欲望。一旦損失一大筆錢，巨大的痛苦便隨之而來，這是因為我們深陷在恐懼中，這樣一來賺錢也痛苦，損失錢也痛苦，就會像投稿者一樣不斷感到痛苦。

這意思是說乾脆不要投資嗎？要不要投資其實是個人的選擇，想大筆投資並賺回大筆財富是人之常情。不過當一個人產生欲望，想賺到超出自己能力的錢財時，內在肯定會同時產生成對的恐懼，進而創造出令人害怕的現實。

投資會賺也會賠，接納這兩種想法後，心就會淨空，會意識到可以獲益，也會有損失，便不會產生欲望；既然沒有欲望，也就不會有恐懼。以這樣平靜的淨空心靈去投資，會創造出怎樣的現實？會創造出自己理想的現實。因為淨空心靈沒有任何罣礙，也沒有任何情緒。

我只要以愉快的心情投資、以愉快的心情賺錢，也以愉快的心情用錢就好。

新的現實將會在淨空心靈中誕生

今天我有個非常神奇的體驗。當時我在公園靜心完，正在回家的路上，突然感覺膝關節痛得不得了，連走路都有困難。於是我想，「我現在在公園裡，而公園在我心裡，所以我疼痛的膝蓋也在我心裡。心可以改變一切，所以我疼痛的膝蓋也能夠獲得改善。」接著我想像大地散發療癒的能量，通過我疼痛的膝蓋往宇宙散去。神奇的是，疼痛感立刻消失了，自己也嚇了一大跳。我藉由鏡子靜心接納兒子的煩惱、自己的痛苦，結果兒子的煩惱也順利解決了。現在就連看見路邊的草，都能讓我感到喜悅與感激。

✦

我的腰痛非常嚴重。我有三個孩子，腰痛卻讓我早上很難起床，連梳洗都有困難。不過有一天，我開始練習將疼痛從狹窄的空間送到寬闊的空間，從那天之後腰痛就逐漸好轉，便秘問題也消失了。真的好神奇，所以才來留言分享。

✦

前幾天發生了奇蹟。那天我身體狀況非常不好，必須躺在床上休息，但硬是起床洗碗，並嘗試感覺「身體不是我，疼痛也不是我。疼痛並沒有困在身體裡，而是以寬闊的根源之心開展延伸、釋放出去」。沒想到洗完碗，困擾我數十年的疼痛就消失了，真是太神奇了！我感覺到，「啊，得救了。以後再痛，只要這樣做就好，可以過上快樂的生活了。」

更神奇的是，後來我的身體也漸漸好轉，疼痛不是暫時消失，而是完全消失。我本來還以為是暫時的，還刻意不睡覺或折磨身體，沒想到也沒事。我很好奇，「外表看起來並沒有改變，但疼痛為什麼會消失？」沒想到疼痛消失的兩天後，受傷的部位表面開始出現變化。原本因為副作用沒辦法再動手術，沒想到我的身體竟能自我療癒。過去那些痛苦時光有如夢境，我有一種重獲新生的感覺。

✦

昨晚我吃了很多飯，消化不良，難以入睡。正感到痛苦時，我突然開始想「我的身體不是我……」「疼痛是五感之一……」「首先要把這疼痛與我分離開來」，接著便想像我的腸胃飄浮在空中，進而「消失在無限的心中」，沒想到肚子就不痛了，終於得以入睡，真是神奇又好笑的經驗。我想我不應該與疼痛結合，只要接受它，它就會離開。

✦

了解一件事的道理真的很重要。只要看 YouTube 上的「遇見根源的我靜心法」影片，就能夠更快、更輕鬆地了解鏡子靜心的道理。我持續靜心，發現最後只剩下無限的空間與清晰的意識。體驗到身體消失，只剩下意識的情況，也了解所有的情緒與想法，都飄浮在無限的空間之中。過去只在腦海中盤旋的那些想法，我都能夠以開闊的心胸接納了。

從那之後，我的心門便完全敞開，並傾注受到禁錮的能量。雖然有一些是必須接納才會離開的情緒能量，但也有不少順暢地自下腹升起後從頭頂排出的能量。我覺得這些能量只是路過，現在也正處於能量流通的過程。我相信每個人都能做到，只是時間上會有點差異。

✦

父母離婚後，我就與爸爸分開生活。我是個無業遊民，沒能好好照顧爸爸，總讓我感到很抱歉。我很想去找爸爸，但沒有車錢，所以無法去拜訪，也無法經常聯絡。這時我會產生強烈的罪惡感，甚至會對自己說「去自殺吧，像你這種垃圾，根本不能算是別人的女兒」。我的個性就像爸爸一樣木訥，每次跟爸爸說話就會陷入沉默。每到這個時候，我都會在心裡想，「唉，應該說點什麼才對……不說的話，爸爸可能會討厭我……我這麼不會社交，真的很丟臉……好想死。」所以不久前，我開始在鏡子前對自己說「很怕爸爸討厭我，很怕被爸爸拋棄，像我這種人根本應該消失」，把自己的想法用言語表達出來，發現內心變得舒暢不少。

今天我跟爸爸見面了。如果是以前，我應該會同時產生罪惡感、自殺衝動等情緒，但今天我在心裡大喊「我處在此時此刻這個空間中」，感受並讓所有浮現的情緒流過。而我們的對話也莫名地非常順暢，並感覺到爸爸與我的關係開始一點一點恢復。

總之，我覺得如果這一切都只是圖像、只是夢，那也不需要給誰留下好印象，於是我終於能放下那份堅持。以後面對其他人時，只要這樣做，我應該也就能以平靜的心和他們對話。

✦

我在做鏡子靜心時，會不斷對自己重複「我活在無限之心中」，在整個過程中做了自己能做的努力。過程中，我會一直看著空間，沒想到竟真的看到我活在無限的心中。瞬間，我理解了所有事情，也澈底了解到這一切其實都是我，令我感動地哭到無法自己。現在我能夠看著過去害怕的蛇，不再覺得噁心，也可以大膽地欣賞恐怖電影；先生與孩子在我眼裡看來都非常可愛；過去因為懼怕難搞的小女兒，心裡總對她有抗拒感，但現在那份懼怕逐漸消失，當她遇到難受的事，我能夠真心安慰她；女兒們也變得很開朗。我覺得現在才真正開始我的幸福人生。

✦

我經由鏡子靜心了解現實即是幻影，且透過幾次體驗確信，現實真的會漸漸依照我的心改變。

第一件事，我毀約離開公司，必須賠償損失。雖然我已經料想到，但幾個月後公司卻不斷傳訊息恐嚇我，若不立刻還錢就要提告，讓我非常不安，也無法立即拿出五百萬韓元。不過當我自問「現在這狀況是發生在哪裡」，便冷靜許多。開始做鏡子靜心之後，我便能接受「這個狀況也是我心中的幻影」。不久，一位親戚聽說我的狀況，直接資助了我五百萬韓元，我真的做夢也沒想到他竟有這筆錢能資助我，這真是驚人的奇蹟。

第二件事，我住在農村住宅中，洗手間經常堵塞。只要水無法流下去，就必須大施工，所以洗手間的排水口一旦堵住，我就會非常不安。不過，當我也以「這同樣是在我心中發生的事」來看待這件事，水竟然開始順利流通了。（這是讓我最開心的經驗，有心情立刻變得暢快的感覺！）

第三件事，我爸爸有慢性腎功能不全和嚴重的糖尿病，受傷時傷口不易癒合。不知從哪天起，他開始拿熱水來泡腳，皮膚燙到滿目瘡痍，一點都不像人類的腳。我看到他的腳之後大受打擊，感覺好像非截肢不可，也很快想到燒燙傷醫院住院費很昂貴，不知該怎麼辦才好。

我問奶奶爸爸小時候的事，她說爸爸是曾祖母帶大的。我突然明白，原來爸爸潛意識裡感覺到自己被拋棄，他刻意讓自己受傷生病，以獲得大家的關愛。這樣接納爸爸的痛苦之後，我就沒有刻意在靜心時去想爸爸的事，只是像平常一樣澈底放鬆雙眼做鏡子靜心，並看著身體周圍出現光芒，以及身體消失的現象。

我爸爸住院兩個月後，腳的狀況變得非常好。為了以防萬一，我早在幾個月前就保了傷害險，這時便派上用場，幾乎沒花到什麼費用。持續做鏡子靜心的過程中，我多次體驗到許多困擾我的問題一一解決，真是讓我感到興奮的經驗。

試著漸漸擴張自己身體所在的空間。我的身體處在哪裡？在建築物裡。建築物在哪裡？在宇宙空間裡。是誰從客觀角度看待處在宇宙空間裡的身體？是脫離身體的觀察者，是淨空心靈。創造新現實的新想法自淨空心靈中誕生，當我們化身為淨空心靈，現實就會依我們想的誕生。

潛意識淨化後，會依自己的想法運轉

我是家中的三女兒，出生在希望有個兒子的家庭。我爸爸非常疏遠我，且成天酗酒，而我這輩子都很怕他。他的個性很火爆，從小學五年級開始每次被他罵，我都很想死，總是受憂鬱、不安、恐懼、社交恐懼症所苦。我先生跟我爸爸很像，但我卻無法把害怕的感受說出口，就這樣過著行屍走肉般的生活，並在四十歲時離婚。從那時我便停經，也被診斷出恐慌症，並深受許多病症所苦，去年還得了甲狀腺亢進。現在我再婚了，搬到外縣市經營一間小超市。

我開始用鏡子靜心淨化潛意識後，發生了很多奇蹟般的事情。

我們收購了一間每年營收都逐漸下滑的超市，在我淨化完潛意識後，就連冬天淡季時的營收都逐漸增加。

四年前收購這間超市時，因為手頭現金不足，打算出售手上的公寓，當時受到不動產不景氣影響，房子一直賣不出去，但在做了一個月的鏡子靜心後，就以很漂亮的價格售出。

我想我可以完整感受到在同個空間裡的不特定對象的痛苦，不過只要立刻與他們保持幾公尺的距離，就不會再感覺到痛了。還有靠近特定的人時，我身上的痛也會消失。

有次我先生說他腳踝痛，我摸了他的腳踝，沒想到也跟著頭痛了起來。如果是平時，我肯定會因為先生的問題而痛苦不已，但那一次我大聲對自己說「我活在無限的愛之光當中」，接著便開始打呵欠、流鼻水、流眼淚。我住的社區裡，有個經常因不明原因疼痛而被送去急診室的大姊，也說只要我摸她，就能讓疼痛稍稍平息。不知道她到底有多痛，才會說願意付我錢，要我陪她一個小時；但我本來就很忙，加上也無法清理自己身上的痛，只有在偶爾見面時才幫她。

做鏡子靜心的過程中，我也曾看見自己的身體消失，發現原來現實的確是全像投影。

✦

我已經五十幾快六十歲了。從小我的頭髮就很稀疏，髮量也不多，現在卻增加為原本的三倍，還變得很粗。以前我的視力一直很不好，一度掉到〇．二至〇．三左右。有天我想「我的視力說不定還有機會變好」，沒想到漸漸能夠看見很小的字。有次我因為右眼充血去看眼科，視力竟大幅進步到〇．九。以前我的臉是菱形，現在卻如我所願成了鵝蛋臉，讓我了解到潛意識被淨化的同時，身體也能隨著心改變，人類真的有無限潛能。

✦

我現在開啟了潛意識的大門，壓抑的情緒能量噴湧而出，只要把自己放大到跟無限的空間一樣，那些情緒能量通常就會流過並從我的頭頂離開。當然，也有一些孩子跟在我身邊好久，但當不舒服、令人害怕的能量獲得淨化，情況就會立即好轉。

從小事開始嘗試，比較容易體驗到改變。如果常去的超市有讓你不舒服的店員，就淨化他帶來的不舒服，並刻意讓那個人幫你結帳。這樣一來，店員的態度也會有大幅的轉變。試著體驗這些小事的改變，就能產生什麼都有可能發生的信心，而那份信心能夠讓你進行更多體驗。唯有親身體驗過，才會真正屬於你。

現實為何不會照我想的運作？例如我在想「希望能賺大錢，過著自由的生活」，但為何不如預期呢？這是因為我的潛意識裡，烙印著「我賺不了錢」的想法。為何會烙印這種負面想法？如果我從小父母就因為沒錢而吃苦，就會害怕沒錢。錢成了害怕的對象，雖然很想擁有錢，卻害怕自己無法擁有，我會活在「賺不到錢怎麼辦」的恐懼中。恐懼人格化後的自我，會讓我們不斷想起這令人害怕的想法，並依此創造出現實。

不過，當我們了解自己心裡同時存在「賺得到錢」跟「賺不到錢」這兩個成對的想法，就能接受自己可能賺得到錢，也可能賺不到。同時接納兩個成對的想法時，兩個想法便會消滅，因為正（+）想法與負（－）想法整合便會歸零。

這樣一來，淨空心靈中便會誕生我未曾經歷過的全新現實，也就是能賺到錢的現實。當潛意識完全獲得淨化，被創造出來的每件事都會依我的想法運轉，我也能感受到「我正接受無限的愛」；反過來說，當我們感受到「我正接受無限的愛」時，所有事都會依照我們的想法運轉。

窺探自己的心而活，天天都是奇蹟

這段時間以來，跟我住在一起的奶奶老說我偷她的東西。於是我在鏡子前，試著以奶奶的心情說「我害怕東西被搶走」，沒想到洗手間的鏡子破了，玻璃杯也破了，奶奶也對我發脾氣，還用髒話罵我。當下我覺得很鬱悶，也生氣了，但後來回想，才終於明白「是我的負面情緒與奶奶的情緒產生共鳴」。是因為我甩開自己心中的情緒，所以鏡子和玻璃杯才會破掉。

一週後，我搭計程車行經江邊北路，途中計程車因為雨天路面濕滑，打滑撞上了護欄。平常我坐在後座都不會繫安全帶，但那天竟然繫上了，真的非常神奇。我感覺肩膀非常痛，真的好可怕。

我想到別人曾說，這些偶然發生的事都是小事，於是在警察前來的過程中，試著站在觀察者的立場靜靜看著事故現場，接著便意識到「我心中有害怕死亡的情緒」，並想起小時候被打到求饒的經驗。接著我覺得心情變得很平靜，並接受了這一切。回到家，我也到鏡子前接納自己的恐懼。

今天我接到七年沒聯絡的親生媽媽打來的電話，說她很想聽聽我的聲音，所以才打給我……她哭著要我原諒她。我跟她說我真心地原諒她，希望她能放下罪惡感，過著幸福的生活。還有，我每次跟異性交往，都是對方先說喜歡我，但後來又突然斷了聯繫，讓我很害怕跟男性來往。不過開始做鏡子靜心後，我承認並接納了心中害怕被拋棄的小孩，如果現在再發生相同的事，我也不會感到害怕了。

我感覺人生中糾結的線團一一解開。一開始就連照鏡子都讓我害怕，甚至難以開口說點什麼，只能呆愣地望著鏡子，但現在要面對害怕的情緒簡直比呼吸還容易，最近我的每一天都像奇蹟一樣。

如果奶奶經常說我偷她的東西，我肯定會非常生氣。因為我們會感覺到「我被別人當成小偷了」「我遭受別人的不當攻擊」，所以我也會對奶奶生氣，並想攻擊奶奶。如果像這樣縮小自己心靈的視野，誤以為自己的身體就是自己，就會認為自己與對方是兩個獨立的個體。

不過當我們打開心靈的視野，從大約三十年後回頭來看現在，會發生什麼事？這些事情是在哪發生的呢？是在我心中發生的，這是在我心中播放的一部電影，奶奶和我都是這部電影的登場人物。在我心中的奶奶，是被什麼想法所依附呢？是被「我的東西被搶走了」的想法所依附，因為被這想法所依附，於是感到生氣。

投稿者在鏡子前，承認了奶奶緊抓著的那個想法的存在。奶奶這輩子都活在被他人搶奪的痛苦中，只要承認她壓抑的這份情緒，我心中與那份情緒共鳴的情緒也會跟著釋放。搭乘計程車的路上遭遇車禍時，她也接納了對死亡的恐懼。越是像這樣在現實中遭遇特定情況時，都能及時接納這些原本壓抑在心中的情緒，心就會漸漸變得開朗。

所有想法和情緒，都是只有在被我壓抑時才會發揮力量的幻影。當我窺探它們的存在，並正視、接納之後，就會像泡影一樣消失。當泡影破滅，心就會變得透明，明亮的現實是透明心靈的產物。這使得七年來未曾聯絡的親生母親，打電話來乞求我的原諒，而我也不再害怕被男友拋棄。

所有外在的現實，都是誕生自想法的幻影。越是與幻影對抗、責怪幻影，我就越會深陷在幻影之中。只要仔細觀察我心中的哪些想法和情緒編織出這名為幻影的現實，未來的每一天都將會是奇蹟。

後記

以夢中登場的人物身分而活，還是以「原本的我」而活？

我五個月前開始做鏡子靜心，之後人生有了一百八十度的改變。起初看見臉孔扭曲都讓我震驚不已，但我忍著持續做下去，便開始看見白光圍繞著我，身體也逐漸消失。我每天早上都會做鏡子靜心，只要一開始，我的臉和身體就會不斷閃爍，感覺有紫色的光波紋通過我的身體、頭頂有紫色的煙霧不斷飄出等，每天都看見許多令人難以置信的畫面。

一天，一道亮光閃過我眼前，我突然連上平時不會去的網站，本以為絕對不會有任何出缺的職位，竟刊登了徵人公告。那是個公家機關的專職組長，到職時間也正好是我結束現在的工作可以立刻赴任的時間。我立刻寄出履歷，本以為在面試時我答得不太好，沒想到最後竟然錄取，找到了新工作。

做鏡子靜心時，我聽到這樣的聲音，「其實本來不會有這個職位，這是為了你而出現的職位。就在這個位置上，好好解開你的人生課題吧。」我每天早上都會做至少三十分鐘的鏡子靜心，現在即使遇到以前無法承受的情況，也都可以一笑置之了。

這位女性獲得理想職位的祕訣是什麼？是因為她四處奔走，在現實中汲汲營營，努力為自己爭取嗎？她之所以能獲得這個工作，絕對不是四處奔走、為自己爭取的結果，而是她澈底脫離身體，成為淨空心靈的緣故。透過鏡子靜心成為淨空心靈，使她連上平時不會去的網站，在上面看見徵人公告，並寄出了履歷。而且她的面試也不順利，但最後還是錄取了。

成為淨空心靈後，新的現實便會誕生；成為淨空心靈後，這如謊言般的現實就會依照自己的想法運轉，是受任何影響就會實現的無為而化，是清空自己之後，就會發生奇蹟的真空奧妙。**並不是在現實中用盡全力才催生出新的現實，而是必須讓淨空心靈運轉，才能誕生新的現實**。

我們深信身體就等同於自己，害怕與自己分離的世界、害怕他人、害怕必須做些什麼來養活自己，所以總是鞭策自己。就連我自己也是，一輩子都為了做點什麼而努力，如果沒做，就會感到不安且空虛。想到在貧窮農村不斷工作的奶奶、父母，來到他鄉的我便不曾放心玩樂。現在上了年紀，身體便開始受病痛所苦，我同樣被困在這樣的現實中。

人生為何會如此煎熬、痛苦？因為我們誤以為身體就是自己，誤以為現實實際存在，那是受潛意識支配的人生。現實這個 3D 空間，是潛意識編織的夢境，而我們的身體是在夢中登場的人物。當我們越是掙扎著想在夢境中做夢，就會越深陷其中，並讓痛苦越來越巨大。

若想改變夢境，就應該先從夢中醒來，這樣一來才能開始做新的夢吧？每一瞬間，我們都能聽見壓抑在潛意識中的情緒人格的耳語。當你聽見「要做什麼才能養活自己？要做這個嗎？」時，便同時也會聽見「我真的做得到嗎？做不到」的反對意見。當你聽見「要告訴那個人嗎？」時，便同時也會聽見「如果被拒絕該怎麼辦？」的聲音。當你聽見「要穿這件衣服出去嗎？」時，便同時也會聽見「如果別人笑我怎麼辦？」的聲音。潛意識裡成對的人格，便是這樣在我們心裡不斷對抗，令我們左右為難。因為我們被困在夢中，看不見真相，也摸不著頭緒。

我的心總充斥這種不安且黑暗的聲音。創造現實的心若總是不安、充滿黑暗，便只會創造出不安且充滿黑暗的現實——現實是心的結果。瑞士知名精神科醫師榮格曾說：「潛意識操控你的人生，而你稱之為命運。」壓抑在潛意識中的人格會牽引著我的夢境，活著我不想要的人生，而這就是命運。我們必須察覺這些人格的存在，才能擺脫受潛意識支配的命運。

鏡子靜心就是用非常簡單的方法，讓我們從潛意識編織的夢境中醒來。這樣一來，我們就能不再受壓抑在潛意識中的情緒人格支配，能夠依照淨空的根源之心、全知全能的意識而活。

人生有兩種活法：

第一，誤以為潛意識編織的夢中現實是真實的，以夢中的登場人物活下去。現實是借助「好／不好」「正確／錯誤」「善／惡」等成對的想法而生的夢。這些想法集合在一起產生的人格會交替出現，占據我的身體，讓我不斷反覆在豐饒與貧困、有能與無能、優越感與自卑感、喜悅與悲傷、幸福與不幸、愛與恨等情緒之間，編織出有如搭乘雲霄飛車的現實。

第二，從夢中醒來，以代表「原本的我」的淨空心靈，也就是以純意識而活。根源之心是根源之愛，也是全知全能的意識。就像汽車的導航一樣，會告訴我該往哪前進。我只需要將自己交給根源之心，跟隨其中浮現的想法，這就是活在根源之愛中的人生。

再回頭看看前面那位女性的例子。她讓我們知道透過鏡子靜心，與淨空心靈所代表的意識合而為一，意識便會告訴我們為了生存下去該做些什麼。我要做的就是跟隨它的指示。淨空心靈會推動我的身體與現實，而我只需要存在於根源之愛當中的此刻當下，在這樣的情況下，無論做什麼都能感到愉快，不需要痛苦地移動自己的身體去做什麼。

鏡子靜心是讓我們把自己交給根源之心最簡單、最直接的方法。利用鏡子客觀看著身體的瞬間，就能脫離身體，與淨空的根源之心合而為一。我們只需要將人生中所有的痛苦、所有的包袱，全都向根源之心傾訴就好。

根源之心並非是與我分離的個體，心是可以切割的嗎？鏡子靜心是讓我們回歸「原本的我」，讓我們透過鏡子像在看別人一樣，看著以夢中人物登場的我，並且讓我能夠療癒自己。從夢中醒來，我就會回歸「原本的我」，人生也會依我所想地發展。

如同前面那位女性說的，我們將體驗到一百八十度大轉變的奇蹟人生。本書收錄了YouTube頻道訂閱者身歷其境的體驗，我也真心祈禱能讓更多人透過鏡子靜心從夢中醒來，根本療癒所有傷口，永遠擺脫痛苦，享受自由的人生。

Eurasian Publishing Group
圓神出版事業機構
方智出版社
Fine Press
www.booklife.com.tw reader@mail.eurasian.com.tw
方智好讀 147

鏡子靜心：打開心靈眼睛的立即療癒法，風靡韓國，實證者絡繹不絕

作　　者／金相云（김상운）
譯　　者／陳品芳
發 行 人／簡志忠
出 版 者／方智出版社股份有限公司
地　　址／臺北市南京東路四段50號6樓之1
電　　話／（02）2579-6600・2579-8800・2570-3939
傳　　真／（02）2579-0338・2577-3220・2570-3636
總 編 輯／陳秋月
副總編輯／賴良珠
主　　編／黃淑雲
責任編輯／溫芳蘭
校　　對／陳孟君・溫芳蘭
美術編輯／蔡惠如
行銷企畫／陳禹伶・王莉莉
印務統籌／劉鳳剛・高榮祥
監　　印／高榮祥
排　　版／杜易蓉
經 銷 商／叩應股份有限公司
郵撥帳號／18707239
法律顧問／圓神出版事業機構法律顧問　蕭雄淋律師
印　　刷／祥峰印刷廠
2022年1月　初版

定價360元　ISBN 978-986-175-653-0

藉由這本日記，我更明白「心想事成」這句話並不是隨便說說，而是再平常不過的常識。

——《〔1書+1日記〕3分鐘未來日記：寫下的願望真的都實現了》

國家圖書館出版品預行編目資料

鏡子靜心：打開心靈眼睛的立即療癒法，風靡韓國，實證者絡繹不絕／金相云 著；陳品芳 譯. -- 初版. -- 臺北市：方智出版社股份有限公司，2022.01
336面；14.8×20.8公分 --（方智好讀；147）

譯自：거울명상：즉각적인 치유와 현실창조

ISBN 978-986-175-653-0（平裝）

1. 靈修　2. 心靈療法

192.1　　110019226